黄色いテント

田淵行男

黄色いテント　自序に代えて

黄色というより橙色に近い色調で、蜜柑色と言ったほうが実感に近い。山好きな人には、さらにニッコウキスゲ色と言い直したほうが一段と通りがよいかも知れない。私もそのテントに別の愛称をつけるとすれば、「キスゲ号」としたであろう。

好天の時など、うっかりこのテントにもぐり込むと、いきなり強烈なオレンジのスポットライトを浴びた思いで、一瞬目が眩《くら》み、少しの間落ちつかないが、実際には山中でそれが気になるようなことはめったになかった。

というのは、山で私はたいてい暗いうちにテントをあとにし、黄昏《たそがれ》どきに帰り着くことが多かったからで、日中テントに出入りする機会は、雨に降りこめられた時ぐらいしかなかったからである。

雨天や曇り日には、そのキスゲ色の化繊の布地を透してさしこむ光線が、逆に素晴しい色彩効果を発揮した。陰鬱な光を濾過して、滅入りがちな心をひき立て、いつでも夕焼どきの華やいだ錯覚を誘い、希望を育ててくれたからである。

雨音がきこえるのだから、そんなはずはない、と思いながらも、どうしてもテントの垂れをはねあげて外を確かめないではいられぬほど、テントの中は明るい夕映え色に満たされる。

私がこのテントを使い出したのは、昭和十五年頃からで、それまでは市販されていたサブマリン型緑色のものを使用していた。さらにそれ以前の私の幕営用具は、グランドシーツ一枚だった。木綿のやや厚手の四角な布を被って、岩陰やハイマツの下にもぐりこみ寒い夜を過したものだった。だから、この黄色いテントは、二代目に当るわけである。

当時登山用のテントは、一番小さなものでも三人は楽に収容出来るほどで、単独行の私にはいかにも非能率で、さらに構造上の不満な点も多々あったので、実践を通じた経験にもとづいて、自分なりに設計し、当時山の用品作りの名手片桐盛之助氏の手をわずらわしたのがこのテントで、オーダーメードの特製品というわけであった。設計上のポイントとしては、軽量化と、風への抵抗性の強化であった。その結果、外形はサブマリン型に似て、それをやや押し潰したものとなり、居住性はかなり犠牲にしなければならなかった。特に横臥《おうが》の際、足先が天井に触れ、雨漏りを誘うのが難点だった。

その代り自慢出来るのは、出入口の取り付け方で、市販製品はたいてい前面になっているのを、側面にしたことである。つまり出入口の垂れをはねあげると、シュラフに入ったままの姿勢で外の景色が眺められる点であった。もっとも、この機能をフルに発揮するには、設営の際、眺めのよい方向に出入口の側を向ける必要があった。

ともかく私の黄色いテントは、その頃、山中で異彩を放ち、人目を惹いたことは確かで、通りすがりに覗いて行く人がしきりで、なかには設計図を所望されたことも幾度かあった。そんな時私は得意になって手前味噌のひとくさりを並べ立てたものだった。

そんな次第で、私の山行もこの特製のテントのせいで、楽しみも張りも一段と加わり、成果もぐんと高まったように思われた。

その頃、私の山行は、たいてい黄色いテントを担いでの一人旅であった。山中三、四泊のことが多かったが、時に十日を越すこともあって、食糧だけでも相当の嵩《かさ》と目方になった。その上カメラが加わる。それも図体の大きく、重い手札判のレフレックスであったり、時にもう一つ大きいキャビネ型組立て暗箱の場合もあって、片桐特製の特大のキスリングも、それだけでほぼ満杯になった。

その上、私が山で使う感光材料は、もっぱらガラスの乾板で、手札判の一箱一ダース入り、およそ四百グラム、平均して十ダースは携行したから、このほうの目方で結構ひと荷物になった。テントにしても、その頃の材料は、綿と化織の混紡地で、重く嵩張るので、止むを得ず、別にザックの上部にくくりつけるより仕方がなかった。荷造りを終えたところで、玄関まで運び出そうとしても家内の力ではびくともしない。「まあ」と言ったきり手を放すのがいつものことであった。それもそのはず、時には四十キロを軽く越していたからである。

山中それぐらいな重荷になると歩くだけがせい一杯で、辺りの景色に目を馳せる余裕などない。足元に全神経を集中して、一歩一歩足場を確かめるのに懸命で、少しでも脇見をしようものならバランスをくずして危険であった。そんな次第で、私が山に来たという実感に浸れるのは、目指す目的地に辿り着いて、ザックをおろし、重荷から解放される瞬間からであった。有難いことに、その頃の山はどこにテントを張ってもさしつかえなかったので、これはと思う所には体調次第、天候次第で、どこにでも自由にザックをおろすことが出来た。

考えてみれば、衣食住を身につけているのだから、行き当りばったりで随時随所に生活できるわけである。その点、今時のように数少ない指定地に限定されるのとは、同じテント生活でも大きな違いがあった。水場が近く、平坦で、風陰で、眺めのよい所で、それ以上欲張りさえしなければ、私一人のキャンプサイトはどこにでも見つかった。

そんなわけで、日程が午後に入って日が傾きはじめると、その夜の泊り場探しという私にとっては真に重大な仕事が一つ余分に加わってくるのだった。だがこの幕営地探しは、適度のスリルの伴う楽しい一面もあった。というのは、自然に同化し、野生に帰ったような思いが湧き、隔絶された世界からの漠然とした恐怖心と心細さが、ほどよい冒険に心を駆り立てるからであった。

天狗原テント

天狗にちなんだ地名は、北アルプスだけでも数ヶ所に及ぶが、この天狗原が一番天狗のイメージにぴったりしているように思われる。槍ヶ岳への本通りから、ほんの僅か入っただけで嘘のように静かな別天地を形造っている。辺り一面、何万年もの間氷河に磨かれたまろやかな岩がうずくまっていたり、どのようにしてここにころがってきたかと思われる角張った巨岩がひしめき合って、霧の深い日などには、ひょっこり天狗と出会いそうな幻想におびえ、夜は夜で、底深い静寂にさいなまれ、原始の暗闇の奥から不気味な岩の囁きが聞えてきそうな錯覚に襲われる。一人でここにテントを張っていると、体内の俗念や邪気がすっかり蒸散して、羽化登仙の思いに、何だか身が軽くなっていくような気がしてくるのであった。

私の見つけるキャンプサイトは、ひそやかな谷間のこともあったし、ハイマツに囲まれた明るい砂礫《されき》の稜線のこともあった。時に折り重なる巨岩の隙間を利用することもあった。邪魔な石くれを取りのけるくらいでわけなくテントをひろげることが出来た。

蒼然と夕闇迫る山中に突如としてひろがるキスゲ色の布片は、巨大な花が咲いたように華やいだ色彩を辺りに撒き散らす。と、同時に、私の心にも希望の花が咲き、やっと山に来たという歓びがこみあげてくるのだった。

そして、その時から、キスゲ色のテントは私の山中生活のかけがえのない拠点となり、カメラワークの基地となり、また山旅の夢を結ぶ安らぎの宿となった。そして私の山の日程はテントを要《かなめ》に放射状のコースをめぐって、担ぎ上げた乾板を使い果すまでつづいた。

好天であれば満天の星をふりかぶってテントを後にし、帰り着くのは薄暮のことが多かった。そしてそれからの時間は、ほのかなローソクの光に照し出される小さなキスゲ色の空間が私の思索の羽搏《はばた》く世界に変った。その日の満ち足りた成果をなぞりながらペンを走らせ、時には悪天つづきに日程を阻まれ、やる方ない失意にさいなまれながら書き記した部分もある。

いずれにせよ、この中に盛りこまれた山の記載は、第二次大戦という未曽有の動乱期をはさんだ長い年月の波瀾に満ちた頃の山日記から無作為に引き抜いたもので、当時をしのぶささやかな登山風俗誌といえるかもしれぬ。

それだけに、文中随所に、今時、夢にも考え及ばぬ類の自由な山との応対が見え隠れして不審の念を誘う節も多々あると思われるが、その頃わが国の山は今時とは別世界のように原始の静けさを保ち、自然も無傷で豊かで魅力に満ち、いわば古き良き時代であった。だからこそ私はテントを好き放題に張って、何はばかるところなく山を歩き、山を眺め、山を写し、山に没入できたわけで、私の山歴中で最も穣《みのり》豊かな時代であったように思われる。

今、四十余年の歳月をさかのぼって思いをその頃に馳せると、随所に黄色いテントの花開いた遠い日の山旅の基地が回想の翼を張って次々に瞼《まぶた》の裏に甦《よみがえ》ってくる。

終りに、思い出つきぬそれら郷愁の泊り場を、訣別の思いを籠めて列記しておきたい。

天狗原、槍沢、涸沢《からさわ》、横尾、小梨平、岳沢、徳沢、常念一ノ沢、常念岳、蝶ヶ岳、針ノ木沢、劔沢《つるぎさわ》、真川、越中沢岳、立山別山硯《すずり》ヶ池《いけ》、立山称名平《しょうみょうだいら》、裏劔池ノ平、裏劔仙人峠、白馬岳、白馬大池、鳳凰山《ほうおうざん》。

目次

編集　大森久雄

I

山頂の石

誰でも同じだと思われるし、登山に限ったことでもないが、私は美しいものを見たり、素晴しいことに出会ったりすると、すぐに心の片隅に家族や親しい友人のことを思い浮かべる。そしてその場の感激や喜びを自分で一人占めにしていることが後ろめたくさえ思われ、一人でも多くの人にその喜びと恩恵を分ちたい思いに駆り立てられる。

山を行く者にとって、その思いは好天に恵まれて山頂に立った時最高に強まり、その登頂が困難なものであればあるだけ、そうした願望も大きく切実なものになっていくように感じられる。

考えてみれば、これまで私の山行は多くの場合単独行だったので、ようやくの思いで辿り着いた山頂の喜びを分ち合う相手のないことがひとしお物足りなく感じられたからかも知れない。しかし、そうした場合でも、幸い私には撮影という仕事があった。山頂にカメラを据え、あれこれと狙いをつけていると、気がまぎれてやり場のない心の空隙を幾分かは埋めることが出来た。

そうした私の山頂でのカメラワークの一つに、そこからの展望撮影が重大な仕事として組み込まれていた。それは私にとっては登頂の物証であり、記録としての意義も認められた。さらにもう一つ付け加えると、後日山頂の感激を身近な誰彼と分ち合うのに便利な、いわば山からの手土産としての用途があったのである。

一体山頂からの写真というものは、概して構図上からはまとまりを欠いて、摑みどころのないパノラマ的なものになりがちだが、そうした展望写真は一方で、登頂の臨場感を甦《よみがえ》らせるよすがとしての魅力を多分にそなえているので、構図などといった作品的な内容はそれほど問うところではなかった。要は現場に立ったことが立証されればそれで事足りるわけである。

そんなわけで私は若い頃、辿り着いた名だたる山の頂からの大観は、一応写している。頂上にカメラを据え、ぐるりと三百六十度、完全な連続展望写真を撮るには標準レンズで七、八回シャッターを切らねばならなかった。それを六ツ切判くらいに伸ばして継ぎ合わせ、直径六十センチくらいの輪状の屛風《びようぶ》ふうに仕立て、その中央に顔を入れて山友に見せ、得意になって説明したものであった。その頃、私にはもう一つ登り着いた山頂で、ぜひなさねばならぬ大事な仕事があった。それは山頂の石探しであった。パノラマ撮影はいわば映像の収録であるが、このほうは山頂そのものの採集である。

山に関する限り私は人並みはずれた欲張りのようであった。パノラマ写真のほかにもっと何か山頂の思い出の糧がほしくてそのまま頂をあとにするにしのびなかった。山行の度に私の立った山頂の石が次第に数を増していった。

今では大小様ざま、百を越す山頂の石が過ぎし山旅の思い出を秘めて、埃《ほこり》をかぶったまま応接間の棚に並んでいる。ほとんど戦前に集めたもので、思い思いの形と色調に、それぞれの表情を浮かべて静まる山頂の石に視線を休める時、遠い日の山頂の一齣《ひとこま》一齣《ひとこま》が心の中に甦って時の過ぎるのを忘れる。

ところで、その頃私は山中で幾度も私と同じように山頂の石を探している人を見かけたことがあった。そんな時、私は同好の仲間といった押え難い親近感を覚え、言葉を交わさずにはおられなかった。そんなところから私には、山頂の石を拾いたい気持ちに駆られるのは、かなり普遍性の高い、山男に共通した心情のように思われる。

そういえば私は以前何かで、かの著名な登山家でヒマラヤのナンガ・パルバットに生涯を閉じたマンメリーが、前人未踏の輝かしい登攀を成就し、ある山頂を去る時、夫人のために岩屑を拾うのを忘れなかったという記事を読んだことがあった。また、日本登山隊によって持ち帰られ、さる宮家に献上されたマナスル頂上の石を、私はある水石展で見たこともあった。

山が険しければそれだけに、またその登頂が輝かしければそれだけ、その感激と歓びを托すよすがを求めたくなる心情に変りはないはずである。それは洋の東西を問わず、また古今を分かたず、山男の心に浮かぶ強い願望のように思われる。そしてその際、足元の石くれは、何よりも手軽く希求を満たしてくれる最も適切な物件のはずである。

ところで私の山の石コレクションは、おそらく世間普通の場合と大分違って、単に山頂の石、というだけでは失格で、かなり贅沢ともいえるやかましい規格を押し当てていた。つまり私なりのきびしい規格をパスしなければならなかったのである。

そうした査定の条件というのは、大きさ、形、座り、あるいは安定感といってよいかも知れない、そしてさらに岩肌、つまり石の面《つら》を加えた以上四点である。第一の大きさであるが、目方に換算するとおよそ二キロ前後、嵩《かさ》にして握り拳二つぐらいにあたり、この種のコレクションの基準としては異例といえるほど大きなものになっている。そして山の片割れというからには、私としては最低限それくらいのボリュウムは必要に思われ、それ以下では実感に欠けるので失格であった。

次に石の形であるが、何はさておき、先ず第一に採取現場の山（頭峰）に似ていなければならぬことである。つまり、ある程度山を歩いた人の目に、一見ただちにその採集地の山が連想される程度の、かなり高い相似性を身につけていることである。形態的にその山の分身としての妥当性をそなえていることである。

そして第三の座りというのは、絶対に手を加えることなく、そのままの姿で置くことが出来るすぐれた安定性を身につけていることである。そして最後の四番目の項目が石の表面、つまり肌目で、長い間、高山の風雨に曝《さら》され、高度に風化し、往々チズゴケやイワタケなどの地衣を飾りつけていて、ひと目で高山の雰囲気を感じさせるものなら最高である。しかし、その反面、石の一部が地中に埋まっていたり、地面に接着している場合は、そうした趣に欠け、私の観賞からは失格なのである。

そしてさらにつけ加えると、私の山頂の石は、いずれも初めての登頂での蒐集品でなければならず、その意味で二度と拾い直しはしないことになっている。

このように私の求める山頂の石は、自分なりの厳しい条件を課し、高度の観賞性と、豊かな回想に充分応えてくれるよりすぐった蒐集品というわけで、その点でも愛着ひとしおのものがある。

ところで夏山の場合もそうであるが、いわんや積雪期の高い山頂から二キロ前後の目方の石を、時に二つも運び降ろすことは、例え紙一枚でも切りつめたい山行だけに並大抵の負担ではなかったが、私の場合は登山のプランからは絶対に省略できない優先事項の一つになっていた。つまり山頂の石探しに対しては、時間的に最低一時間は前もって組みこまれていたし、労力的には、自力で背負って帰るだけの心構えは充分出来ていた。

しかし、不思議なことは、そうした面倒な規格を押しつけた山頂の石探しに、意外なほど苦労しなかったことである。つまり、実際現場では予想外にすんなりと短時間で見つかり、けりがついたように覚えている。初めて登り着いた山頂で、順序として私はザックをおろすとすぐに石探しにかかる。石を確保しないとどうにも落着けなかったからである。

そして大抵の場合、一時間以内にどうにか満足出来るものを手にできたのだから不思議である。時には間髪を入れず理想的なものが見つかったことも何度かあった。もっとも、稀にはその逆の場合もあった。そうした場合、最初の出足でつまづくと、結局、その石探しは最後まで難航して、そのあげく満足なものは見つからなかった。

北アルプス裏銀座の黒岳でこんなことがあった。頂上へあとほんの僅かという痩尾根の岩壁の一端で、私の条件にぴったりの石を見つけた。それはまるで私の訪れるのを待ちうけていたかのようにコース右手の小さなテラス状の岩棚にちょこんと置かれてあった。大きさはもとより、形、座り、岩肌のすべての点で私の規格にぴったりの、間然する余地のない、理想的なものであった。従ってその場合、私の石探しには特別な時間は全く不要であったわけで、ただ手を伸ばすだけでその指先きに触れたものが最高の黒岳頂上の石というわけであった。山名そのままに濃い暗緑色の橄欖岩《かんらんがん》らしいその岩塊は、釣合いのよい二つの頭峰を対峙《たいじ》させ、その鞍《あん》部《ぶ》から下方へこの山のカールを連想させる深い窪みまで刻みつけていた。底に当る一面は、まるでカンナでもかけたように平坦で、座りも抜群であった。数多い私の蒐集品の中で、最も気に入ったものの一つになっている。

しかし、こうした私の長年の石探しにも実は二、三例外があって、長年身につけた自信のぐらつくことも稀にはあった。その一つは後立山鹿島槍をめぐっての経緯で、第二次大戦が日に日に激しさを加えていく昭和十九年の初秋だったと覚えている。その頃、山へ入って行くにはかなりの覚悟が必要であった。まかりまちがえば非国民呼ばわりをうけかねない負い目と戦いながら、まるで逃げるように山麓の村々を通りぬけねばならなかったからである。

そしてようやく登り着いた鹿島槍頂上であったが、いつもと違ってどうしたことか恰好の石がなかなか見つからなかった。そんなはずはないとやっきになって予定の制限時間切れまで探し、どうにか私の規格に合ったものを見つけはしたものの、大きさの点で規格を大幅に越えていた。後で計ってみたところ三・二キロもあった。降り道とはいえ、下山のザックの中でその石はずっしりと肩にこたえた。しかし、それ以外の点では完璧なもので、後日、棚に並べられても豊かなボリュウムで、辺りの仲間を断然押えて立派なものだった。

その山行の帰途私はいつものように大町南借馬《かるま》の冷池小屋の経営者柏原長寿さんの宅へ立ち寄った。そして話がたまたま石のことに触れ、私がザックから頂上での採集品を取り出すと、長寿さんはにこにこしながら「自分も持っている」と居間の片隅の簞笥《たんす》の上に手を伸ばされた。私はその石をひと目見るなり思わず驚きの声をあげずにはおられなかった。そして次の瞬間、

黒岳（野口五郎岳付近より）

黒岳（水晶岳）の橄欖岩（昭和12年，1.5kg）

つい今しがた降りて来たばかりの鹿島槍頂上の石探しの戸惑いに合点がいった。見つからなかったはずである。ひと足先にここに運びこまれていたのである。

聞けば三、四日前に見つけたとのこと、私は口惜しさとともにその石が欲しくてたまらなかった。大きさといい形といい、非の打ち所のない立派なものである。喉から手が出るとはこうした場合のことを言うのであろう。だが柏原さんのいかにも誇らしげな執着ぶりを目のあたりにしては、いかに親しい間柄でもその場で所望などとてもとても切り出すわけにはいかなかった。いずれ折をみて譲り受けようとひそかに心に期したのであった。

その後、訪《おとな》う度にその石が簞笥の上に飾ってあるのを確認し、その都度、安堵の思いであった。それから間もなく、長寿さんの思いもかけぬ急死の訃報に接し愕然《がくぜん》とした。葬儀参列のために伺った時には、すっかり模様変えされた居間には鹿島槍の石はどこにも見当らなかった。気になって仕方がなかったが、とてもそんなことの切り出せるわけはなかった。その後日を経て、跡を継がれた正泰さんに会う度、再三その行方を問いただしたが、確かなことをとうとう聞き出すことは出来なかった。

私は今でもわが家の鹿島槍の石を見る度に、次々に長寿さんの思い出が甦《よみがえ》ってくるが、その中には長寿さんの家の簞笥の上に飾られていた鹿島槍の石があった。あの時、私が五、六日早く頂上に立っていたら、まちがいなく私が手にしたはずの石であったたし、こうなるのであっ

槍ヶ岳（常念乗越にて，11.9kg）

常念乗越からの槍ヶ岳

常念岳（1931年，0.43kg）

西岳よりの常念岳

鹿島槍ヶ岳（1944年，3.2kg）

鹿島槍ヶ岳

たらもっと早目に強引に譲りうけておけばよかったと、未だに時折長寿さんのなつかしい思い出とともに未練がましい悔恨の思いに責められるのである。

山頂の石探しの例外のもう一つに常念があった。常念といえば、私にとっては地元も地元、わが家の庭つづきぐらいに思われる山で、これまでにも登高回数二百回を越す最多記録になっている。選《よ》りによってその常念の石探しが難航し、未だに気に入ったものが見つかっていない。灯台下暗《もとくら》しもいいところで、何ともおかしな話である。一つはいつでもその気にさえなれば手に入るはずだと、のんびり構えてたかをくくり、本気で探さなかったことも一つの原因と反省される。

そんなわけで、今、手元に一つあるにはあるが、ボリュウムの点で規格からは大きく下まわって、その一点が致命的な欠陥になっている。その代り他の点、座りといい、形といい、また岩肌についてもこれ以上は望めないほど完璧なもので、その点で私のコレクションからはずし得ないでいる。しかし一方、どう考えても四百三十グラムの軽量では、実感を身上とする山の石としては残念ながら失格である。

とはいえ、今となってはこれが唯一の常念岳の石になっている。面白いことにそうした常念岳の石の軽量を補うかのように、私のコレクションの中でこれはまた断然他を大きく引き離して桁はずれのボリュウムを誇っている石がある。しかもそれが同じ常念乗越で見つけた槍ヶ岳

白馬岳（1.9kg）

白馬岳

杓子岳（1.9kg）

杓子岳

不帰岳（1934年，1.6kg）

不帰岳

鷲羽岳（1935年，1.6kg）

鷲羽岳

である。目方が何と十二キロに近い大物で、これを運ぶのは当時元気盛りの私の力にも余り、若い山友K君の救援を求めねばならなかった。

これくらいの石になると、豊かな量感はもとより、岩肌にイワゴケや、色とりどりの地衣を貼りつけて、おのずから高地の雰囲気に満ちあふれ、見ているだけでも臨場感をそそられることひとしおのものがある。

このように私の山頂の石のリストを心の中でめぐって行くと、時に思いもよらぬ欠落に気づくことがある。燕《つばくろ》岳がそれである。この山も常念岳に近く、位置の上からいって私には親近感ひとしおのものがあり、花崗岩の風化による自然の庭園のような構成美を誇る、ユニークな山容で知られた山である。

白砂青松といえばもっぱら海辺の風景讃美に使われる形容語であるが、この山にもそのまま当てはまるほど燕岳は特異な山容を見せている。一面に白い花崗岩砂を敷きつめ、立ち並ぶ露岩はすべて稜角を丸め、ふくよかな線と面に包まれていた。それだけに小さな岩屑でこの山の様相を備えたものを探すことは不可能と思われたので、私も敢えて深追いする気にはなれなかった。そんなわけで燕岳の石だけは私のコレクション中に空席のままである。

ところで、私の蒐集品の中に毛色の変ったものとして火山の石もかなり混っている。私は若い頃の一時期、火山に惹かれるところが大きかった。一つには怖いもの見たさ、ということもあった。火山に比べると普通の山はいわば地史の標本室のようなもので、そこに見かける岩石は長い地史の遺物、風化の記録であるが、その点、火山のほうは新鮮で地球の活力の生きた実験室のように思われ、ダイナミックでスペクタクルに満ち、スリルに富んでいた。それだけに火山の石は地底からの生の情報源として私には魅力にあふれていた。

現在、火山は少しでも活動の兆候があると直ちに厳重な登山規制の処置がとられ近寄れないが、戦前にはそうした規制はなかった。その頃、私にとって一番近くて登りやすかったのは浅間山であった。爆発のしずまるのを待って活動直後を狙ってよく登った。ずいぶん無謀なことをしたものと思う。そうした冒険登行の折、火口で拾った火山岩屑は凝固直後の岩漿で、顔に近づけると強い硫黄の臭が鼻をついてきたし、掌にほのかな地底のぬくもりを伝えてきたことが思い出される。そんなわけで、私の一連の火山の石は、いずれもみな地底からの直送便でもたらされた、鮮度の飛び切り高いもので、外観からも異彩を放っているが、それぞれスリルに満ちた登行の思い出がからみついている。

私の山頂の石は、その蒐集の範囲から見ると北アルプスを中心に、南アルプス、中央アルプス、奥秩父、浅間山、谷川岳へとひろがり、さらに遠くは阿蘇山、三原山とかなり遠い地域に及んでいる。その中に二、三、世界的にとび離れているものがある。その一つはヒマラヤ、アンナプルナのもので、標高四八〇〇メートル附近のものである。濃い黄褐色の砂岩らしい小さな石片にすぎないが、高度の点からは私のコレクション中断然他を抜いている。昨年同峰偵察隊の一員として出向かれた○さんの心づくしの土産であった。異国の石といえば、山とはいえないかも知れないが南極大陸の石も一つ恵まれている。花崗片麻岩らしい、いかにも古い時代の片鱗《へんりん》をうかがわせて、一見明らかにわが国の岩石とは異なっている。

こう考えてくると、一つ一つどの石をとってみても、それぞれに忘れえぬ思い出がまつわりついている。私は仕事に疲れを覚えると決って棚に並んだこれらの石くれの上に目を馳せ、声なき囁《ささや》きに耳を傾ける。ある石は歓喜に酔い痴《し》れながら山頂に立つケルンをめぐって見つけたものであり、あるものは失意に打ちのめされながら山頂の冷たい雲霧の中から拾いあげたものであった。

山頂の石は随時、居ながらにして私をあの日の山稜を辿る思いに駆りたて、あの日の山頂の感懐を呼びもどし、あの日の展望を甦らせ、ひととき快い山恋いの虜にさせてしまう。私にとって山頂の石は、尽きることのない山旅回想の湧き出す泉のように思われる。

そんなわけで山頂の石は年が経つにつれ愛着の深まっていくのを覚える。そして樹々の幹と同じように、年ごとに回想の年輪を重ねながら私の机辺で生きつづけているように思われる。あの日の山が遠去かるにつれ、山頂の石のもたらす回想には新たなるものがあった。

それは戦争が熾烈さを加える終戦の年の春、本郷の住居は強制撤去の指定をうけ、信州へ疎開と決した際、私は山頂の石の処置に窮した末、爆撃下の長い道を豊島区東長崎の兄の所に一つ余さずリヤカーで運び、庭の一隅に埋めて安泰をはかった。そして終戦後しばらくして掘り起し回収したが、その間どさくさにまぎれて数個を見失ったことに後で気づいた。その中には富士山の紡錘形の火山弾、阿蘇山の皿石（火山弾）の他に、奥秩父の金峰山の五丈岩の石、谷川岳のものも含まれていた。なかでも金峰山のものは、五丈岩に酷似した見事なものだっただけに思い出す度に惜しまれてならない。

千人もの子を養い育てた鬼子母神が、ある時そのうちの一人を失って痛哭に暮れたという話を聞くが、私も長年にわたり拾い集めた夥《おびただ》しい山頂の石から、僅かな数個を失ってその愛惜の心情は数量とは別物であることを身をもって味わったのであった。

ある時私は親しい友人から、応接室の棚に並べていた山頂の石の一つを所望されたことがあった。こんなにあるのだから、との軽い意向からとも思われたが、私はその求めに応じる気にはなれなかった。欲張りと思われても仕方がない。私の集めた一つ一つの石は、一つの山のただ一つのものだったし、そのどれもがそれぞれの初登頂の思い出の沁《し》みこんだ蒐集品で、それだけに数が増すにつれ、年月が経つにつれ、一つ一つが代替えのきかない大切なものになっていくからであった。

ところで私はこのごろ、山頂の石を前にそうしたなつかしい山旅の回想に必ずしも手放しで浸り切れなくなった。それは近頃とみに高まってきた自然保護に対する関心を背景に、自分の行為が反省され、拭い切れぬ自責の念にせめられるからである。考えてみれば私の場合、これらの石の大部分は戦前の蒐集品で、なかには五十余年前のものも含まれている。その頃としてはごく自然な行為としていささかも抵抗を覚えなかったことは無論、博物科担当教員として標本採集は職務の一端とも考えられた。従って高山植物の採集など、簡単な届出だけで許可されたし、蝶や昆虫については全く規制はかけられておらず、岩石の標本採集など更にゆるやかであった。

だが以来五十年、山をめぐっての状勢の変化には隔世の感があり、雲泥の違いが生じた。今では山路の草木はもとより、石くれ一つにしても、採取は無論のこと、手を触れることも、近づいて自由に撮影することさえはばかられるようになった。それを思う時、それが例え世間の通念からは、とうの昔に時効にかかっているはずの山頂の石であっても改めて考えさせられるのである。もはやどういう形にせよ、山との自由で気儘《きまま》な触れ合いの出来なくなった現在、いかなる弁明も虚ろに響く。

もっともこのごろのように、山頂という山頂が混雑に近い賑わいを見せて人で埋まっていたり、切れ目なく登山者の列が続いたのでは、静かに山頂の感懐に浸るどころか、私はむしろ一刻も早くそうした雑踏の山頂から離れたくなるのである。況《いわん》や絶えず山靴に踏みつけられ、塵埃《じんあい》に埋ってゆく山頂の石を探そうなどという心境は生れてこなかったと思われる。

どうやら私の探し集めた山頂の石は、原始の香の沁みこんだ昔の山頂の形見であり、初めて立った頂のひたむきな感激の余韻を曳く、静寂と孤高の象徴としていつでも私の心にその日その山頂を甦らせてくれるものでなければならなかったようである。

私はこのごろ、ぼんやりと、私の集めた石を前に、執拗にからみつく心の戸惑いを持て余しながら向かい合っていることが多くなった。そんな時、私の心の片隅には、このコレクションの行末が消し難い課題となってしだいに翳をさだかにしていくのを覚える。といっても五十余年この方、心をとめて拾い集めたこの夥しい石の一つ一つを元の山頂に運び返すには、一体、どれだけの年月がかかるであろうか。私の体力では及びもつかぬことだけは確かと思われる。

愛着と自責の板ばさみに会って、拾い集めた若き日の山々からの形見、山頂の石の重みが、身にも心にも、改めてひしひしと感じられるこのごろである。

（昭和四十七年十一月「アルプ」一七七号掲載稿補筆）

雷鳥の寝袋

ごく最近、といってもかれこれ十年になるが、北海道の高山蝶調査で大雪山通いをしていた頃、前後七年間の前半まで使っていた私の寝袋の胸に当る部分には、雷鳥を図案化したマークと一緒に、数字で4と印してあった。四番目の寝袋雷鳥号というわけである。

雷鳥の寝袋といっても、決して雷鳥の羽毛が主材料になっているわけではない。戦後間もなく、米軍の放出品がいろいろ市場に出まわったが、そのうちには、山の用品としても大変調法なものがあって、われわれ山男も大いに恩恵をうけ、山行がそれを機《しお》に飛躍的に快適になり、便利になったものである。寝袋はその最たるもので、ちょうどその頃、思いもかけず蝶ヶ岳の中村さんから贈られたものであった。初めて手にした羽毛の軽い、柔軟な温かい手ざわりは正に驚異で、夢が実現したような喜びには感激に近いものがあったのを覚えている。以来、山行に携行したのは無論で、山中のテントでこの寝袋を取り出す時の嬉しさは、長い間いっこう衰えようとはしなかった。

それから三十数年間、その寝袋は私の山行には欠くことの出来ない必需品になっていた。その間、喜びの山も失意の山も数えきれないほどであったが、山中快適な睡《ねむ》りと、まどかな夢を育《はぐく》んでくれた功績には、計り知れないものがあった。そんな私の愛着ひとしおの思い出深い山の装備も、時代の波にはさからえなかった。大雪通いの頃から、山小屋で私の寝袋がなんとなく異和感を誘い、異彩を放って人々の注目を浴び、話題の種になりだした。それまで私の山行は、ほとんど単独行であったので、そのことに全く気づかなかった。それどころかひそかに誇りにさえ思っていた。ただ年齢のせいか、一キロに近い目方と、ザックに入れる際かさぼるので、若干手を焼かねばならなかった。確かにその頃から、山小屋の夜は花が咲いたように華やかな色彩の寝袋がふえだした。目方にしてもせいぜい五百グラム前後で、たたむと枕ほどになってしまう。同行の若い友からしきりに「先生の寝袋は骨董品ですね」と称讃とも揶揄《やゆ》ともとれる感想を耳にして、急に肩身が狭く感じられてきた。

私がその時代遅れの寝袋に、雷鳥の寝袋と名をつけて、雷鳥のマークを描き込んだのは、確かその頃だったと覚えている。古いばかりではどうにもならぬ。別に何かで箔をつけたいし、自分なり

雷鳥の寝袋

に納得のいく必然性を高め、心の拠り処にしたかったからである。

由来私は、山でいろいろな拾いものをする癖があった。落葉や木の実から始まって、昆虫の死骸や変った岩屑、蛾の翅《はね》まで、山路で目にする自然の落し物はどんな些細なものにも心を惹かれ、そのままには見過せなかった。どんなさりげない出会いでも、何となく自然の意義深い啓示か、含蓄のある設問のように思われ、つい拾いあげ、立ち止まり、しばらくその謎解きに懸命に取り組まぬと気がすまなかった。

そうした私の山での拾い物の中で品数の最も多いのが鳥の羽根で、なかでも雷鳥のものが圧倒的であった。考えてみると、一度の山行で必ず十本前後は拾ったもので、収穫皆無ということはなかった。しかもこの高山の鳥は、年ごとに夏、冬と二度にわたって顕著な衣替えをするので、そのことからでももっと多量の羽毛が目についてもよいはずと思われたが、意外に少なかった。何故であろう、その疑問は長い間私にとって未解決な宿題として消えることはなかった。それがようやくのことで解決の糸口を見つけたのはだいぶ前のことで、立山別山にテントを張った時であった。立山は雷鳥のいわば本場ともいえる棲息地になっていた。雷鳥もちょうどその頃冬への衣替えの最中であったこともあって、私は豊富な収穫を通して雷鳥の隠された生態の一面を知ることが出来た。私の見つけた羽毛は、そのほとんどが胸から腹部へかけての保温用の柔らかなもので、翼や尾翼の大型の羽根は滅多に見つからなかった。その点については、私はすぐに納得のいく理由を見出すことが出来た。つまり大型の羽根は形態が単純で、地上の事物にまつわりつく確率が極めて低く、抜け落ちるとすぐ風に吹き飛ばされてしまうのだと。それに反して保温用の羽毛は、先の半分は平板状であるが、根元の半分は繊細柔軟な綿毛を密集させ、からみついたら離れにくい。私が山路で見つけて、拾い上げる羽毛の大部分がこの種のものになっていた。

そして、その点についてさらに気のついたことは、その附着する事物がかなり限定されているということであった。つまりチングルマが最高で、次がクロマメノキ、ウラシマツツジという順で、以下は、ぐんと附着率が低下する。そのわけは、それぞれ附着する状態を一瞥すればただちに頷《うなず》かれることで、例えばチングルマの場合は主に茎であるが、その表面が複雑粗鬆《そそう》で、細かな凸凹や古い葉柄が、一度からみついた羽毛を容易に離そうとはしない。クロマメノキについても、秋や早春の雷鳥の衣替えの季節には葉をつけていないので、細かにいり組んだ梢が羽毛をからみつかせるのに適した造りになっている。その点で対蹠的なのがスゲの類やイネ科の草本で、その形態からは羽毛を引き止める仕組みはどこにも見出せなかった。

そんな次第で、私の山歩きのプログラムには、雷鳥の羽根拾いの仕事がいつの頃からか重要な事項として組み込まれるようになった。それにしてもあれだけ目につく雷鳥の数から考えて、抜羽根の量が少な過ぎるように思われ、どうにも合点がいかなかった。まさか抜けた羽根を雷鳥自身が飲みこんだりはしないと思うが、昆虫の世界では脱皮した古い皮をその場で喰うことはよく知られているので、そんな疑念まで心に浮かんでくるのであった。

その頃のことであった。大滝小屋の裏手に小鳥の巣のあることを中村さんから知らされていたのを思い出し、覗いて見ることにした。すでに雛鳥は巣立ちした後で、小鳥の種名は知る由もなかったが、倒木の下陰から取り出した巣をひと目見るなり、私は、はたと手を打った。巣の外廻りは小枝や枯草、苔や地衣類などで幾重にも綴られていたが、問題はその内側の造りであった。羽毛を材料にして、分厚く柔軟にしつらえられていた。そして私に見逃せない重大事は、羽毛の中に明らかに雷鳥のものと認められるものが多量に使われていたことである。

何のことはない、私にとって端倪《たんげい》すべからざる強敵が、なんと高山に棲む小鳥たちだったのである。高山に営巣する鳥の種類や数は決して少なくないはずで、だとすれば巣材として利用される量も相当なものであろう。野性の鋭い視覚と、常住者という絶対有利な立場を生かして先取りしていた強敵の出現は、私には大きなショックであった。と同時に、長年胸につかえていた疑惑に思いもかけぬことから決着をつけることが出来たのであった。

そのような次第で、山行の度ごとに拾い集めた雷鳥の羽根が、ある程度たまると、家内の手で寝袋の胸の辺りに縫い込むことにしていた。といっても、これまでにとじ込められた数は、せいぜい三百本ほどに過ぎないと思われるが、しかし私にとっては、数量はそれほど問題ではなかった。たとえ僅かでも雷鳥の羽毛にくるまって、山中、夢の結ばれることには変りはない。私には山男の冥利《みようり》につきる最高の喜びに思われた。とにかく雷鳥の羽毛を採り入れたことで、私の時代物の寝袋は俄然生彩を放ち、心の拠り処になったのは確かで、私は大手を振って大雪の山に持ち込むことが出来た。

考えてみれば、私が山に入りだした昭和の初め頃には、シュラフなどという便利な装備は、一般には使われてはいなかった。私も雨具兼用の一枚のグランドシーツにくるまって、岩陰やハイマツの中にもぐりこんで寒い夜を明かしたもので、その後、古毛布を封筒状にかがったものをしばらく使った。これが第一号の寝袋といえばいえる。

そして第二号に当るのが「カモシカの寝袋」と呼べるもので、戦時中、春の北岳の草すべりで雪崩に埋まっていたカモシカの毛皮を主体に、八ヶ岳で親しくなった猟師から入手した仔獣のカモシカの毛皮を継ぎ足した苦心の手作りになるものであった。この二号はかなり長い間、重宝したが、重いのと、我流のなめしだったので、ごわごわで嵩張るのが難であったし、その頃からしだいにカモシカ猟がやかましく取沙汰されだしたのを機に破棄し、「雷鳥の寝袋」にバトンが受け継がれたのであった。

丁度その頃、進駐軍の放出品が売出されたのをきき、私はあわてて羽毛入りの寝袋を購入した。これが第三号に当るわけだが、実はこの寝袋は羽毛の量が少なくて、夏山に数回携行しただけで間もなく第四号に乗り換えたわけであった。

それから二十年を経た昭和五十年、私はかつての教え子で、山友のW君から最新型で化学繊維製の、軽くてコンパクトなシュラフを贈られ、それが五号として大雪山にも何回か同行した。これまでのものとは比べものにならぬくらい軽くて柔らかく、もぐりこんでも着用している気がしないぐらいで、当座は戸惑いを覚えた。そして最新式の装備を持てば持ったで、また同行の若い連中からひやかされなければならなかった。私にはやはり時代おくれの「雷鳥号」が似合いのように思われた。

そんなわけでせっかくの五号も、残念ながら私が体調を崩して山行から遠去かり、存分に威力を発揮させられないまま今は雷鳥の寝袋ともども押入の奥に不遇を託《かこ》ち顔である。

それでも時折、夏休みなどに、孫どもが狭いわが家で鉢合わせしたりすると、三号、四号、五号新旧の寝袋に、にわかに出番がまわってくることがまま起きる。そんな時、私は久し振りに古い山の装備の感触をなつかしみながら、年ごとに遠去かる山路を回想の中でひそかに辿ってみるのである。

雷鳥尾行記

さっきから私は、シュラフにくるまったままテントの中で目を覚ましていた。

山では私は、夜中の三時過ぎ、一度は必ず目を覚ます癖がついていた。そしてそれを機に空模様を見定め、その日のスケジュールを組み立てることにしていた。つまり、その時点で好天の見込みがなければ、そのままうつらうつら夜明けを迎えることになるが、その時もしも満天の星が仰がれるような場合には、すぐにシュラフを脱け出し、出発の用意にとりかかるのである。

だがその日は急いでシュラフから脱け出す必要はなかった。というのは、そうした最初の気象観測の結果に、好天の期待出来そうな要素は何ひとつ見つからなかったからである。テントの外は異様なまでに静まり返って、濃い霧がしっとりテントを包み込んでいた。夜明けには大分間のあることでもあり、そのままシュラフにくるまるよりほかはなかった。

それからどのくらい時間が過ぎたのか私には見当がつかなかった。外はまだ暗いようだった。目が覚めるとすぐに、私は習慣的にシュラフの中から手を伸ばしてテントの垂れをはねあげ、その隙間から空模様をうかがった。外はやはり暗く深い霧だった。

次に目を覚ました時には、テントの中にほのかな明るさが忍び込んでいた。多少でも好天の見込みがあれば、大急ぎでテントから這い出し、入念に空模様をうかがうところだが、この場合もその必要はなさそうに思われた。というのは、急いで這い出したところで、それだけ早く失望するだけのことである。急ぐことはない。私は半ばふてくされた気持ちで、ゆっくりテントの出入口のホックをはずしていった。今日一日の、運命の決定する瞬間にうける失望を、できるだけ先にのばすために、それは必要な準備であった。

外は思った通り息のつまりそうなガスであった。テントの裾からひろがる硯《すずり》ヶ池の向う岸は、霧にかすんでよく見えないが、岸辺に沿うて鈍く光って見えるのは薄く張りつめた氷であろう。

濃い霧の縞目が、別山支稜の砂礫の上を這うようにテントに襲いかかっては、池畔の黄に色づいたスゲにまつわり、水面に澱《よど》み、茫洋とひろがるハイマツの斜面を黒部の谷へ下ってゆく。私は虚ろな心で、長いあいだ霧の動きを眺めるともなく見入っていた。

或る年の十月半ば、立山別山硯ヶ池池畔にテントを張った五日目の朝であった。

天候に恵まれず、無為に数日を過した上、今日もまた長い一日になりそうだ。私の心の中も濃い霧に閉ざされていた。この一日を、どのようにして過したものか、これというプランの目

硯ヶ池のテント

星は浮かんでこなかった。なるようになれ、という捨て鉢の思案が堂々めぐりをつづけるだけだった。

こうした場合、これまでの経験から、失意の一日を乗り切る手だてとしては、結局シュラフにもぐってうつらうつらしたり、合間に書きものをしてみたり、晴れ間を見つけてテントの周りを、ぐるぐる歩きまわったり、そんなことの繰り返しよりほかはなかった。今日一日もそうした退屈な一日を持て余すことになりそうだと思うと、朝食の支度さえ気重で、テントの垂れをおろすと、またシュラフに深々と失意の身を沈めた。

それから一時間ほどしてからであったであろう。私はふと異様な物音を聞きつけた。物音はテントのすぐ近くから伝わってくる。私の弛緩した神経は一瞬緊張した。そして次の瞬間、その物音が、まちがいなく雷鳥によるものだと知った。それも一羽ではなく、複数のようだし、すぐ近くのようだ。というのは音声の量からも、また時折まざるその鳥特有のグウグウという低いふくみ声の重なりからも、すぐに思い当ったからである。

そっとテントの垂れを上げて覗くと、案の定、目の前五メートルと離れていない硯ヶ池の岸に、雷鳥が三羽一列横隊に並んでいた。しかも、驚いたことには、その三羽が交互に水面に嘴《くちばし》をさし入れては空を仰ぐようなしぐさを繰り返し、水を飲んでいるではないか。何のことはない、鶏と少しも変るところがない。日はだいぶ昇ったのであろう。時折霧が途切れると、別山尾根のハイマツの斜面が急に明るく浮かび上る。

その三羽の水飲み雷鳥は、翅《はね》の白と黒の荒い絣《かすり》模様からすぐに雄だと判明した。私はこの思いもかけぬ訪問客に、持て余していた無聊を一挙に吹き飛ばした形で、慌ててカメラを持ち出したが、残念ながら三羽揃いの水飲みの現場を写し撮ることは出来なかった。というのは、私がテントを這い出した時、その三羽の雷鳥は硯ヶ池の水辺を離れて別山方面へ移動しはじめていたからである。

私は地団駄踏む思いであった。それというのが、その頃、雷鳥の生態が一般に注目され、話題になりだし、その中で、この鳥が決して水を飲まないとの説が一部でとなえられていた。私にはとうてい信じられないことで、それには何としても反証の現場写真が決め手として欲しかったわけである。この朝の硯ヶ池の三羽の水飲み雷鳥は千載一遇ともいえる正に絶好の反論の証拠になったからである。それを写しそびれた口惜しさは、それから当分の間私の胸の中から消えなかった。

私をテントから誘い出した三羽の雷鳥は、硯ヶ池の水辺から少し離れたところで見つかった。しかもその時、一羽の雄を加えた四羽がきちんと間隔を保ちながら見事な隊列で静かに移動して行くのだった。そして驚いたことには、近くに新たにまた三羽の雌を交じえた五羽の集団を見つけた。私はカメラの目標をこれらの集団のどこにつけたらよいか、戸惑わねばならなかった。

九羽の雷鳥は、間断なく立ち止っては、しきりに草むらを啄《ついば》んではまた歩き出す。私のカメラは、その早いテンポにどうにもついて行けなかった。やっと適度なカメラの射程距離に近づいて、七、八羽を写し込めそうだとシャッターに手をかけるとたん、二、三羽がファインダーからはみ出してしまう。

私は九羽の雷鳥に翻弄《ほんろう》され通しで、そのうちの八羽を同時に写し込むのがせい一杯で、カメラをかついで大汗をかきながら、別山尾根を二時間近く引きずりまわされた。幸いその辺りの地形は、平坦に近いおおらかな砂礫地帯で、ハイマツの群落と草地の散在する、雷鳥尾行にうってつけなのが救いであった。

時刻は十時に近かった。霧は依然として晴れようともしない。霧の中に見えかくれしながら、雷鳥部隊は別山尾根狭しと、時に展開し、時に寄りそい、餌を啄みつつ移動して行く。その九羽の雷鳥の、黒褐色の夏の装いの所々に、冬毛のきざしの白い羽毛が霧の中に浮かび上る。私はその白斑を目当てに、山靴の音を忍ばせ、身をかがめて尾行をつづける。

やがて私は、フィルムを補給するためテントへ引き返す必要を生じた。雷鳥の群を避《よ》け、劔沢寄りに斜面を大きく迂廻してテントを目指すと、どうであろう、行手の霧の中にうごめく別の雷鳥の姿を認めた。それも一羽や二羽ではない。こちらにもあちらにも合計五羽、いや六羽を見つけた。何のことはない、尾行していたはずの雷鳥の大群に、私は完全に包囲されていたわけであった。

やっとのことで雷鳥の厚い包囲網を突破し、フィルムを入れ替えて急いで引き返すと、どうしたことか、九羽の雷鳥第一集団はどこにも姿は見えなかった。この鳥の習性として、そう遠くに移動するはずはない。おかしなことがあればあるものと、狐につままれた思いで探しまわった末、真砂沢に面した急斜面の遥か下方に、その気配が感じられたので、視線を凝らすと、餌を啄みながら移動中のところであった。足場が悪くそれ以上近づけないので、気長に稜線へ戻ってくるのを待つよりほかなかった。

別山付近　雷鳥五、六羽見ゆ

その間に踵《きびす》を返して新顔の六羽の第二集団をつけることにした。私は雷鳥に気どられぬようにと、出来るだけカメラを低く構えて、尾根いっぱいに散開して移動していく雷鳥を追跡してまわった。別山尾根は砂礫を敷きつめたように平坦で、所々にハイマツが小さな群落をつくっているだけで、見通しがきいて、雷鳥の尾行にはまことに適していた。六羽の第二集団はすぐに見つかった。相変らず餌を啄みながら、ゆっくり別山頂上へ向って行く。

ここで私は、はっきりその雷鳥集団の構成を把握することが出来た。雌雄同数の三羽ずつで、うち雌の一羽が母親らしかった。もっとも体格の上からは違いは認められなかったが、何となく羽毛の色艶に衰えが感じられた。そのうち、雄の一羽が辺りに投げ捨てられていた空缶に近づいたかと思うと、いきなり首を伸ばして溜り水を飲むではないか。私は慌ててカメラを向けた。思いがけぬ雷鳥の水飲みの現場を、今度こそは何が何でも写し撮らねばならなかった。動かぬ証拠として。蜜柑の空缶に溜った水を飲み終えたその雷鳥は、今度はすぐ横の小豆の空缶に嘴をさし入れた。雷鳥はやはり水を飲んだのである。

時刻は十一時に近い。雷鳥の動きが何となく鈍くなったように思われた。その時一羽の雄が砂地にうずくまったかと思うと、砂浴びをはじめた。すると近くにいた他のものもそれにならい、次々と砂浴びをはじめた。落葉が飛び散り、砂礫が飛び交い、小さな砂塵が舞い上がる集団砂浴びの盛況に、目を奪われ私は夢中でシャッターを切った。

気がついてみると、いつのまにか第一集団の四羽が近くに来ていた。残りの五羽も少し離れたところから近づいてくる。どうやら期せずして全部が合流し集結を終えたようである。そこで改めて私は総数十五羽で、その内訳として雄九羽、雌六羽を確認することが出来た。ところでこの十五羽の所属に関する構成であるが、むろん複数家族の混合した集団と思われるが、この時期になると、雛鳥といっても親と比べ体格の上ではほとんど区別出来ない。

この場合私は一羽だけしか母親と判定出来なかった。観察記録によると、それまで母親中心の家族体制をつづけてきたこの鳥も、十月に入る頃、そうした体制を崩して新たに大集団をつくって生活をすることが報告されていた。私のこの日見た雷鳥の集団は、そうした生態期に該当していたように思われた。

ところで、こうした尾行をつづけていて私の興味をそそったのは、この一大集団を構成している、いわば家族単位の間にどのような対応が見られるかということが一つ。もう一つは異家族に属する個々の鳥同士が平穏にやっていけるかという点であった。しかし両方とも私の杞憂に過ぎなかったようで、さしたるトラブルは見られなかった。ただし、個々の間では、小競合い程度のつつき合いは絶えず繰り返された。鶏によく見られる食物の取り合いであった。

それについて面白いと思われたのは、どうやらそれが特定のものの間に見られたところから、雷鳥仲間でもこの程度になると、気の合うものと、事ごとに反発する気の合わぬものとが存在する点で、その場合、仕掛けるほうは雄で、鍔競合《つばぜりあい》も雄同士の場合が多いように思われた。

正午近くなって、砂浴びが一段落したところで、雷鳥の群は次々に立ち上ってゆっくり移動を開始した。そして今度は摂食することなく、それぞれ思い思いに場所を定めると、少しばかり足場を調整しただけでそのままうずくまった。どうやら午睡の時間らしい。

私はこの時とばかりカメラを近づけ、出来るだけ多くのものを一画面に写し込もうと苦心した。しかし十五羽のうち、せいぜい半数の七羽か八羽しか入れられなかった。私も朝からの長時間にわたる尾行の緊張に、やや疲れを覚えていたので、ほっとした思いで雷鳥の休息ぶりに視線を遊ばせていた。そしてふと気のついたことは、雄と雌が明らかに居所を別にしていることであった。

雄のほうは、どちらかというと見通しのよい開け放ちの地形を選び、雌のほうは、ハイマツの木陰を選んでいた。何のためであろうか。偶然にしては余りにはっきりしている。何か意味がありそうだ。私は、雷鳥のトヤ選びの投げかけた難解なクイズに巻き込まれた形で、霧の中に立ちつくした。

雄雌ところを変えて休息しているその雷鳥の姿を、ピントグラスの上にまさぐっているうち、私はおかしなことに気がついた。それは雄の場合も雌の場合も、それぞれの衣裳に周囲の色を同調させ、その中に溶け込んでいることであった。その頃の雷鳥は、冬毛への衣替えの最中《さなか》で、どちらかといえば白地が七、三の割合で優位を見せていた。そして雄と雌は、白地の中に抜け残った夏羽根の色調と紋様から、はっきりと識別することが出来た。

つまり雄は黒味がちの荒い絣《かすり》を描くのに対し、雌のほうの夏毛は褐色を帯び、こまかい紋様を満遍なく散らしていた。それはそれとして、その時の私の発見は、雌雄の雷鳥がそれぞれのコスチュームに合わせた休息場を見つけ、そこを午睡の場に選んでいる点であった。つまり雄は黒いイワゴケを貼りつけた岩塊に身を寄せていたし、雌のほうは落葉の散り敷いたハイマツの木陰を選んでいた。どちらも周囲の色調に自己の紋様を同調させ、所在を隠すのに抜群の効果をあげているように見受けられた。

そしてもう一つ、十五羽の総勢のうち、雌は六羽であったが、そのうちの五羽までが互いに近接して休息している様子に、何となく女同士という雰囲気が感じられてほほ笑ましかった。一方雄のほうはと目をやると、こちらの集団からは全くそうした意図は感じられず、各自思い思いに休息場所を選んでいるように見えた。

時刻は一時をまわっていた。私もこの辺でひと休みとテントに引き返し、軽く腹ごしらえの後、霧もどうやら薄れてきたので、ことによると夕映えの劔岳が姿を見せるかも知れないと、弾む心を押えながらカメラをザックに詰めこみ、テントを後に御前尾根へと急いだ。

別山尾根に散開した雷鳥の大部隊は、まだ午睡のつづきを睡ったままであった。

山路採点簿

山である以上、歩いて楽な路などあろうはずはない。登るにしても降るにしても、ザックは重いし、息は切れるし、一歩一歩に神経を使い心身の消耗を伴う激しい重労働だからである。しかし、おかしなもので、山を歩いていると、実際にはそれがあるのである。そのように感じられるといったほうがよいかもしれぬ。

というのが、山に入るからには誰でも山路の辛さは一応覚悟しているので、それを充分計算に入れた上でなお、山中楽な路もあり得るし、ひどくこたえる路もあり得るわけである。つまり山の相場というか、登山者としての実践から割り出した評価といえるかもしれない。

そうした山路採点簿から、登山者泣かせとして悪名高いものを拾いあげると、北アルプスではまず烏帽子《えぼし》岳へのブナ立尾根があげられるし、次いで鹿島槍の赤岩尾根路がある。南アルプスになると、鳳凰《ほうおう》山のドンドコ沢路も急登で知られているし、釜沢から三伏《さんぷく》峠へのルートも、顎《あご》を出すきつい路として登山者の間で知られている。

それら名立たる難路悪道を行く時、誰でも苦しい登行にあえぎながら、何とか別に路のつけ方がなかったものかと、苦しまぎれの愚痴《ぐち》を弱音とともに噛みしめるはずである。そして、一体いつの頃、誰の手でつけられた路であろうかと、山路の時代考証にまで思いを馳せたりする。

考えてみれば、そうした、いわば一次的な歩道の多くは、山を生業の場とした昔の地元の人々の踏み跡が、いつとはなしに固定され、自然発生的に出来たものと考えられる。とすると、当時の人々の生活意識の反映した素朴な文化財とも考えられる。そうした観点から古い山路を見直すと、おおむね勾配の急なものが多く、胸を突くような坂道となり、がむしゃらに最短コースが採用されていることに気づく。一応地形や植生などの制約をうけてはいるものの、概して後世登山者泣かせの名をほしいままにすることになる。

その点で昔の人はよほど体力にすぐれていたように想像されるとともに、人間工学的な配慮に欠けていることに気づく。先にあげたものなどその最たる見本といえるであろう。そして同じ歩くにしても、そうした山路発生の由来を考えたり、心の中で採点簿に記入したりしながら足を運ぶ時、悪路難路も、幾分か気がまぎれて楽になり、一様に祖先からの貴重な遺産のように思われ親しみが湧き、足の運びも軽く、一歩一歩に興趣が湧き出してくるのを覚えるのである。

ところで山路の中には、間々そうした難路と対蹠的に、歩いているうちにいつとはなしに目的地に辿り着いてしまうといった、楽というか、まことに歩きよい楽しい路が見つかる。その適例として私は、昔の徳沢から大滝山への道など真先にあげたいし、上高地側からの徳本峠《とくごう》への登路もその一つといえるであろう。

程よい勾配と適度な曲折につれて、いとも軽ろがろと足を運ぶことが出来るのである。別な言い方をすると、巧まずして人間工学上の原理が的確に採り入れられ、運動能率と歩行心理学を巧みに調和させた、最も合理的な設計と結果的に合致しているからであろう。だからこそ、そのような路は、登るのにも降るのにも心身の負担が軽いばかりか、爽快で飽きるところがない。

徳沢、大滝路について言うと、私はこの道をこれまでに数えきれぬほど通っているが、その都度、歩きよい路だという実感を深めている。その路作りに当った人も、よほど誠実穏和な人柄で、惻隠《そくいん》の情深い山路作りの名手のように思われてならない。そうした山路中の名作を踏みながら気づくのは、すぐれた山路には路作りの基本ともいえる共通した条件の期せずしてそなわっていることである。

その第一が傾斜で、次が屈曲のピッチつまり頻度である。勾配が急に過ぎると路自体崩壊を招きやすく、安定性にも欠けてくるし、屈曲のピッチが小刻みに過ぎると、気分的に急き立てられ、特に下降路にとった場合、強引に短絡されて路の原形と美観を損うことになる。槍沢下

徳本峠　上高地側の道はまことに歩きよく、知らず識らず峠に立っている

方に見る草つきの斜面に展開する乱脈な網目状の踏跡などその例といえるであろう。

しかしそうした歩きよい古い山路も、最近では時代の波に押され、新たに手が加えられたりして、元の姿をとどめているものはめっきり少なくなった。大滝路にしても、徳沢の奥にダムが築かれ、それを機《しお》に路は不自然な急斜面でその部分を乗り越さねばならなくなり、せっかくの調和とバランスを失ったのは惜しまれてならない。この路について、特に昔と断わったのはこの意味からである。

私は山を歩き出してから六十年を越している。現在では当時の山小屋でそのままの姿を残しているものは皆無といってよい。それに比べると、山路のほうは遙かに長命で、未だに時折、部分的ではあるが昔のままの姿に出会うことがある。徳沢からの大滝路などはその最たるものではあるまいか。そんな山路の一歩一歩は、この上なくなつかしく嬉しく、しみじみとした山への想いが山靴を通してひと足ごとに這いのぼってくるのを覚える。

この路が作られてから一体どれほど年月が経っているのであろう。よくわからぬが少なくとも六、七十年、いや百年は越しているのではあるまいか。開設当時敷設されたと思われる小さな排水溝が、実に丁寧に要所要所に埋め込まれたまま残っている。丸太をえぐっただけの素朴な樋状のもので、材質はさすがに風化し、時の経過を語り顔であるが、青苔にまみれたまま意外にしっかりと形態を止めている。

辺りの地形と排水溝の設置がよほど入念的確であったのであろう。普通はとうの昔に土砂に埋まるか、流失するか、あるいは磨滅しているはずである。そんな年古《ふ》りた排水溝に出会うと、まちがっても踏みつけてはならなかった。慎重に歩幅を加減し、またいで行ったものであった。

徳沢からの大滝路は、徳沢の流れから離れて山腹を巻くように登って行く途中、長命水だったか、この辺での唯一の水場があった。この清水の存在も登山者にとってはまさに命の水で、この山路の登降を一段と快適にしているばかりか、山路自体にとってもその名のように重要な役割を果しているように思われた。

この辺り一帯の植生は、よほど安定しているものとみえ、他の山路でよく見るような、少し手入れを怠ると、すぐに草木に閉ざされて足の踏み場に困ったり、大小の崩壊による廻り道を強いられたりすることは全くなかった。開通以来、おそらく大がかりな下刈りとか改修工事は必要なかったのではあるまいか。

大滝小屋に近づくと、しばらくシラベの小暗い密林の中を行くようになるが、その辺りの傾斜がまた一段と巧みに設計されていた。そのことは、このコースがいかに楽な路にせよ、一日歩きつづけてこの辺りにさしかかった登山者の足は、それ相応に疲労感を覚えるはずであるのに、それが不思議なほど意識されない。適度な傾斜のせいなのであろう。しっとり青苔を装うた敷石が、ひとりでに足を運ばせる。

この路を下降路にとった場合、そのことは一層切実に感じられた。適度に粗野な原始性を保ちながら、適度に管理されることが、山路の魅力の本源としていかに重要かが頷《うなず》かれる。それが朝であれば、登山者はまだ歩行になじまぬ重い足をただ前方へ振り出すだけで、後は重力の法則が、いとも自然に快適に体を前方に運んでくれる。

思うに山である以上、登りには息が切れるし降りには神経を使う。だがその中にもそれなりに楽な路や苦しい路、楽しい路、退屈な路など、いろいろな持ち味、さまざまな性格のあることに気づく。それが山の面白味につながり、山の魅力にもなってくる。私には、どんな山路にもそれなりに小さな歴史が秘められ、山村民俗の匂いがしみついていて、味わい深いものがあった。だからどんな山路でも、山行の思い出の中では一様になつかしいのである。

六十年に及ぶ私の山行の中で、私はいつもそんなことを考えながら、心の中に山路採点簿をひろげて歩いて来た。そして私が踏んだ山路には、満点をつけてもまだ足りないような素晴しい傑作もあったし、どう甘く採点しても及第点をつけられないような駄作も間々交っていた。

みちくさの山

山はどんなにゆっくり歩いても咎《とが》め立てはしない。
山はいくらみちくさを食っても叱りはしない。
それをよいことにして私は出来るだけゆっくり山を歩く。
私は好き放題みちくさを食う。
私をいくらでもあまえさせてくれる日本の山。
私にいくらでもみちくさを恵んでくれる日本の山。
日本の山は愉しい。日本の山は有難い。

私は山でいろいろなものを拾う。下界で路に落ちたものを拾ったりすると、変な目で見られるし、気がひける。第一不潔感に妨げられ、そんな気になれぬ。だがそれが山中だと少しも気兼ねがいらぬどころか、むしろ愉しい自然との触れ合いと、対話のきっかけになってくるのが嬉しい。

山路の拾いものといえば普通、美しい落葉や木の実ということになり、誰でも心を惹かれ、つい手を出したくなるが、私の山路の拾いものは、そうした類とは少し変って、メインは鳥の羽根だった。山を歩いていて、鳥の落とした羽根を見つけると、私はその場に釘づけにされてしまう。

落葉や木の実といった、いたって平凡な拾い物でも、私にとっては結構思索の種となり、自然観照の材料に充分なるのである。鳥の落とした羽根にしても、単なる生きものの生理現象の一端として、見過してしまえばそれまでのことであろうが、私にはその出会いから自然界の深い啓示が感じとられ、山路の含み深いメッセージのように思われ、そのまま通り過ぎることは出来なかった。

私はその一本の小さな落し羽をめぐって、その背後に仕組まれた自然界のドラマに思いを馳せ、美しい落し物の投げかけてくる謎解きに我を忘れる。

どうかすると一ヶ所に多量の羽根が散乱しているのに出会うことがある。思いもかけぬ大収穫に心は躍るが、一方これは只事ではない山路の痛ましい事故が連想され心が滅入る。そんな時、私はひとかどの探偵気どりで、しばらく自然界の惨事の現場検証を買って出て真相の究明に巻き込まれてしまう。

さて、そのようにして山行の都度拾い集めた鳥の羽根はかなりの種類と量になるが、さてそれをどのように使ったらよいか、その保存と処置について心を砕かねばならぬ。

結局、落葉の類は山のアルバム編集の際、雰囲気を盛り込む素材にすることになるが、羽根のほうはそんなわけにはいかない。幸い羽根の中で一番多いのが雷鳥の綿毛なので、さしあたり寝袋の中に入れることにした。(「雷鳥の寝袋」参照。)

ところで、私が山路で見つける鳥の落し羽根に執着するのは、考えてみると、遠い少年の頃に身につけた癖が尾を曳いているように思われる。その頃、私は日曜になるのを待ちかねて近くの動物園に通った。普通であればライオンやトラなどの猛獣か、猿の檻の前で時を過すとこ

山路で見つけた鳥の羽根

ろであるが、私の場合は違っていた。脇目もふらず孔雀の檻に駈けつけ、終日張り込みをつづけた。何とかしてあの美しい尾羽根を手に入れたかったからである。根気よく張り込みをつづけておれば、いつかは必ず一本ぐらい抜け落ちるのを拾うことができるだろう、という狙いであった。

その頃、どこでどうしてそんな知識を仕入れてきたか、正午のドンが鳴ると孔雀はきまって尾羽根をひろげる、それが一つのチャンスで、激しい尾羽根の躍動の折に抜け落ちる可能性があるであろう、という計算である。だがその期待も空しく、このもくろみは徒労に終った。それでも収穫は皆無ではなく、孔雀とはだいぶ格は落ちるが、ホロホロ鳥の羽根を二本ほど手に入れることが出来た。

その後十数年ほど経って、私は東京の女学校に勤めていて、父兄から孔雀の標本の寄贈をうけた。少年のあこがれは、はからずも十年余を経て実現したわけである。私はまるごとの孔雀と毎日顔をつき合わせて暮らすことになった。人間とはおかしなもので、そうなると不思議に心を惹かれなくなるものである。

そのうち剝製の孔雀に虫がつき、手に負えなくなった。何ぶん大きなものなので、消毒も簡単にいかぬ。やむを得ず廃棄処分にすることにした。その折、目玉模様の飾り羽根の無傷なものをできるだけとっておいた。しばらく居間を飾っていたがそれもいつの間にか姿を消した。

常念一ノ沢源流　高山蝶クモマベニヒカゲの幼虫生態調査（昭和22年）

山路でゆくりなく出会う鳥たちの落とした羽根に、私がいたく心をゆり動かされるのは、私にとってそれが容易に触れることの出来ない山の自然の一部であり、滅多に接触できない野生からのなまの便りが托されているからである。たとえ小さくても、その中には広く奥深い山路の情報が、あたかもマイクロフィルムのように凝縮され、記録されているように思われるからである。

私は今でも、机辺に寄りながら、かつての山旅の小さな拾い物を前に、自然のロマンと山のサスペンスを引き出しては心ゆくまで反芻し、堪能するまで回想に浸り、推理の翼をはばたかせることが出来るのである。

アルビノ遍歴

蒐集《しゅうしゅう》本能という言葉があるくらいだから、人は誰でも生れながらに大なり小なり物を集めたい欲望を心のどこかに隠し持っているように思われる。しかし、それは人によってこれというほどの発展を見せないまましぼんでしまう場合もあるし、それと反対に見事な成果をあげ、それを見る人の感嘆と賞讃の言葉をほしいままにせずにはおかぬ素晴しいコレクションをものにする場合もある。いずれにせよそうした場合、ほんの些細なきっかけが引金になっていることが多い。いわばチャンスである。

私の場合がそうであった。もっとも、生れつき蒐集本能なるものが並はずれて強かったようであるが、そうしたものを集めるのにもやはり欲が強くなければならぬ。欲というと何か響きがよくないが、熱と言い代えたらよいかも知れない。粘りであり、執念である。

ところで私が目下その執念を傾けて取り組み、蒐集本能とやらをフルにそそぎこんでいるものに、山路のアルビノ探しがある。アルビノというのは自然界に時たま出現するいわゆる白っ子で、動物界にも植物界にも見られる。学術語で言う白化で、突然変異の一種として人目を惹くところから、古来珍品稀種として好事家の間でもてはやされているものである。

私どもは疎開で常念山麓に居を移して間もなく終戦を迎えた。戦時中の混乱疲弊は、この山里にも深い爪跡を残していたが、私どもをとりまく自然だけはどうにか原形を残していて、私どもの心を和ませ豊かに潤すものがあった。私はその一事ですっかり有頂天になり、好天の限り、山野を駈けめぐって野の花に見とれ、蝶を追って暮した。

その頃のことであった。私がある日、山裾の谷間で一株の白いショウジョウバカマを見つけたのは。そのユリ科の多年生の草本は、平地に近い所からはじまり、高い所では三千メートルに近い所まで分布をひろげ、春先紅紫色の花をつける決して珍しい植物ではないが、その白い花は私の目を惹きつけ、衝撃に近い驚きをもたらした。当時、土地の古老で野草に明るい人と昵懇《じっこん》にしていたので、早速持ち込んだところ大層喜ばれ、私も鼻高々、大いに面白をほどこした。このことがきっかけとなって、私のアルビノ遍歴はしだいに熱を高めていった。それまで気がつかなかったが、その気で探すとそうした自然の変りものは見つかるものである。つづいて野生のハナショウブの白いのを見つけた。それからホタルブクロ（当地のものはほとんどのものが紅紫色のミヤマホタルブクロ）、イカリソウ、アカツメクサ、エビラフジ、クサフジ、カタクリなど、つづけざまに見つかった。それに勢いを得て、私の白化探しの舞台は当然高い山へとひろがっていった。そして今では、高山植物の中の白化遍歴こそ私の山行のプログラムからはずすことの出来ない重要な題目になっている。

山路でめぐり逢うそうした白化、つまり色素を置き忘れてきた植物界の変りものは、いわば自然界の異端者といえるわけであるが、そうした変りものに出会うと私は鬼の首でも取ったように嬉しかった。というのが、自然界のより高い稀少性、珍稀な実在性とでもいうか、普通では容易に参入出来ない大自然の奥の院に招じ込まれたような有難い気持ちになるからである。

考えてみれば、こうした白化の生ずる窮極の仕組みは、まだ充分には究明されていないようではあるが、その意味からも、自然のメカニズムによってこの世に送り出されたそれらの白化は、一段と意味が深く、実在性が高いように思われるし、それらを眺めているだけで何となく自然界の深部に触れたような感銘をうけるのである。

白化とは別に自然界の変りものに黒化というのがある。これは白化が体内から色素を喪失して白くなるのと反対に、極端に色素を蓄積して持ち前の色調を深めたものである。従って普通それぞれの個有の色調を現わすが、時には全く別の色彩を身につけるものもある。またそれとは別に、八重咲きや帰先（先祖帰り）といわれているものも、何の前ぶれもなく、突然生物の世界に出現する。これらの変りものは、突然変異として一括され、個体変異の、流動的で段階的な変異とはっきり区別されている。そのうちの帰先は、この種の辿ってきた進化の道程をさかのぼって、原形に近い、祖先の姿に復帰したものと考えられる。

一体、物集めの趣味や物事に凝る者の、一様に目指すところは、より高い目標である。つまり競ってより困難なもの、より珍奇なものへと挑戦していくのが自然の成行きのように思われる。私の白化遍歴も、いわばそうした蒐集マニアの宿命的なコースを辿り始めているように思われる。

そのような次第で、私の高嶺の花の白化探しも今では相当年期を重ね、そろそろ病膏肓《やまいこうこう》に入った段階といえそうで、その数の上でも、また内容からも、だいぶ顔ぶれが揃ってきたように思う。主だった高山植物の白化、黒化、八重咲き、帰先の中で、一番大物は、何といってもクロユリであろう。

白いクロユリこそ、長い間私の山路で探し求める青い鳥になっていた。その色素を失った高山のユリの花は、木曽御嶽の一例がこれまで記録されているにすぎない、極めて珍しいものであった。私は何とかしてそれを自分の目で見つけたいものと、いつも機会あるごとに、この花の咲いているお花畑を通過する時などかなり時間をかけて探索してきた。だがおいそれとは見つかるはずはなかったし、そうたやすく見つかっては大物の価値が減少することにもなる。そうして私のこの白花のクロユリに托する夢とあとがれはふくらむばかりであった。

そして昨年（昭和四十七年）、ゆくりなくも北海道でめぐり逢うことが出来た。それは白というより黄色に近かった。あるいは黄土色といったほうが一層正確かも知れない。六枚の花被は、この花特有の紫黒色の色素を完全に失って、地色一色を残していた。私は長年探し求めてようやくめぐり逢った黄土色の花蓋に向って、ひたむきにシャッターを切りつづけた。

私はその年、大雪山中で、今度は真黒なクロユリに出会うことが出来た。北アルプスで見かけるクロユリは、普通クロユリという名が不当と思われるほど、色調は黒というイメージからほど遠いものがあり、ややもすると黄土色のほうがまさっているものが目についた。北海道のものは、その点かなり違って黒味にまさっていた。私の見つけたものも、その名にふさわしい純黒のもので、写し撮ったその花影は、背景の暗部に融けこんで識別出来ないくらいであった。明るい黄緑色の芯だけが暗闇の中の灯のように光って写っている。

こうした私のアルビノ遍歴は、北辺の山中でもう一つ、白いクロユリに匹敵する逸物にめぐり逢うという大きな成果をあげた。それはハクサンイチゲの八重咲きであった。場所の明示は、この稀種の安泰と保全に重大なかかわりを生ずる恐れがあるのでさし控え、ここではただ大雪山の一角とのみに止めておきたい。その高地産の八重咲きのアネモネは、まことに素晴しいものだった。元来この種は、クロユリに比べると花の格調からも、また分布密度の上からも、比べものにならぬくらいの、いわば最もポピュラーな高山植物になっている。

しかし、私はそういうこととは関係なく、その形態的な端正さに造形的な美しさを感じ、見るたびにカメラを向けたい気に駆り立てられる、清楚で見飽きない花である。殊に先年この花の帰先とも考えられる緑のものや、紫の変種を見つけたが、さらにその上ピンクのものが稀に出現するという、私にとっては聞き捨てならぬ記事を目にして以来、この種への関心を一段と高めている。

それはともかく、その八重咲きのハクサンイチゲはまことに見事なもので、豊かな残雪の雪解け水が光る小さな流れをのぞきこむように伸びた、やや小形な二本の花軸の先に、それぞれ四つほどの小さな花序を形づくっていた。私はその一角に足を踏み入れた時、すぐにその異常な花に気がついた。辺りをとり囲む普通のものに比べて、草丈はやや小振りのように見られたが、その花茎を飾った、精巧な象牙細工を思わせる花を、私は何と表現したらよいであろう。残雪の精とも、高山の精とでも言ったらよいであろうか。外側をしっかりと五枚の萼片《がくへん》に支えられた、豊かな花弁の盛りあがりは、雄蕊《おしべ》の先祖帰りによるものと判じられた。

それにしても自然の機構の不思議さ、精緻な技

八重咲きのハクサンイチゲ

巧、昔の人が、ただ造化の妙と言うだけに止めて感嘆せざるを得なかったわけを、私は改めて思い知らされた。辺り一面、かなり広い範囲に普通種の花影をめぐらしていたが、この種の変り種はほかには見つからなかった。私はこれまでの山旅で、何千本、いや何万本のこの花をあちこちの山で眺めてきたが、こうした花に出会うことは出来なかった。今にして、自然の仕組みの不思議さ微妙さを思い知らされたような気がする。

こうした変異発生の理由については、今日の進歩した科学をもってしても、その根元の理論としては、ただ遺伝質の中に突発的に生ずる変異によるというだけに止まり、その変異を誘発する原因や理由はまだ充分解明されていないようである。

私は山路でめぐり逢うこうした変りものの花の前に、その仕組みを容易に明け渡そうとはしない自然の奥深さに脱帽の思いであった。私は今年もまた同じ季節に大雪に登る予定であるが、その時は、ぜひまたこの八重咲きのハクサンイチゲを訪ね、観照を深めたいと思う。

昨年の大雪行は、他にもう一つ私に白化の大きな収穫をもたらしている。それはダイセツトリカブトの白化を見つけたことである。残念なことにその時、この種は花期をやや過ぎていたこともあったが、他の濃い紫の花の中で、その一株だけは純白の花影に異彩を放っていた。

高山植物の中で体格の上から大物といえば、第一がコバイケイソウ、次がキヌガサソウ、そしてシラネアオイ、ウルップソウという順序になるであろう。前の二つは白い花をつけるので白化の出現は望めないが、後の二つの白化は見つけている。ウルップソウのほうは、その分布はかなり局部的で、北アルプスでは白馬周辺と五龍岳などが知られている。花の色は濃い紫色であるが、濃淡の変動がかなり幅広く、中にかなり白に近いものも見出される。従ってこの種に限っては、そうした一連の個体変異の一端と考えられないこともないが、しかし中にそれらのものとははっきりと区別される、つまり一見その白さに極限の純粋さが感じられるものもある。

白いオキナグサ

ところで、長い間こうした植物界のいかもの漁りともいうべき変りもの集めに熱中していると、その間、知らず識らずに手元に溜ってくるデータと経験とをもとにして、法則というほどのものではなくても、白化探しのコツ、傾向というようなものがおぼろげながら身についてくる。

その一つは花の色に関するもので、青、紫、赤のものに白化の出現率が高いことである。従ってそれ以外の色というと、当然黄ということになるが、黄花には出現率が非常に低く、記録を調べてみても極めて稀で、白化の知られているものはキンロバイ（白化種はハクロバイと呼ばれている）ぐらいのもので、他にはクモマニガナの白いものが知られ、シロバナクモマニガナと名づけられているが、これは白化というより別種のタカネニガナに近いものともいわれている。

一体高山植物のうち、黄の花をつけるものは非常に多い。にもかかわらず、私はまだ一度も白化らしいものに出会っていない。昨年大雪山で、エゾキンバイ（シナノキンバイによく似ている）に白化があるとの情報を耳にし、根掘り葉掘りその出どころをたぐっていったことがあった。しかし、どうやらそれは、普通のものの花弁（正しくは萼）のまわりが太陽光線に灼けて褪色し、白く縁どられたもので、しかもその程度のかなりすすんだものではなかったか、という結論に達した。従って私の現在の最大の目標は、そうした黄色い種類の白化探しに絞られている。そしてその探索は、クロユリの白化やハクサンイチゲの八重咲きより、一段と難物ではないかと考えられる。それは花を黄色に色づけているカロチン色素は、赤、紫などのアントシアン系に比べ、遺伝質の中で強固な安定性を備えているからではないかと想像される。

第二は、八重咲きは白化に比べかなり珍しいことである。これまで私の収録し得たものは、ハクサンイチゲ、クロユリ、チングルマ、シナノキンバイ、ミヤマキンポウゲ、ゴゼンタチバナ、ニリンソウ、ミズバショウのほかに、平地種としてカタクリ、キクザキイチリンソウがあるに過ぎない。第三に感じられることは、黒化もかなり稀で、これまでに僅か次の五種を見つけたにとどまっている。ハクサンフウロ、コマクサ、シロバナエンレイソウ、ハクサンイチゲ、クロユリ。

ところで動物のほうでも、理論的に白子の出現は同じように考えられるが、その絶対数が比べものにならぬくらい少ないので、山の動物については、白い猿を除いては、白い熊、白いカモシカの話題は聞かれない。白い猿の話は古い文献の中で読んだような気がするが、それが老

ゴゼンタチバナの八重咲き

ニリンソウ帰先

齢化に伴う白髪のせいか白化かは判断出来ない。カモシカについてもかなり白いものが見られるが、これまた純粋の白化とは少し違うような印象をうける。

私が専門に手がけている高山蝶にも、それらしい変りものには今のところ出会っていない。思うに植物とちがい、これらの動物については、その確認はかなり難しくなってくる。瞬間的に目の前をよぎって行くのを目撃するに過ぎない場合もあるし、遠くから木立の中に垣間見る程度のことが多いからである。蝶にしても、確認するには数多く捕えることが絶対必要となり、そのようなことは出来るわけはない。そんな次第で、私には関心は持てるが、それを心がけるなどとうてい考えられない。それでその分野で知り得たことは、高山蝶の中の一種オオイチモンジに黒化傾向の雄の記録があることぐらいである。

色素をふるい落とした白い花は、私にとっては山路の青い鳥であり、自然の宝探しでもあり、日本の山をきめ細かく眺めることに対する、自然から授かるこの上ない褒賞のように思われてならない。私は今後も、私の山のアルビノ目録をさらに充実させ、祖国の自然の豊かさを掘り起していきたいと思う。

終りに、これまでに私が目にした白化に黒化、八重咲き、帰先を交えた変りものを、平地のものも併せて列記しておく。

〈白化〉シヨウジョウバカマ、シラネアオイ、コマクサ、チシマギキョウ、イワギキョウ、クロユリ、ハクサンフウロ、ヨツバシオガマ、マツムシソウ、ミヤマリンドウ、フジアザミ、オヤマノエンドウ、ウルップソウ、ミヤマオダマキ、イブキジャコウソウ、ヒメシャジン、タカネビランジ、ダイセツトリカブト、ヒメシャクナゲ、エゾツツジ、エゾコザクラ、ナガバノキタアザミ。（以下平地種）カタクリ、アカツメクサ、ツリガネニンジン、ウツボグサ、ムラサキケマン、ヒレアザミ、イカリソウ、ホタルブクロ
〈黒化〉コマクサ、ハクサンフウロ、クロユリ、シロバナエンレイソウ、ハクサンイチゲ
〈八重咲き〉クロユリ、ゴゼンタチバナ、シナノキンバイ、チングルマ、ミヤマキンポウゲ、ハクサンイチゲ、ニリンソウ、ミズバショウ、カタクリ、キクザキイチリンソウ
〈帰先〉ゴゼンタチバナ、ハクサンイチゲ、ニリンソウ
〈紅色〉エンレイソウ、ツユクサ

以上五十七種

（昭和四十八年八月「アルプ」一八六号、同十二月一九〇号掲載稿補筆）

ゴゼンタチバナ

「花も実もある」という言葉がある。心づかいの行き届いた対応や、内容の充実している場合の誉め言葉として普通使われているが、それとは別に、草木の中にはその言葉通りに、花も実もそろって美しく、立派に観賞に耐えるものが稀にはある。

ここに採りあげるゴゼンタチバナは、それに該当する、稀に見る、花も実も美しく、いわば見せ場を二つも身につけた、存在性の高い種類の一つといえるものである。

そんなところから、私はこの花には、前々から心惹かれるところがあったが、他にも一つ、いかにもこぢんまりとまとまりのよい造型性が好ましかった。といっても、この種は、高山植物の中で決して珍しいものではなく、むしろその反対に、最も一般的なものの一つで、その高い普遍性ゆえに、山に慣れた人々には、省みられることが少ない種になっている。

標高千メートルを少し越えたばかりの亜高山帯の山路にさしかかると、早々と黒木の下草として顔を見せはじめる。花期も早いほうで、六月に入ると日当りのよい道端などで、星を撒《ま》いたような大群落を見ることがある。山が初めてという人と同行する時など、真先に名を聞かれるのも決ってこの花である。

この種の呼び名は、加賀の名峰白山の最高峰、御前岳で発見されたことにちなんだものと聞くが、その際、花よりも実のほうが命名発想の根拠になっている点も面白い。確かに実のほうが一段と見応えがあるように思われる。

そんなところから私はしばしば、山中で悪天候のため、不本意な停滞を余儀なくさせられる時など、これ幸いとばかり、もっぱらこの種の観察、調査に時間をふり当て、退屈するどころではなかった。

この花を一見して目につく四枚の小片は、花弁と思われがちだが、花の構造上、総苞《そうほう》と呼ばれる部分に当っている。そして花の中心部に、あたかも雄蕊《おしべ》雌蕊《めしべ》のように見えているのが花の本体なのである。

私がゴゼンタチバナについて、真先に興味を惹かれたことというと、白い花弁状の苞であった。白皙《はくせき》の四枚の弁は、小さい割には厚目で、質も緊《しま》っていて、端正な十字を形作っているところは、いかにも高山植物らしい気品が感じられ、この花の身上になっていた。

時折、この苞にかなりの変異が見られた。その数についても、二枚のもの、三枚のもの、稀に八重のものも見つかった。さらに面白いのは、色彩の上で、半分が白、半分が緑に染めわけられたものも見つかった。つまり葉から花への分化の過程にある、明らかに進化の道順を再現しているものも見られ、私のこの花への関心は募るばかりであった。

そんなわけで、夏山のこの種の花季には、私はもっぱら苞の変りもの探しに忙しかった。そして実の色づきはじめる九月になると、今度はそのほうに目を奪われ、私の山路の観察の目標は、その実に引き継がれることになる。

或る年の九月、中央線茅野駅から八ヶ岳へ向かう山路で、稀に見るこの種の当り年に遭遇したことがあった。登山道をはさんで、両側がゴゼンタチバナの赤い実で埋めつくされたといってもよいほどで、私は到るところで足をひき止められた。

一体、高山植物は、どの種類についても言えることのようであるが、年によって出来、不出来、つまり豊作と不作の年があるようで、このゴゼンタチバナは、三、四年に一度ぐらいの周期で、花も実も当り年の美観を見せるように思われる。

この時もあまりの見事さに、そのまま見過すのはせっかくの機会を無にするようで、私は手帖をとり出し、その実の数を記入していった。そして十六という数字を探し当てた。普通では、一本の茎につける実の数は、五、六個で、十個といえば、この種としては例外的に多い部類に入るが、それが十六というのは私にとってはずばぬけた新記録であった。しかし、そのようなものは、鈴生《な》りの重味に耐え切れず、大抵は地面に倒れ伏していた。そして、当然のことながら、一つ一つの実は小粒で、しかも押し合いへし合いのせいで、いびつになり、全体的に見てもバランスを失い、美しさにも欠けるところがあった。この種として均衡上実の数の限界は、やはり八個か九個止りと思われた。

そんな収穫はあったものの、思わぬ道草に大幅にコースタイムを狂わしてしまい、その日はとうとうオーレン小屋に泊ることになった。最初の予定では、硫黄小屋まで足を伸ばすはずであった。

ところが翌日から雨つづきで、私の山行としては珍しいことに、四日もつづけて小屋に足留めを余儀なくさせられた。その代り、この長い停滞は、一面で結果的に私に思いもかけぬ収穫をもたらすことになった。それはゴゼンタチバナに対して、きめ細かい観察の機会を恵まれ、一挙に知見を深め

（左）花をつけた六葉の花茎、（右下）四葉のものは花をつけないといわれるが。（右上）苞が半分白く葉状を呈している

ることが出来たからであった。

入念な雨支度に身を固めて、最初の日私は「峰ノ松目」を目指した。去来する霧の中に黒木の木立が墨絵のように明滅する道をいくらも歩かぬうち、梢にまつわるサルオガセから滴る霧の雫でヤッケを透すばかりに濡れてしまったが、私は引き返す気にはならなかった。足を運ぶ小径は、今を盛りのゴゼンタチバナの実が余りにも見事だったからである。その年は、私の山行中、それまでに覚えのないほど、この草の生《な》り年に当っていたとみえ、どの花茎にも鈴生りに実をまみれつかせていた。

私はその度に、立ち止っては豊饒の珊瑚珠にもまごうその美しさに見とれ、そこでまた私は手帖に記録しないではいられなかった。そして次々に実の記録を更新し、最終的に十九という驚異的な数値に到達した。その代りその日の行程は峰ノ松目どころか、硫黄岳へ

ゴゼンタチバナ

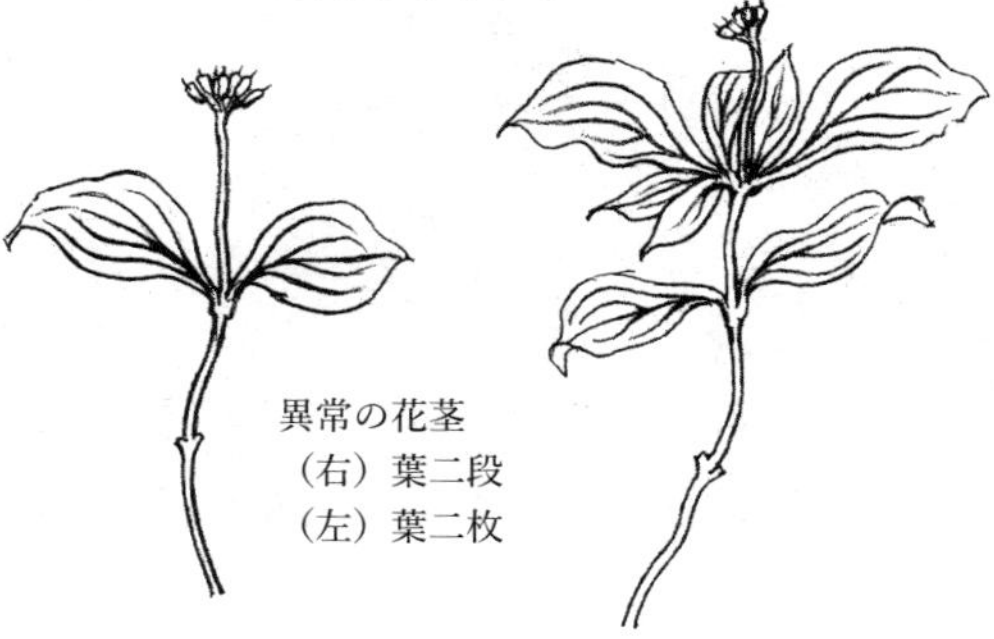

異常の花茎
（右）葉二段
（左）葉二枚

の分岐点近くで引き返さねばならなかったが、私の心は充分満ち足りていた。

そんなことがあってから数年後の、ちょうど後立山新越乗越小屋が新築された年の七月初めであった。柏原さんの招きをうけて登って行ったが、この時も雨つづきで停滞の新記録を作ったくらいであった。その間、雨の切れ間を私はこの花の観察にふりむけ、いろいろと新しいデータを収録することが出来た。

その時の狙いは、この花の構造、つまり頭状花序を構成している花の数に絞っていた。私はルーペとピンセットを手に、赤沢岳を中心に辺りの花を手当りしだいのぞいてまわった。私は、それまでこの種の花は、四枚の花弁状の白い苞に包まれた、中心部が黒点状に見える、数個の寄り集まった複合花だと知っていただけだったので、この機会に、花序の成り立ちを詳しく確かめてみたかった。

ゴゼンタチバナ

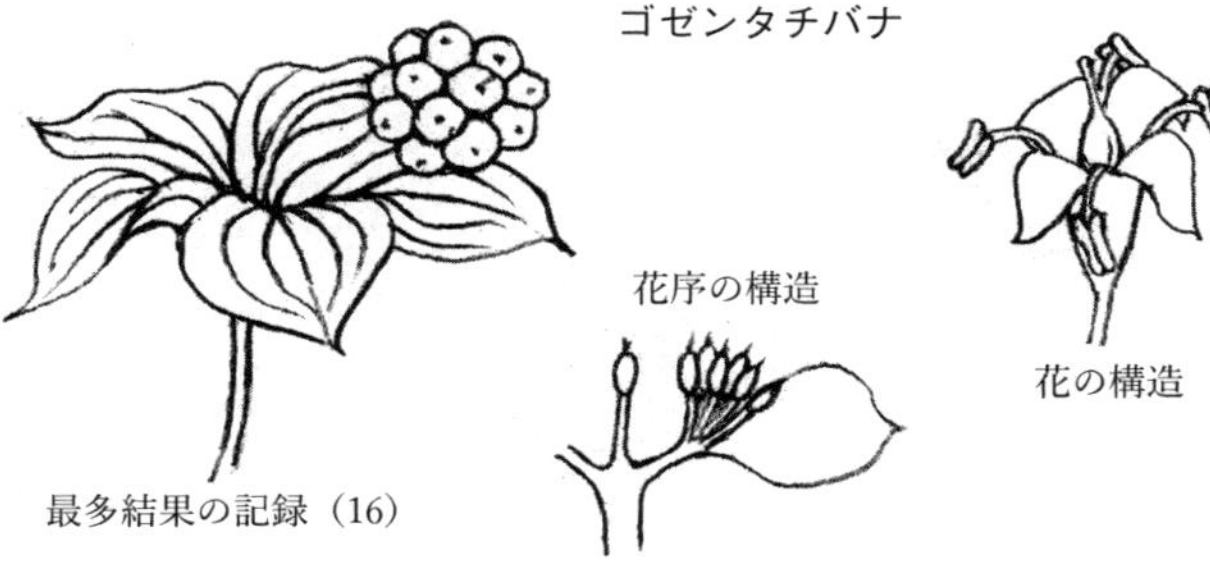

別図（八三ページ）はその構造を模式的に示したもので、つまり中心になる一個の小花をつけた小枝を軸にして、四方に小枝を出し、その先端に数個の小花をつけている。つまり、併せて五ヶ所の小花群によってこの種の頭状花序は構成されている。

そしてその際、中央のものは例外なく一個で、十字形の先端の四つの小花群については、数に一定の決まりはなかった。そして私の収録したものについてのデータは、次のようになっていた。被検花序の総数二五〇、花序を構成する花の最多数四一、同最少数九、同平均二二・九。

これらの数値を見て、私にはすぐに秋のこの種のつける実のことが思い出された。結実の確率、つまり花との相関性である。そして両者の数値の余りにも開きの大きいのに驚かされた。別の言い方をすると、目減りというか、結果率の低いのに奇異の思いがした。しかし、一見無駄のように思われるこうしたロスは、いわば自然界一般に見られる掟のようなもので、この種に限ったことではないことに気づくのである。

第一、先にも述べたように一本の花茎に、十以上実をつけるのはスペースの上からも無理な話で、せいぜい十個あたりが限界と思われる。にもかかわらず、花序の段階で最高四一個が記録されたことは、それだけ大幅の予備が見込まれているわけで、それほど多くの犠牲の上に種族保存という重大事が託されていることになり、自然の慎重な仕組というか、配慮がうかがわ

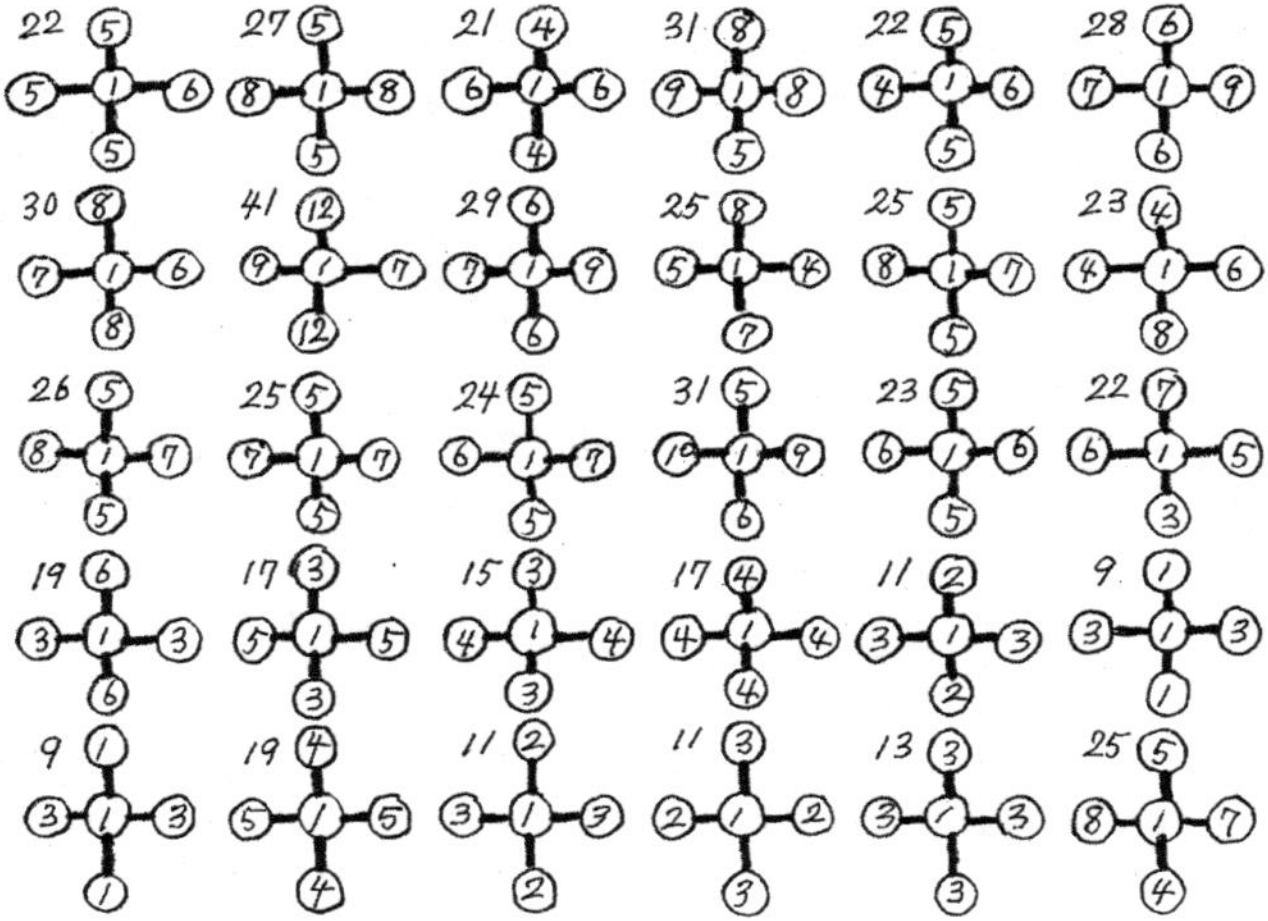

花序の花の排列と数

れる。

ところでこの種について、生態上別の興味深いことが言い伝えられているのを、私は以前から聞かされていた。そのことがこの時ふと心に浮かんできた。それは、「この種が実をつけるのは、六葉のものに限り、四葉には決して実はつかぬ」というのであった。私にはどうも承服出来かねたが、反論するだけの証拠がなかったので、半信半疑のままになっていた。

その長い間の宿題に結着をつける絶好の機会というわけで、翌日からは、その点の解明に重点を置く観察に切り替えた。すると何ということであろう。見つかること見つかること、私は意外なほど簡単に豊富な反証を挙げることが出来、むしろ拍子ぬけの思いであった。

それにしても、一体、どのようにして、そうしたことが、まことしやかに言い伝えられたのであろうか。もっともこんな言い方をすると、根も葉もない戯れごとととられそうだが、まんざらそうとも言い切れない。というのは確かに六葉のものに開花、着果は高率で、従って四つ葉のものに実の生《な》らないということは、一般の傾向としては言えるからである。しかし、その確率はかなり低い。

逆に言うと、葉の四枚のものの着果は、そんなに稀ではなかった。こうして最も普通な高山植物として、日ごろ見馴れたはずのものについても、いざひらき直って対決すると、その知見にはかなり不確実な点のあるのに気づいた。

そういえばもう一つ、この種について私にもはっきりしないことがあった。それは秋の末になり、実もそろそろ影をひそめる頃になっても、葉のほうは不思議に青々として変化の見られないことであった。普通であれば色づくとか、萎《しな》びるとか、何か変化のきざしを表わすはずが、この種の葉は依然として色艶に変りなく、時折、臙脂色《えんじいろ》に変色したものを見るくらいである。

そんなところから、私は或いはそのまま冬を越すのではあるまいか、そしてもしかすると、翌年花を咲かせはしないだろうか、そんな憶測や疑問が、時折り脳裡をかすめることがあった。

しかし、その点についてその後の調査で、基本的には毎年花茎は更新されることを知った。

その点を確かめるため、私は何度か五月の末から六月初めの発芽時を選んで生育地を見てまわった。稀に前年の葉が緑をとどめ、枯れた花軸に実の痕跡を残しているものが見つかったが、葉はいたく損傷し、とうてい再度花をつけ、実を結ぶとは思われなかった。

この草は毎年初夏、新芽を伸ばし、その中の勢いのよいものが、茎の先に六枚の葉をひろげることが出来、さらにその中の一部のものだけが、花軸を伸ばし、花をつけるように見受けられた。今まで手付かずに残っていた私の知見の空白部を初夏の観察によって完全に埋めることが出来たばかりか、花茎に六枚の葉の生ずる仕組は無論のこと、それ以外に、いろいろ例外的な変形奇物の生ずる経過も同時に見極めることが出来た。

この花に限らず、こうした自然界の法則には、例外はつきものになっているが、ゴゼンタチバナについてもそのこと自体例外ではなかった。こう考えてくると、例外を例外として扱うことに、不自然さが感じられるし、例外も本質の一部のように思われる。ここに並べたものは、その時の知見のほんの一端に過ぎず、その葉の四枚はおろか、三枚、二枚のものにも立派に実をつけているものも多数見つかった。

こうした観察を通して、私は最もポピュラーな、いわば平凡な高山の草花が、決して平凡なものとしてすまされなくなり、改めて自然のメカニズムの微妙さと、この花の内蔵する無限な可能性に触れる思いがしたのであった。そんなことから、今では、私にとってゴゼンタチバナは、平凡どころか、見れば見るほど最高に興味深い種類になっている。
平凡といえるものが自然界に在るとすれば、それは多分に、自分自身の中の、見抜く力が足りないせいからではあるまいか。

（昭和四十九年九月執筆原稿に補筆）

II

山路蝶信一束

登山蝶

夏登山の折見かける蝶がすべて高山蝶かというと決してそうではなく、数の上でも、また種類からも平地のものがむしろ多いくらいで、それらがお花畑を我が物顔に飛びまわっているのをよく見かける。つまり平地族の蝶が盛んに夏山に登っていき、しかもそうした傾向が年々目立っていくように思われる。私はこれらの蝶を仮りに登山蝶と呼ぶことにする。登山蝶の主な顔ぶれを挙げると、キアゲハ、ミヤマカラスアゲハ、カラスアゲハ、モンキチョウ、キチョウ、キベリタテハ、クジャクチョウ、ヤマキマダラヒカゲ、アサギマダラ、コヒョウモン等十指に余る。真正の高山蝶からみれば、これらはもぐりの高山蝶ともいえそうな鼻もちならぬ連中ということになるかもしれない。

一体どうしてこうした平地族の蝶が高山へ進出していくのであろうか、まさか避暑と洒落《しやれ》こむわけでもあるまい。私には、その理由として第一に考えられるのは、高山のお花畑はそれらの蝶にとっては充分蜜源として利用できるし、一方では農薬の空中散布や開発などで、下界がしだいに蝶の棲処《すみか》を奪い、住みにくくなっていくことも一因といえるであろう。また蝶自身、身につけた習性による点も考えられる。

例えば、特にキアゲハやアサギマダラなどには、ひたむきに高所へ赴く根強い習性が見られる。いずれにせよ、一時的に高地に身を寄せる必然性には充分に思い当る節がある。私の手元にたまってくるこれらの登山蝶の動向を検討すると、種類によりかなりその寄留には違いのあることに気がつく。それについて思い出すのは、一昨年夏の末、大滝山頂上付近（標高二六〇〇メートル）でミヤマセンキュウの葉上にキアゲハの老熟した幼虫を三匹見つけたことである。

アサギマダラ

キベリタテハ

この事実にいろいろと想像推測を加えると、それらの幼虫は充分そこでそのまま蛹化《ようか》、越冬し、翌初夏羽化することも不可能ではない。そうなると実質的に充分高山蝶といえるわけで、これに類することがコヒョウモン、キベリタテハ等についても考察される。

なおキアゲハについては、その幼虫が食料としているセリの仲間は水辺を好んで生育するが、最近小さな流れや水路が、次々にコンクリート製の開渠《かいきょ》にとって代られ、食料事情は極度に悪化し、それに依存するキアゲハの幼虫も当然糧道を断たれ、流れに沿うて高地へ新しく生活の場を求めて追い立てられることになる。それは最近、開発の進展につれ、棲処を追われたカモシカや猿、熊等が蝶の場合と逆に山地から人里近くに出没しだしたのと対蹠的な現象と考えられる。

ところで、こうした高山蝶周辺の事態の動向をめぐって一つ気掛りなことは、平地族の高地への進出につれ、本来の貴重な高地種が生活を乱され地盤を奪われ、衰退、滅亡へと追い込まれて行きはしないかという点である。残念なことに、蝶に限らず高地の生き物たちは概して生活力に劣り、平地から運び込まれる汚染への抵抗力も極めて脆弱で、とうてい平地族と太刀打ち出来そうもないからである。

近頃山が一般大衆の前に開放され、いたるところで登山ブームを呼び起しているが、私は、そうした機運は蝶の世界にもそのままあてはまり、現象的に平地族がしだいに高山にその生活領域をひろげて行くように思われる。そして、原住種の高山蝶にしてみれば、それでなくてさえ、年々開発の余波を受け、その衰退がしきりに伝えられる折から、さらに平地族の進出に直面する前途は、真に多難というべきである。

高山蝶の目

えこひいきといわれるかも知れぬが、私には、高山蝶の一部始終が何となく平地のものと一律に扱えない特別なものに思われてならない。つまり品がよくて、一段と格調が高いように感じられるのである。

しかし考えてみると、高山蝶だからといっても、それらが単に高山に生活の根を降ろしているということ以外には、特別とりたてるほどの違いは見出されない。しかし同じ蝶でも、残雪の高峰を背景にお花畑に舞っている姿や、幽邃《ゆうすい》な渓谷に悠々と翅《はね》を張って飛ぶ様《さま》には、平地の野菜畑や埃っぽい道端に見かける仲間と同一に扱えない気がするが、これは人情というものであろうか。そうした感情を抜きに考えても、高山に定着している以上、これらの蝶の生き様は、すべてぎりぎりの限界まで現場に適応した生活といえるので、この点からでも、山好きな者にとっては心から親しみと共鳴を覚え、時に畏敬の念さえ抱くわけである。

ここでは高山蝶の生活をいちいち並べ立てるゆとりはないが、その一つだけをとりあげると、天候に非常に敏感なことである。それの最も顕著に観察されるのは、お花畑を群れ飛んでいるベニヒカゲとクモマベニヒカゲについてである。この二つは高山蝶の中で例外的に数の多い種類になっていて、時にお花畑が揺れ動いているように群飛しているのをよく見かける。そんな時、日がかげると間髪を入れず姿を消してしまう。そして日がさすと、途端にまたお花畑に飛びはじめる。この対応はまことに機敏で、一斉に行われて見事である。こうした現象は、タカネヒカゲ、ミヤマモンキその他の仲間にもすべてにあてはまる。

その点、平地のジャノメチョウ仲間やシロチョウ仲間が、曇天どころか少々の雨の中や夕方の薄闇でも意に介しないで飛ぶ無頓着ぶりとは雲泥の差がある。こうした違いの根拠はどこにあるのかと、私はいつも眺めているが、敏感な目の機能によるのではないかといわれている。近時この点の究明に取り組んでいる学者のあることを聞いている。

それについて私はいつも思うのであるが、われわれ山を行く者が、せめて高山蝶並みの鋭敏な気象判断の能力と、変化に即応する機敏さを身につけることが出来たなら、不幸な山の遭難事故はよほど防止できるのではないか、高山蝶にあやかりたいと思うのである。

白馬岳にて

私は去年（昭和三十九年）の夏、二回白馬岳に登った。この山は高山植物の宝庫として名高いが、高山蝶のほうでも一つの特筆に価することが知られている。それはこの地域に棲む高山蝶タカネヒカゲが他の地域のものと少し翅の紋様が違っていることで、分類上別亜種として認められていることである。私の二度の登行も、実はその点の調査が一つの目的になっていた。

この山行で私が残念でならなかったのは、この地域の高山蝶が、野離しで採集されていることであった。延べ十日ほどの間にネットを振る人を十数人見かけた。たまりかねて高山植物をパトロール中のMさんに、その取締り方について尋ねたところ、どうにも取締りの決め手がなく、当時としては、捕虫網を手に蝶を追う際、往々にしてお花畑に踏み込むことになるので、高山植物保護に名を借りて規制するよりほかないとのことであった。そういえば高山植物の保護に関しては、きびしさに反発を感ずるくらい随所に立札が建てられ、目障りになるくらいに厳重に針金が張りめぐらされているのに、高山蝶の保護に関する限りそうした制札や施策は全然見当らなかった。

その数日後、地元の常念岳のタカネヒカゲを調べに登った。時期は八月初めで最盛期を少し過ぎてはいたが、それにしても、あの広い常念乗越一帯で全くその姿を見ることが出来なかったのは意外であった。そんなはずはないのだがと、さらに大天井岳まで足を延ばしてかなり入念に見てまわったが、東天井で一、二度それらしい姿の飛び立つのをちらと見かけたきり一匹の幼虫さえも見出し得なかった。

こんなことは今までにはないことで、私は翌年夏適期にぜひとも登って、もう一度しっかりと実情を確かめたいと思ったのであったが、そうしたタカネヒカゲの異変が、もしかすると上記の取締りの欠陥にもとづくものではないかとの思いが、しばらく私の心に重くのしかかっていた。

同じように高山を飾る貴重な生き物であるはずの高山植物と高山蝶である。その保護取締りに片手落ちのないよう充分の配慮が望まれる。

上高地のトリオ

上高地といえば、われわれ年輩者で蝶をやったものにとっては、高山蝶のメッカとしてのイメージが根強く残っている。ミヤマシロチョウ、オオイチモンジ、クモマツマキチョウが上高地のトリオとして盛名を馳せていた。しかし、昨今ではその上高地名物もとみに気勢があがらず、昔の全盛期に比べるとどうにか命脈を保っている程度で、一般の観光客にはよほど気をつけていないとめぐり逢うチャンスはない。

そのうちの一つミヤマシロチョウであるが、この種は小梨平を棲処《すみか》にし、それも狭い一角に限定されている。というのは、この蝶の幼虫の食草ヒロハヘビノボラズの分布が梓川べりにかなり片寄っているからである。

ところで小梨平という上高地唯一つのキャンプ場は、夏のあいだ大小のテントで充満し、一寸の空地もないくらい立て込み、雑踏を極める。私は終戦の年以来、よくもこんなところにミ

羽化したばかりのミヤマシロチョウ

ヤマシロチョウが生活出来るものとあきれて見守ってきたが、果せるかな年々下降線をたどって、この蝶をめぐる事態は、いよいよ今年（昭和四十年）あたり最悪の事態に直面しそうな気がする。

もっとも、これまでにもそれに似たピンチは、一、二度あるにはあったが、どうにか切り抜けてこられた。その一つが今から七年前であった。この時は幸い美ヶ原の同種が繁栄を誇っていたので、私はかなりな数を救援部隊としてここへ導入した。それがどの程度効果をあげたか解らぬが、とにかく立ち直りを見せて今日に及んだのであった。ところが今回は、頼みの美ヶ原のほうも上高地以上のピンチで、私としても手をこまねいて成行きに任せるよりほかなかった。

その切迫した事態というのはこうである。一昨年秋、私は例年になく多くの越冬の巣（この種の幼虫は大集団で共同の巣を作ってその中で越冬する）を見て大いに気をよくしていたところ、翌年初夏に至ってそれらの巣が根こそぎ持ち去られてしまった。それがこたえて、昨年の秋には貧弱な越冬巣二個をとどめただけのピンチを迎えた。この記録は無論、今までの最低である。それだけに今度こそ、この事態がそのままこの地のこの蝶の絶滅につながりはせぬかと案じられてならなかった。どうやら今年は、各地の高山の蝶にとって未曽有の波瀾《はらん》含みの年になりそうな気がしてならない。

上高地の高山蝶ミヤマシロチョウの暗い話題に代って、トリオの二番手オオイチモンジについての今度は明るいニュースを一つ。農作物に出来不出来の年があるように、虫の世界にも当り年や凶作の年がある。長い間一つのものを追いかけていると、そうした年ごとの変化に自然の妙味というか、奥深さが感じられて一段と興趣が湧いてくる。

そうした意味で一昨年は、上高地の高山蝶にとっては稀に見る当り年といえそうな年であった。殊にオオイチモンジについてその感が深かった。

七月上旬、私は上高地の懇意のN旅館に立ち寄ったところ、宿の人からオオイチモンジがしきりに窓辺に飛来することを知らされた。その足で徳沢近くまで来ると、果せるかな行手の路面をゆるやかに飛ぶその蝶を認め、近づくと今しがた羽化したばかりと思われる雄であった。その直後、横尾近くでまた路上に翅を休めている雄に出会った。それも、うっかりしていたら踏みつけるくらいの至近距離まで近づけたので、カメラを取り出して三脚を立て、幾度もシャッターを切ることが出来た。

その翌日、私は横尾から向う岸に渡り、奥又白谷出合附近を歩いていると、またまたこの蝶に出会った。しかも一匹ではなかった。それらが入り交り立ち交り、ポーズをつけるように、恰好な岩塊の上に翅を休めるのである。私は有頂天になって堪能するまで写すことが出来た。

それから数日の後、私は涸沢から新島新道を屏風《びょうぶ》ノ頭へ登り、思いもかけずオオイチモンジに出会ったが、その時の光景は、終生忘れることの出来ない印象深いものであった。涸沢に面した障壁をめぐって、槍・穂高を背景に雄大な弧を描いて飛び交う二匹の高山蝶の姿は、壮麗というか雄大というか、高山蝶の見せる最高最美のショーであった。私は言いようのない感激と興奮に浸りつつ眺め入ったことを思い出す。この蝶は高山蝶の中でずばぬけて大きく、美しい憧れの種になっていた。

この年は数多くの蝶友から、その他にも数種類の高山蝶豊産の知らせを得ている。そして蝶界の大勢としては衰退いちじるしい最中《さなか》でのこの相次ぐ朗報は、正に暗夜に灯を得た思いであった。

さて上高地名物の高山蝶トリオの殿《しんがり》として、クモマツマキチョウを登場させないわけにはいかぬ。蝶に関心を持つものにとって、前のオオイチモンジと人気の点では全く互格で、いずれとも軍配をあげかねる、素晴しい蝶である。オオイチモンジの雄大清楚な翅面のデザインに対し、クモマツマキチョウは優美可憐、まことに対照の妙を示し、高山の精の別称をほしいままにしている。それだけに蒐集者に狙われ、減少していくのが憂慮される。

上高地でこの種の見られるのは、夏山シーズンにかなり先行する六月半ば頃で、登山者で賑わう頃にはその姿を見ることが出来ない。そして両種とも、その棲処を梓の流れに直結させている。つまりオオイチモンジの幼虫の食樹ドロノキも、クモマツマキチョウの食草ハタザオの仲間も、梓の流れに沿うて見られる。その意味でこの二つの種類は運命共同体といってよい。

私は先にこれらの蝶の前途に絶滅の恐れのあることをあげたが、確かに終戦以来の動向をふり返ると、自然的、人工的両方の影響はこの美蝶にとって不運の連続であったことは明らかで、私には二つの種類ともども現在最後の砦に立てこもっているように見うけられる。幸いオオイチモンジには高木ドロノキの高所の梢があり、クモマツマキチョウのほうには険阻な岩場が食草を育て、どちらも容易に人手の及ばぬ安全で堅固な隠れ場を提供している。とはいうものの、長い地史を幾多の試練に耐えて歩みつづけて、梓の谷筋に生活の根城を構えた小さな生きものは種族存亡の深刻な曲り角にさしかかっていることは確かである。だが、そうむざむざと姿を消すとは思われぬし、そんなことがあってはならないと思う。

私の一連の山の蝶便りも、暗い話に終始したが、安泰を心から祈って一応筆をおく。

（昭和四十年三月「アルプ」八五号掲載稿補筆）

二重山稜を越す蝶

空一面に拡がった厚い雲の隙間から遅い朝の日が槍を照らした。モルゲンロートというにはおろか、黄ばみさえ洗い落したしらけた光で、それもほんの僅かの時間であったが、それでもレリーズを握った私の指先は、無意識のうちにたてつづけにシャッターを押していた。それで気がすんだのか、それを機《しお》に、それまでどうしたものかとその日の行動を決めかねていたのが、一挙に常念小屋へ戻ることに決断がついた。

常念岳に向って並べられたベンチに寄って、西岳小屋のTさん、Sさんとゆっくり雑談のひとときを過した。二ノ俣谷を距《へだ》てて真向いに、常念岳は曇り空の鈍い逆光のもとに青黒く沈んでいた。どうも雲行きが芳しくない。だが降られることは、出発を決意した時、予定の中に充分組み込まれていた。

西岳小屋から常念小屋へは、直線距離にすれば四キロほどのほんの目と鼻の先であるが、歩く道は四辺形の三辺を行く最も能率の悪い廻り道になっていて、普通五時間余の半日の行程だった。それを私は一日がかりで行けばよいわけで、出来るだけゆっくり、時間をかけて行こうというのである。そのプランが先ほどから私を糞落着きに落着かせていた。山中で、こんなにゆっくりした朝のひとときを持ったことはめったにない。

西岳から常念への逆コースは、何度も通っているが、こんなにひまをかけて歩いた覚えはなかった。そのことが妙に私の心を楽しくしていた。ゆっくり歩くことで何か目新しいことが見つかるかも知れぬ。何か素晴しい出来事とめぐり逢えるかも知れぬ。私は、ひと足ごとに山靴の底から伝わってくる山路の感触をまさぐるように歩いて行った。

小屋を発って小一時間もした頃、私はまだ大天井ヒュッテまでの道程の三分の一ぐらいしか歩いていなかった。その時、空一面に覆いかぶさった高層雲が急に薄れて、私の立つ砂礫の稜線が初秋の日を浴びて明るく浮かび上った。と、それを機《しお》に槍ヶ岳も山襞《やまひだ》をさだかにし、遠く烏帽子《えぼし》から鷲羽へかけてのアルプス裏銀座の上方に、いつのまにか青空が拡がっていた。この思いがけぬ天候の好転に心を弾ませながらも、私は戸惑いを感じないわけにはいかなかった。

というのは、その山行の眼目は西岳中心の撮影に置かれていた。このように天候の好転が期待されるのなら、西岳出発を急ぐのではなかったと早とちりが悔まれたからである。私は白い砂の上にザックをおろして、引き返したものかどうか、しばらく様子を見定めることにした。槍に向ってひらけた、花崗岩の白い砂を敷きつめたおおらかな稜線は、アルプス銀座とは思われぬほど静かで、それまでに私は二、三人連れのパーティーに出会っただけであった。

仄かな温《ぬく》みを返してくる砂の上に足を投げ出していると、しみじみ季節の谷間に身を置いていることに気づくのだった。三日前ここを歩いた時は、まるで焙《あぶ》られているような午後の日をまともにうけて、ひたむきに日陰を探し求めては汗を拭いたものだった。槍の背後には真白な積乱雲が立ちはだかっていたし、お花畑にはベニヒカゲの姿をしきりに見かけた。今日はそうした夏の名残りはどこにも見当らない。ひと休みしていると、すぐシャツの袖を伸ばしたくなってくる。

先日のことを、まるで遠い日の出来事のように思い出しながら天気待ちしていると、また雲が厚くなってきた。諦めて腰をあげ、少し歩いたかと思うと急にまた辺りが明るくなってくる。その日、私は西岳稜線で、目まぐるしく変る雲行きにさんざん翻弄されどおしで、とうとう一枚も撮影しないまま大天井岳を越え、東天井岳近くにさしかかったのは二時を少しまわった頃であった。そこから常念小屋まではゆっくり歩いても二時間とはかからない、ゆとりは充分過ぎるほどある。だがその頃にわかに雲行きが険悪となり、槍、穂高もいつのまにか上半身を厚い雲に包まれ、いまにも雨を呼びそうな気配に、私も知らず識らず歩速を早めていった。その辺りは表銀座に近いだけあって、おおらかな起伏のつづく、このコースで最も心和む尾根伝いの道である。

私はそうした小さな起伏をいくつか乗り越した道端に、美しい草紅葉の一群を見出して立ち

横通岳稜線より常念方面を望む

止った。その朱褐色から橙色、黄色へと連続する色彩の対照は、曇り空の尾根路に灯りを点《とも》したように明るく美しかった。オヤマソバの群落であった。

私はその初秋の稜線で見つけた早い季節の色彩に強く心を惹かれたが、天候悪化の兆しに急き立てられ、カメラを取り出す気にはなれなかった。行手の常念岳はみるみる灰色の雲の中に姿を沈めて行き、ふり返ると大天井岳の頂もいつのまにか雨雲の中に明滅していた。

足元から前後につづく稜線の左側半分は、とっぷり濃い霧に閉ざされていた。安曇野側の湿気が上昇気流に押し上げられたのである。一方右手梓の谷は、曇り空ながら視界はひらけ、遥か下方に白く梓の河原が望まれた。尾根筋でよく見られる明暗の気象条件の対立が演出する、晴と雲霧の確執、領地争いである。霧軍の尖兵は隙を見て稜線を乗り越し、梓の谷へ侵入しようとするが、稜線から頭をもたげるとたんに晴軍の送り込む強い西風に出鼻を挫かれて、空しく後退を余儀なくさせられる。

そうした気象の攻防戦に心を奪われていたその時、私はそれとは別に、思いもかけぬ異様な光景を目にしてその場に釘づけにされた。行手の稜線の片側を埋めて躍動する霧の中に、明滅する黒影を認めた。次の瞬間それが蝶と気づいた。クロアゲハかカラスアゲハのように思われた。私はこれまでにも、こうした稜線で蝶と出会うのは決して珍しいことではなかった。しかし、この場合、私が特別心を惹かれたのは、それが遅い季節であることと、およそ蝶と出会える気象状況ではなかったことであった。そんなところから、私は蝶と確認した瞬間から目を離すことは出来なかった。

そしてそれが近接した機会に素早く視線を集中して、ミヤマカラスアゲハらしいことを確かめた。曇り空の鈍い光のもとであったが、翅面の豊かな青緑の鱗粉《りんぷん》の輝きがはっきり認められたからである。安曇野側からの上昇する激しい霧と、梓の谷から絶えまなく吹きつける強い西風に煽られ、黒い孤影は中天高く吹き上げられたかと思うと、急転直下霧の中に姿を没してしまう。やがて懸命に体勢を立て直すと、また風に向って突進して行く。

どうやらその黒い揚羽は、一気にこの東天井岳の稜線を乗り越え、梓の谷を目指しているよ

横通岳稜線よりの常念岳と常念乗越

うに思われた。稜線をはさんでの蝶の懸命な突破作戦は、いつ果てるとも思われなかった。今度こそは、と私も全身に力を込めて見つめていると、今一歩というところで梓の谷から吹き上げる強風が、容赦なく孤独の蝶を霧の中に押し返してしまう。私が気がついてからでも十回、いやもっと同じことを繰り返したかも知れない。

気がついてみると、私もいつのまにかザックをその場におろして、その蝶のけなげな奮闘ぶりを固唾《かたず》をのんで見入っていた。蝶仲間ではいかに体軀に恵まれた大型種とはいえ、蝶に過ぎない。あの華奢な体のどこにあのような不屈な意志と強靭な飛翔力がひそんでいるのであろう。遅い季節の冷たい風と濃い霧の中に、はためきつづけるその蝶のひたむきな姿に、私はまぢかに迫った雨への懸念など完全に忘れていた。そしてその蝶の身振りから受ける生態的な興味は、私の心の中でしだいに深い畏敬に似た感銘に変り、さらに強い同情の思いを誘って、東天井岳の索漠とした砂礫の尾根から動くことが出来なかった。

正直言って私には、選《よ》りによって、この最悪条件のもとでの稜線乗越しに挑む蝶の必然性が、那辺にあるのか思い当らなかった。ただそのひたむきな気魄と異常なまでの執着ぶりから、野生の身に帯びた新しいテリトリー獲得へのすさまじい欲求が思いに浮かび、身につまされる思いであった。そして一瞬、もしかすると雌蝶ではないかとの想念が心をよぎった。

霧の激しく去来する稜線をはさんで、黒い揚羽蝶と風との熾烈な戦いは、いつ果てるとも知れなかった。いまひと息で稜線突破、という瀬戸際で無情な風に押し戻され、霧の中で見え隠れしながら、激しく二転三転、糸の切れた凧のように翻弄され、時に枯葉のようにとめどなく押し流されて行った。だが、やおら体勢を立て直したと見るとすぐさま逆風の稜線に突進していく。それは見ていて性懲りもなく、と言いたいほど、がむしゃらで執拗に繰り返された。そして不思議なことは、その間の翅の動きに、これというほど衰えを見せず、それどころか少しずつであるが、稜線突破への可能性を強めて行くようにさえ見受けられるのであった。東天井の稜線は、その辺りからゆるやかな勾配をつづけて、明らかに二重山稜の形態を見せ、風上の西側に、一段低くハイマツをめぐらした堤防状の隆起を走らせていた。そして主稜との間に、舟底状の浅い窪地を抱えていた。昔の東天井小屋はこの二重山稜の地形を巧みに利用したもので、今でも土台の石積みが窪地に残っている。

私がその二重山稜を越そうとするミヤマカラスアゲハの姿を見つけてから、どれくらいの時間が経ったであろうか。一時間、いやもっと経っていたように思われる。その間に、黒い蝶は執念の化身のように息つく暇もなく挑戦を繰り返した。そしてとうとう稜線を突破した。ついに乗越しに成功したのである。よもやと思われたことが達成されたのである。それはあっというまの出来事であった。度重なる攻勢に見なれた私が、高をくって気をゆるめたほんの僅かな瞬間の出来事であった。

風の切れ目を巧みに衝いたというよりほかはない幸運な出来事であった。乗越の砂礫すれすれに羽搏《はばた》き、這うような身のこなしで妄執《もうしゆう》の稜線を見事に乗り越えて行った。それは長い間の労苦の繰り返しを重ねた、ドラマの結末としては何とも呆気ない幕切れであった。

主稜を越すと、そこには二重山稜に抱かれた溝状の窪地がつづいていて、その蝶をかばうように副稜に西風を遮られた安全地帯である。だがその蝶は、余勢を駆って副稜を乗り越し、ころがるように斜面を降って行った。遥か下方には、曇り空のもとに梓の流れが鈍く光っていた。やっと為し遂げた成果にも翅を休めようともせぬその蝶の動きには、心なしかゆとりのようなものが感じられた。

私は、その姿がしだいに小さな黒点となって視界から消え去るのを見とどけると、我に返ってザックをとりあげ、今にも雨を呼びそうな初秋の尾根路を、常念小屋を目指して足を速めた。暗澹とした雲行きに反して、私の心の中はほのぼのと明るかった。ゆくりなくも霧の二重山稜でめぐり逢った、含み深い自然のドラマに立ち会えた喜びが、心を豊かに満たしていたからである。

常念小屋は夜に入って雨になった。私は閑散とした食堂のストーブに椅子を引き寄せ、思うともなくその日目にした蝶の姿を心の中で繰り返しなぞりつづけた。あれから梓の谷に降ったことはまちがいないであろうが、しかし、そこではその蝶にとっての安住の地は見出せないはずである。無事子孫を残すためには、何としてももう一度、穂高、槍の稜線を越えて飛驒の野を目指さねばならぬ。か弱い野生の背負わされた苛酷な宿命に暗然と惻隠の思いを馳せるのであった。

今でも折にふれ、私はふと心の中に、東天井岳山稜の霧の中に明滅する黒い蝶の姿を甦《よみがえ》らすことがある。

霧の大キレット

終戦後まもない或る年の八月の末、私は当時高校生の長男を伴い、南岳にテントを運び上げ、一週間ほど撮影に没頭したことがあった。そこは険絶をもって鳴る槍、穂高の縦走路が、大キレットをのぞき込むように凄絶な断崖を削ぎ落とした南岳の突端であった。

地形的にはこの上なく不安定で狭く、水場もなく、それにひきかえ風当りだけが滅法強いといった、およそキャンプサイトとしての必須条件に欠けた、いわば完全に失格の場所であったが、私にとってはかけがえのない取柄《とりえ》が一つだけあった。

それはそこからの展望で、とりわけ大キレットを距《へだ》てた北穂の眺めであった。それを存分に狙える撮影上のメリットに比べる時、テント生活の不便さなどものの数とも思われなかった。

とはいうものの、三千メートルを越す稜線の先端には、たとえ小さなテントでもすぐさま拡げるだけの余地のあろうはずはなかった。あちこち思案詮索の末、ようやく馬の背状の山稜が東に向きを変えていく辺りの、ハイマツに囲まれた僅かな砂礫地を見つけて塒《ねぐら》と定め、ピッケルを得物《えもの》に整地にとりかかり、どうにか二人用のテントを張ることが出来た。

そうした幾日目かの好天の朝、私どもは北穂を志して大キレットを下って行った。そしていよいよ北穂の登りにさしかかろうとする頃、にわかに天候が変って、あっというまに霧に包まれてしまった。飛騨の谷から押し寄せる濃い霧は、切れ目なくつづいて、名にし負う飛騨泣きの難所の岩峰が墨絵のように濃く、あるいは薄く浮かんでは消えた。

どうどうと鳴るのは蒲田《がまた》谷から突き上げてくる風が岩壁を伝う叫びであろうか、そうそうと耳を打つのはハイマツの梢をゆすって走り抜ける霧のうめきであろうか。前後を霧に閉され視界を奪われた私どもは、岩肌に浮かぶ白い目印を必死に探し求めては黙々と足を運んで行った。

これは、そうした霧の大キレットの底での出来事であった。その時、私はふとつかんだ岩角に体重を托して身を引きあげた。するとそこは小さなテラス状の岩棚となって、ほんの一握りほどの土壌が一本の小さなハイマツを育て、まわりをヒメスゲやイワギキョウの草むらがとり囲んでいた。

私が身を引き上げたとたん、いや応なしにそのテラスの縁に顎《あご》を乗せるような形となり、視線はいやでもまともにハイマツの根元にそそがれた。

その時であった、私はふとある異常な予感を感じた。それは第六感ともいえるもので、私がこれまでいろいろな野生動物との出会いの際感じる、予想と現実との入りまじった感じである。

霧の「飛騨泣き」

この時もそれと同じものが全身を走り抜けるのを覚えた。

それと同時に私は目の前三〇センチと離れないところに異様なものを認めていた。次の瞬間、それがまぎれもないタカネヒカゲであることを知った。それは思いもかけぬ出来事であり、夢にも予期せぬ出会いであった。というのは、時期からしても、また場所柄を考えても、私のこの蝶に関するそれまでの知見とあまりにもかけ離れていたからである。普通の場合、八月に入るとこの蝶の大半はすでに姿を消しているはずであるし、また一方場所柄を考えても、このような険しい岩壁とは夢にも想像出来なかったからである。

しばらくの間、私は自分がその時大キ

レットの底で濃霧にとり巻かれ、切迫した事態にさらされているのも忘れ、呆然と眼前の小さな生きものの全身露の玉でおおわれた姿に見入っていた。

湿った山の霧は、その季節はずれの孤独の蝶ばかりか、そのテラスに根を張ったハイマツの葉にも、岩壁を彩る地衣にも、一様に露の玉を光らせていたし、私のヤッケからも止めどなく露を滴り落としていた。

飛騨側から押し寄せてくる霧は、濃淡の縞をつくってこの巨大な鞍部《あんぶ》目がけて殺到し、異様などよめきをあげて乗り越して行った。そのたびにハイマツの葉末から露が飛び散り、水滴におおわれたタカネヒカゲの翅《はね》が揺れた。私は風をさえぎるように手をその蝶に近づけたが、身動きさえしない。不審に思って指で軽く触れてみたが、それでも動こうとしない。

しかし、私はそのかたくなに姿勢を保ちつづけられることに生のあかしを確認することができた。

もともと身の軽い蝶であるが、この冷気の中で露にまみれては動くことは出来ないはずである。それにしても、その霧の大キレットの岩棚にうずくまる高山蝶の姿は、何と悲愴で、絢爛《けんらん》たる美しさであったろう。かたわらで息子がいぶかるほどに長い間立ちつくしていたのは、その時私は、心の中で、この出会いにどう対処したものかと決しかねていたからであった。

このまま立ち去るには忍びないものがあったが、といって取り上げてみても先行の見通しには確とした目算がない。だが、この遅い季節の冷たい霧の山稜に置き去りにすることは、見殺しと同じようにも思われた。そうした逡巡困惑の最中《さなか》に、私はさらに重大な発見をしてしまった。それはこの蝶の後翅に包まれた腹部のふくらみから、それがまちがいなく雌の蝶だと知ったことであった。

この新しい発見が私の心に一挙に決断をもたらした。さて、連れて行くにしてもどうしたものか当惑せねばならなかったが、幸い胸のポケットにキャラメルを残しているのに気がつき、その小箱を利用することに思い当った。

その時の山行の帰りには蝶ヶ岳にまわる予定にしていたので、そのおおらかな尾根に運び、その一角に放つことを思い浮かべていたからである。険しいやせ尾根に残しておくより、そのほうが雌蝶として生き長らえ、使命を果す可能性がはるかに高いと考

タカネヒカゲ

えられたからである。

こうして、私がはからずも大キレットの霧の中で出会ったタカネヒカゲは、小さな菓子の空箱に収まり、ザックのタッシェに入ったまま北穂に登り、ふたたび大キレットを越え、南岳のテントに一夜を明かした翌日、天狗原から槍沢に降り、徳沢から蝶ヶ岳小屋へと運ばれた。その間、私は大休止のたびごとにその小さな入れ物を取り出しては中味の安否を確かめ、存分に新鮮な大気と日光に触れさせた。そして翌日、無事目的地蝶ヶ岳に立つことが出来た。

初秋の日を浴びて、しろじろとひろがる砂礫の稜線、濃緑のハイマツが点綴《てんてい》し、夏の名残りの花に飾られた蝶ヶ岳の一角。私は大キレットを真正面に望む地点にザックをおろすと、すぐにタカネヒカゲの姿を求めて辺りを歩きまわった。出来るだけ仲間の近くに放してやりたかったからである。だがその願いも空しく、すぐに見つかるはずの同類が、皆目姿を見せなかった。考えてみれば大きくシーズンを過ごしていたからである。

私は当惑したが、いまさらどうにもならぬ。悔恨に似た思いでその小箱をとりあげ、静かに蓋を開けた。にわかに陽の光を浴び、大気にさらされ、一瞬戸惑いを見せた大キレット生れの蝶は、三日の間閉じこめられていた狭い容器の縁に這い上り、二、三度ゆるやかに翅を動かした後、どうにか自力で飛び立っていった。

私は重荷から解放された安堵の気持ちと、心の張りを失ったうら淋しい思いでしばらくその行方を見送った。そして、ふと手元に残った空箱に目を落とした時、私は思わず驚きの声をあげた。

何と、箱の内側に、点々と卵が産みつけられていたではないか。私はそれまでに幾度も箱の中をのぞいたが、ついぞ卵は見えなかった。蝶の姿にだけ心を奪われて気づかなかったのかも知れぬし、蝶の陰に隠れて見えなかったのかも知れない。

その白磁と見まごう一群の卵は、その蝶が私に残していった唯一つの形見として、箱ごとそのまま大事に持ち帰った。しかしその小箱の中の白い球体は、その後何の変化も見せなかった。案の定、無精卵だったのである。

それにしても霧の大キレットでめぐり逢った季節はずれの孤独の蝶は、蝶ヶ岳に運ばれたもの の果して仲間とめぐり逢い、私の願い通りに子孫を残し得たであろうか。もしそうでなかったら、私は心ならずも異郷に亡骸をさらさせるのに手を貸したことになる。いずれにせよ、その後しばらくの間、そうした二つの可能性が私の心の中でもつれ合い葛藤をつづけて落着かなかった。

今でも折にふれ、露にまみれた翅をキレットの底で震わしていたあのタカネヒカゲの姿が、山旅の回想の中に浮かび上ってくることがある。

（昭和五十四年六月『日本アルプスの蝶』学習研究社版掲載稿補筆）

山の樹列記

ハイマツ

日本の山の特色をひと口で言えば、豊かで厚い植生を重ね、美しい草木の織りなす裳裾《もすそ》をめぐらしていることで、垂直分布の植物相の変化と言えるであろう。標高やスケールから言えば、比べものにならないほど高く、大きい外地の山を歩きまわった山男が、結局は「日本の山がよい」と、口を揃えて見直すのも、そうしたわが国の山の纏《まと》う豊かな植物相と、季節の変化の素晴しさに惹かれるからではあるまいか。

次々に目先を変えていく長い麓の道、四季折々に姿を改め、趣きを添えて尽きないわが国の植物垂直分布は、高峰へのアプローチにふさわしい洗礼の場として心を清め、その一歩一歩に憧れを育て、思索をうながし、希望をかき立ててやまない。これまでに私の歩いた山をふり返ってみても、麓の道が長ければ長いほど、また豊かな植生をめぐらした山ほど興趣に富み、心に忘れ難いものを残している。そして「山、高きをもって貴しとせず」とはこの辺で一致するのである。

ハイマツ　蝶ヶ岳にて

だが残念なことに、このごろではこの日本の山のかけがえのない身上であり、山行に欠かせないプロローグともいうべき麓の道を、大半車で運ばれてしまい、登山者はおしなべて興趣深い山行から、甘美なメニューを奪われ、肝心な植生の核心部を素通りして行く。最近どこの山も、亜高山帯の黒木の森にまで開発が進み、山は豊麗な衣装を剝ぎとられた不様な形相をさらし出したのはいたましい。

ところでわが国の高山の稜線に立って、まず目につく木といえばハイマツを挙げねばならぬ。長い黒木の森林を抜けると、突然視界がひらける。登山者は急に目隠しを外された思いで、周りの展望に心を奪われる。そんな時、足元には一面このハイマツが拡がっているはずである。

この木は登山者を出迎えるうってつけの高地の木であり、わが国の高山を飾るにふさわしい木といえる。ハイマツが出てきたら高山圏に足を踏み入れたと思ってまちがいはない。この木の下限は、中部山岳で平均二千二、三百メートルというところであろうか。私の山歩きもそうしたハイマツの尾根の遍歴でありハイマツの海の彷徨であったといえる。それだけにハイマツとの出会いと関りあいには思い出深いものがあり、関心もひとしお強かった。その一つがハイマツの大物探しであった。

一体どれくらいの太さと年齢に達するであろうか、そんな年古《ふ》りた大物にめぐり逢いたいというのが私の稜線歩きの重大な目標になっていた。そして直径にして約二〇センチ、年輪の数にして約二百に近いものを見つけることが出来た。この樹齢二百年あたりが限界らしいということは、その後、何かで目にした学者の研究結果とほぼ一致していたので、意を強うした覚えがある。

だが、そうした大物になると、幹は例外なく白骨のように枯れていたり、半ば腐蝕していた。立山別山尾根や、後立山赤沢岳、裏銀座の西岳附近で見つけた記憶がある。どちらも外部はかなり腐蝕していたが、道造りのため切断されていたので、観察には好都合であった。そして大物の太い幹の部分は大抵は枯死していて、その先の部分から根を下して先へ先へと匍匐《ほふく》しながら伸びて行く。ハイマツとはいみじくもつけた呼び名である。

ハイマツに限らず高地の樹木の成長は予想外に遅く、小指ほどの太さのものでも年輪二十を数えられる。その点、平地の松は、四つか五つであるから、四、五倍の開きということになる。そうした内部的な生態とは別に、この木の見せる分布上の景観も変化に富み興趣尽きぬものがある。私はひと頃鋭い稜線やおおらかな砂礫の斜面に描き出す分布のパターンの種々相を撮り漁ったことがあった。

或る時は隙間なく一面に絨緞《じゅうたん》を敷きつめたように、或る時は美しい縞状に、また時に大柄な絣《かすり》模様を描き出す。そして雪渓と一投足の距離をとって線状に、あるいは輪を描く場合もある。それは風の向きと、強弱、そして水分（積雪量）の多少に微妙に対応する生存の知恵ともいえる姿なのである。

つまりハイマツは、その分布の様式によって、その場の風の強弱、積雪量を正確に示しているのである。なかでも面白いのは、雪渓や雪田との関係で、夏おそくまで雪の残るところは無論のこと、風当りの強い吹きさらし地帯もハイマツにとっては不毛地帯になっているが、残雪に対しては適当に距離を保って緑を拡げている。私はそうしたこの木の分布を見るたびに、高地に生きる並々ならぬ労苦と、鋭敏な適応性に目を見張る。

ダケカンバ

シラカバと混同されがちな山の木である。ハイマツに次ぐ高地族で、この種の本拠は標高千五百メートル以上になっているが、下限はシラカバの縄張りと重なり、そのようなところでは両種が仲良く幹を並べているので判別に戸惑うことがある。上高地や乗鞍高原などその例である。

しかし、少し気をつけて見ると、両者の区別はそんなに難しくはない。その一つは幹の表面の色調で、ダケカンバのほうは肉色というか、淡黄褐色なのに対し、シラカバのほうは白い。さらに目を凝らすと、ダケカンバのほうは表面が薄汚れたように見え、シラカバに比べ明快な美しさに欠ける。そのせいか、ひと頃シラカバの皮は盛んに剝ぎ取られたが、ダケカンバのほうは安泰であった。今日、シラカバの幹にその頃の名残りを印しているものが目につく。ダケカンバのほうは多少剝ぎにくいところがあるのかも知れないが、そのような両者の違いからきているのであろう。

第二の区別点は葉である。シラカバのほうは平滑だが、ダケカンバのほうは葉脈が目立ち、筋張って見え、葉の縁の鋸歯も荒い。全体的な印象としてシラカバは優しく、ダケカンバは粗野な感じがする。やはり高山性にまさる木だからであろう。

ダケカンバ　八方尾根にて

この木は千五百メートルくらいから上方、稜線に至るまで、形を変え姿を改め、登山者の道連れとなる。この木くらい、標高と地形と気象条件に合わせて形態を多様に使い分けているものはあるまい。その意味で山の木仲間の芸達者といえるかも知れない。だが、そうした変り身の早いこの木の真骨頂というか、高山の木らしい風格を見せるのは、標高二千メートル前後の谷筋といえるであろう。優にひと抱えに余る豊かな量感を誇る幹が、屈曲変転極まりない姿態を立て連ねているところは、高山の木の真骨頂といえる。

そうしたこの木の回想の中でまず浮かんでくるところに双六小屋からオオノマ乗越までの道がある。この谷沿いのコースは、風陰に当っているせいか、この一帯のダケカンバの見事な生育ぶりは素晴しさの一語につきる。

のびやかに枝を張り、豊かな幹をくねらせ、殊に霧の深い時など、次から次へと姿を現わす老木の姿態には目を見張り、圧倒され、山の主という恐怖の念の湧くのさえ覚える。私はこの道を通るたびに、ダケカンバ街道と呼びたい気がしてならない。シラカバのほうにはそれほどの巨木は見られないし、山の霊気を誘うような迫力も凄味も感じられない。

ところで、この二つの山の木について思い出される別のことが一つある。それは終戦前後のことで、里山が薪炭材の伐採で赤裸にされたことがあった。そんな里山の伐採あとに、シラカバだけが所々にとり残されているのが目についた。この木が炭材として用を為さぬから、とのことであった。

一方その頃の山小屋の燃料には、もっぱらダケカンバが使われていた。シラカバは敬遠され、ダケカンバは重宝がられたわけである。毎年山小屋で灰にされるダケカンバは、莫大な量にのぼったであろう。

山仕舞いの頃、翌年の燃料についての工面や段取りは、山小屋の重要な年中行事になっていた。稜線の小屋からは、かなり下った風陰でないと燃料向きの大きなダケカンバは見当らない。その上、山の景観を損なうところの伐採は許されなかったので、その運搬とまき割りは小屋仕舞前の大仕事になっていた。

このごろでは山小屋の燃料はすっかりプロパンにとって代られ、この山の木の安泰は保障された。しかし私には、未だに時折、ダケカンバの大きなトッコ（切株）が、ほの白い炎をあげていた昔の山小屋の囲炉裏端《いろりばた》がなつかしく思い出されるのである。

シラカバ

山の木として、根強い人気に支えられ、人気投票では常に上位を占めていることは昔も今も変りはない。この木の観賞のポイントは、明るい雰囲気の、いわばムードに負うところが大きい。だが山の木として、迫力というか、内面的な深味からは、どう贔屓目《ひいきめ》に見ても主役としての貫録に欠けるように感じられる。

ダケカンバ　遠見尾根にて

第一この木の分布の上限は、二千メートル止りになっていて、高山の木とはいえないし、どういうものか巨木が見当らない。幹の直径にしても三、四十センチが限度で、それ以上に生きつづけた迫力をそなえた古木といえそうなものを見た覚えがない。つまり比較的短命な山の木といえるのではあるまいか。いわば爽やかな高原情緒を盛り上げる役柄が似合い、低山の和やかさを演出する小道具専門の木という感じがする。

終戦後、ひと頃この木の人気には異常なものがあった。その一つの現われがこの木の白皙《はくせき》の樹皮への関心と執着ぶりであった。登山者の賑わう山路で目にするこの木の幹に、無傷な肌を保っているものは見当らなかった。手の届く限り隙間なく表皮を剝ぎとられた緑皮層が、痛々しく輪を重ね、あたかもそれがシラカバの本来の姿であるかにイメージを定着させていたし、山の土産物としても、白い皮は人気が高かった。戦時中の心の荒廃を、美しい山の木の皮によって幾分でも癒したかったせいもあったのかも知れない。

それがいつの頃からかばったりと止った。シラカバの皮を剝ぐ人の姿も見かけられなくなったし、土産物としてのシラカバの皮細工も見られなくなった。と同時に、山を歩いていて、すんなりとした無傷な幹を立て連ねたシラカバ林も目についてきた。自然保護の呼びかけが効いてきたのか、シラカバの人気が下火になったのか、いずれにせよシラカバにとっては喜ぶべきことである。

大分前になるが、長野県でこの木は県木に選ばれている。カラマツと最後まで激しく争ったと聞いたが、結局シラカバに軍配が挙がった。

その際、私にも一票の権利が与えられたが、棄権してしまった。自然物に人為的な差別を無理強いするようで、気が進まなかったからであるが、本心は若干カラマツに傾いていた。第一シラカバは信州の専有種ではなく、わが国の東北部に広く分布しているし、世界的には極めて広く見られる。

その点カラマツは、信州を代表する木としては真にふさわしいものがあり、「信州カラマツ」の古里であり、その名声は、わが国よりもむしろ欧米で高く評価されていると聞く。棄権者の愚痴めいた発言は未練がましいが、少し残念な気がする。

県木指定を機《しお》に、シラカバは山をくだり、にわかに下界の至ると

シラカバ　小熊山（木崎湖畔）

ころの観光地に姿を見せはじめた。温泉場の前庭には無論のこと、都市の公園や運動場にまでシラカバ林が出現し、シラカバムードの紋切型のパターンが、到るところで目につきだした。そうした成行きが、一面ではこの木のイメージダウンにつながったようにも感じられる。

もしそうだとすれば、県木指定の栄誉は、この木にとっては有難迷惑な話で、贔屓の引き倒しといえるかも知れない。「やはり野に置けレンゲソウ」の例え通り、不自然な人為的な差別は、必ずしも野生の真価を助長することにはならないようである。

私は少しこの木をこきおろし過ぎた感じがするが、無論シラカバ自身には罪はない。それどころか、わが国の山野を飾るこの木の受け持つ役割にはかけがえのないものがあるし、四季折々に醸し出す情緒には捨て難い趣がある。わが国の名だたる景勝地には、この木がひと役買っているところが多い。乗鞍、開田、美ヶ原の各高原、上高地、日光などがそれである。

私にはこの木については晩秋の山路での思い出が多い。終戦後間もない頃の十一月初め、奥秩父金峰山から黒森へ降ったことがあった。登山者で賑わうコースを避けて、瑞牆《みずがき》山からわざと裏道を選んだ。時節がら山路はひどく荒れていて、途中で何度も行手をさえぎられ、道さがしに手間どってしまい、麓の草原にさしかかった時には、晩秋の日は傾き、夕日が赤々とシラカバ林にさし込んでいた。

安堵のせいもあって、立ち並ぶ白皙の幹の半面を、金色の夕日に照らされて連なるシラカバが、私の歩みを到るところで引き留めた。疲れを忘れてザックを開くと、カメラを立て、夕日のシラカバを物色しては写して歩いた。その頃としては珍しく、どのシラカバも無傷な幹を立て連ねて美しかった。

そしてとうとう韮崎行の終バスに乗り遅れてしまい、黒森で泊ることになった。

シラカバを思う時、今でも真先にその時の夕日の中に立つシラカバの美しさが、決って目に浮かんでくるのである。

ブナ

この木の本場は、わが国では東北地方ということになっている。それは、分布の上からブナ帯と呼ばれている植生は温帯林の北端に当り、東北地方がそれに該当するからである。従って北アルプスなどは、若干場はずれということになるが、それでも山行の行き帰りに結構この木とはめぐり逢えるし、この木の観賞にはこと欠かない。

といっても、それはいささか本場を知らないものの負け惜しみの感がなくもない。というのは、スキーに出かける友人から、私はたびたび月山のブナ林の広く、美しいことをいやというほど聞かされているし、故中村清太郎画伯も、好んで月山の新緑のブナ林を画題にされていた。

私はその絵につけ足された感想として、ブナ林の素晴しさを伺ったことが今でも耳に残っている。

北アルプスでこの木が姿を見せるのは、おおよそ千メートルくらいからであるが、東北の山では麓から始まると聞いている。

北アルプスでこの木が印象に残っているところは少なくないが、その中にブナという名を冠せた地名も幾つか含まれている。ブナ坂（立山）、ブナ平（同）、ブナ立尾根（烏帽子《えぼし》）などで、ほかにもまだありそうだ。

ブナの名こそつけられていないが、ブナ林の美しいところは枚挙に暇《いとま》がないほどである。すぐに私の思いに浮かんでくるものを挙げると、まず、小谷《おたり》温泉の奥、乙見山峠一帯、次いで白馬山麓の猿倉であろう。白馬登山の表口に当るところで、ここのブナについては、その新緑時に惹かれるものが大きかった。というのは、その季節に私の興味を惹くものがほかに二つあったからである。一つは雪形であり、他の一つはトガクシショウマである。

雪形は山麓の平野部からも充分眺められるが、猿倉辺りはその至近距離に当っていて、それだけにここから眺める「代掻馬《しろかきうま》」の雪形は、別して迫力にすぐれて見事である。

トガクシショウマは一属一種という珍しい草花で、そう簡単にはめぐり逢えぬ。戸隠山で発見され、名づけられたものであるが、その後、数ヶ所で見つかっている。猿倉辺りもその一つ

ブナ　北小谷村にて

で、ブナ帯の上部に当る辺りの、雪の消えたばかりの頃の疎林に、薄紫の花冠をもたげる姿は、気品に満ちて美しい。

北アルプス飛騨側登山道沿いの、穂高牧場一帯のブナ林も素晴しいものである。惜しいことには、かなり広い範囲にわたりだいぶ前から伐採が進み、牧場の中には当時の巨木の切株が、半ば朽ちて残骸を曝していた。私が訪れた十一月初めには、放牧の牛はすでに里におろされていたので、私は気儘に歩くことが出来た。

朽ちるに任せた巨大なブナの倒木や切株に、ナメコが見つかった。時に木肌が見えぬくらい、黄褐色の茸《きのこ》に覆われていた。私は容れ物の用意がなかったので、ヤッケを裏返しにして入れたが、それにも入らぬほど採れた。「話があべこべだ」と、私のさし出す秋山の幸を受け取りながら、牧場の小屋番の人は笑った。

その時も附近一帯に大規模な伐採が進められ、静かな山峡に谺《こだま》するチェンソーの響きの中で、ブナの巨木が次々に切り倒されていった。その頃からである、飛騨路が急速に姿を変えていったのは。訪うたびに、正視出来ぬほどの荒廃ぶりに私の足もしだいに遠のいていった。

ブナにはナメコが付き物だった。新潟県境に近い小谷温泉附近や、白馬登山口の一つにあたる蓮華温泉道もブナの美しいところである。私は前後三回、秋の雨飾《あまかざり》山を目指して山行を試みたが、いつも悪天候に災いされ登頂は出来なかった。その代り麓をめぐってのブナ林の紅葉を堪能するまで眺めることができた。わけても乙見《おとみ》山《やま》峠への林道では、黄、橙、朱、褐と、多彩な色調を見せて、私はシャッターを切るのも忘れるほどであった。

ケショウヤナギ

ケショウヤナギは梓川谷の主《ぬし》であり、上高地周辺だけに見られる山の木である。植物分布の上からも貴重な種類であるばかりか、上高地のシンボルとして観光の面でもかけがえのないものになっている。

私はこの木を見るたびに、清冽《せいれつ》な梓の流れを飾るにふさわしい自然からの贈物のように思わ

ケショウヤナギ　横尾付近

れてならない。このヤナギは、梓の谷筋が本州では唯一の産地となっているが、それもその範囲は、上高地から横尾附近までにほぼ限定されている。

世界的には、バイカル湖附近より旧満州、ウスリー、朝鮮、カムチャツカ、サハリンに分布し、わが国では上高地附近と北海道日高山麓に見られる。

東アジア特有のこの種が、何故に本州の上高地附近にのみ見出されるのか、このことは未だに解明されない、興味深い学界の謎となっている。思うに、上高地附近の黴気候的条件や、地形、地質がこの木の生存に適していたことが考えられるし、往古の寒冷期には、わが国に広く分布していた時代があったとも想像される。

この一属一種のヤナギの発見者は、故中井猛之進氏で、昭和二年、所は上高地温泉旅館前の河原であったと聞いている。そしてその名称の拠り所は、この木の美しい赤褐色の若い茎が、薄く白蠟に覆われている様が、いかにも紅、白粉を装う様を連想させることからである。その意味で、晩秋から早春にかけての、葉をふるい落とした期間が、この木が本領を発揮する最も美しい見頃ということになる。

新種の発見や、本種のように新しい分布地発見の際の呼び名は、発見地か、発見者にちなんで命名されるのが慣習になっている。この場合はさしづめ「カミコウチヤナギ」、または「アズサヤナギ」或いは「ナカイヤナギ」というところであろうが、いずれにせよ少々堅くるしい気がする。その点ケショウヤナギはいかにも情緒的で、山のロマンを誘うよい名と思う。命名の事情はつまびらかでないが、私は心からその発想に敬意を表したい。

ところで現在この木は、必ずしも繁栄を誇っているとはいえない。梓川筋についても、主要な分布地に枯木が目立つ。なかでも横尾附近にはそれが著しい。寿命といえばそれまでだが、微妙な水流の変化がもたらす影響と思われる節がある。何となくひ弱な、地史の残した遺留植物の感じがするし、そのせいか意外に環境の変化に敏感のように思われる。

私はかなり以前からこの山の木に惹かれ、山行の重大なテーマとして、その生育地帯を通過の際、必ずその観察調査に惜しみなく時間を振り当てていた。そうした記録が積もり積もって

ケショウヤナギ　徳沢附近

今ではこの木の身上書というか、戸籍簿のようなものが自然に出来あがっている。

そのデータを元にして、この木の番付を作ってみると、さしあたり正横綱格は、横尾に近い黒沢出合の岸辺にどっかと根を張った大物ということになる。地上一メートル辺りの幹の太さは、優に私の五抱えにも余り、巨象の脇腹を思わせる幹の窪みには、幾本ものナナカマドを寄生させている。これまでに何回も出水の都度、根元をえぐられ、幾度も危殆《きたい》に瀕したが、さすがは大物、奇跡的な立ち直りを見せて私を安堵させた。

私はこれに「横尾のツイン（双子）」という仇名をつけている。というのは、どうやらこの木は単一のものではなく、近接した二本が成長につれ、抱き合った形で癒着したもののように思われるからである。それらが雌木同士か、雄木同士なのか、それとも雌木と雄木か、チャンスがないままま確かめていないが、今のところ何となく雌木同士のような感じがする。もしも雌木と雄木であれば、横尾の「オールドカップル」と呼び名を変えてやらねばならぬ。

こうしたケショウヤナギを見まわっていて、第一に気のつくことは、この木の分布、生態の両面から、梓の清流に密着していることである。川岸というよりもさらに切実で、流れの中に育ち、水の中が棲処《すみか》といってよいくらいで、少しでも離れ過ぎたり、岸辺から遠去かったり、厚く土砂をかぶると生きていけない、清浄を好むこの上ない潔癖な山の木という感じがする。それだけに幽谷の清冽な水に、絶えず根方を洗われていなければならないのであろう。

その一つの例証は、長塀沢の押出し附近に見られるこの木の経過で、流れから僅か数メートル隔てた大木が、山崩れの土砂に根元をおおわれただけで、次々と枯れているのが目につく。粘土で根元の水はけを妨げられることが何よりの障害になるようで、気温や標高にはそれほど拘束されないように思われる。

島々宿の新淵橋（標高約七〇〇メートル）左岸に数ヶ所、また私の住む町の高家地区（標高約六〇〇メートル）左岸にも、戦後しばらくの間十数本の見事な成木が育っていたが、度重なる出水で根元を粘土に埋められたためか、次々に枯死していった。また、そこから少し上流の

ケショウヤナギ　横尾にて

大糸線梓川鉄橋の下方の河原に、見事な樹形を誇示して立つ一本がある。環境に恵まれて当分は安泰のように見受けられる。

　また同じ頃、常念一ノ沢登山道の、標高千メートル辺りの烏川左岸に、雄木らしい一本が知られていた。標識も立てられたりして、このコースの名所として大切にされていたが、或る年の出水の際、根元をえぐられ、流失したのは惜しまれる。この一本は、梓川水系以外に見つかった唯一のものとして注目されていたからである。思うに、梓川の谷から常念山脈を越えて、烏川谷へと風によって種子が運ばれたものと考えられる。

　なお私は、それと同じ条件で分布したものと思われる若木を一本、昭和四十年頃、烏川発電所の対岸に見つけているが、その後、その辺りは釣堀などができ行楽地へと変貌したので、果して今も健在か否か危ぶまれる。

そんなわけで、現在のところこのヤナギの分布は、梓の水系に限られ、上高地から上流へかけてが主要な分布区域になっている。横尾を経て二俣谷出合までと、一方、支流は横尾岩小屋附近止りになっている。結局それより奥は谷が狭まり、この木を育てるに足る広い河原が見当らないからである。

なかでも横尾の出合附近の河原は広く、この木の本場ともいうべき中心地で、番付上位を占める大物がひしめき合っている。

次いで大物の見られるのが白沢出合附近ということになる。河童橋右岸にも七本ほどの大物が美しい姿で立っているが、私の番付では、せいぜい前頭二、三枚目というところ、兵隊の位でいうとさしづめ佐官級、しかし場所柄がよいだけに多くの入山者の目にとまり、その点幸運な木といえるかも知れぬが、混み合っているせいで、背丈だけ伸びてバランスに欠け、風格ある大物に育つことは難しいように思われる。

その点、徳沢の少し上流の、広い中洲の真只中に立つ雌木らしい一本は素晴しい。幹の太さの点では「横尾のツイン」に大きく差をつけられているが、均整のとれたプロポーションの美しさでは随一と折紙がつけられるほどで、私はこれを「CⅡ」の愛称で呼んでいる。Cはこのヤナギの属名の頭文字であり、ⅡはもちろんNOⅡの意味である。

それにしても梓の網流をめぐらす河身の真只中に、これまでよく無事に生き永らえられたものと、私にはいつも不思議に思われるのだが、案外そこが流水の力学的盲点ともいうべき安全地帯になっているのかも知れない。その証拠には、だいぶ前に枯れ落ちたと思われる太い枝が、そのままに幹の周りに朽ちていることでも察しがつく。四方にのびのびと枝を張って、広い梓の谷間を独り占めにした姿は、巨大な鳥が両翼をひろげているように見えて美しい。明るい河原に濃い影を落として、暑い夏の盛りには、この一角だけはいつも川風涼しい快適な休息を私に恵んでくれる。

ともかく私の梓の川沿いの道は、こうした古馴染《ふるなじ》みへの寄り道に手間どり、入山第一日目は、どうしても横尾泊りということになってしまうのである。

黒木

遠くから高い山々を望むと、中腹から上方のちょうど肩辺りに、黒い鉢巻をしたように帯状の部分がとり巻いているのに気づく。わが国高山の標準的なパターンである。その黒い鉢巻が、垂直分布の上からいうと針葉樹林帯、いわゆる黒木に当る。別の言葉でいうと、亜高山帯である。

黒木の内訳は、シラベ（シラビソ）、オオシラビソ、コメツガ、トウヒなどで、なかでもシラベは圧倒的優勢を誇っている。この黒木が占める部分は、登山の道筋からいうと山の七、八合目に当り、そろそろ疲れの出始める頃で、登山者にとっては有難くない部分になっている。

一刻も早くその長いトンネルのような道から抜け出したいというのが、誰もが抱く切実な願望のようである。暗くてじめじめして、完全に展望を閉ざされ、目を楽しませるもののない飽き飽きする道だからである。

だが山が高くなればなるほど、この黒木の道は長く厚くなり、それだけ登山者に忍従を押しつけることになる。

黒木の森は、登山者にとって避けることの出来ない、山頂への長い洗礼の場といえるかも知れない。というのは、この黒木の道が長く、幅広くなって行くにつれ、山がそれだけ大きく深くなって、登頂の歓びが大きく育ち、山頂への期待がふくらんで行くからである。

昔の山行をふり返ってみると、この長い黒木の道の印象が、いろいろな思いとなって甦《よみがえ》ってくる。それらは必ずしも快適とはいえなかったが、山行にしみじみとしたゆとりをもたらしてくれたことは確かであった。カメラの対象としてもそれなりに題材になっていた。積雪の影響をまともにうけた樹形の面白さや、老木の幹を飾る様々な地衣の形や色彩にも、興趣深いものがあった。

黒木　奥秩父十文字峠にて

このごろでは、この黒木の森に開発が進み、そうした楽しみが失われて山路にこくがなくなったように思われる。そう考えてくると、黒木は、山に厚味と密度をもたらす効果が大きかったことを改めて思い知らされる。

ともかく、昔の山と今の山の大きく変ったことに、この黒木の部分を含めて、山の下半身が破壊され、あるいは失われたことが指摘される。せいぜい三千メートル級のわが国の山は、麓を含めて豊かな植生におおわれた山体をきめ細かく眺めてこそ美しく味わい深いものがあるのだと思う。

最近の私の山行を思い出してみても、どの場合でも黒木の亜高山帯の衰退が目立つ。私は或る時、八ヶ岳の硫黄岳から西面を見下ろした時、まるでマッチ箱をくつがえしたように、一面に白い幹が散乱しているのが目についた。それはその頃の稀有の台風のせいと聞いたが、それと同じ光景が南アルプス三伏峠の近くでも目撃された。

私の住む安曇野周辺、常念、蝶ヶ岳への登山道本沢口沿いの斜面は、最近二千メートルを越す辺りまで伐採が進み、山肌はまるで虫喰いのような不様な姿を曝している。

そんなわけで、昔は一刻も早く通り抜ける黒木の道を、このごろの山行で、私は一歩一歩を惜しみながらゆっくりと入念に踏みしめながら登って行く。

黒木　常念一ノ沢登山道にて

枯木

「枯木も山の賑わい」ということが言われている。

一見不用の邪魔もののように見えるものにも、どこかで役立つ一面がある、という意味の言葉である。その枯木が、山を行くカメラマンにとっては、単なる賑わいどころか、時にはかけがえのない重大な役割を果す場合もある。

山中に立つ一本の枯木が、往々山の主題として扱われることがあるし、構図上近景として、画面にかけがえのない効果をもたらすからである。

とうの昔、樹木としての生命を失い、白骨のような姿を曝している枯木を前に、私は時折新しく生命が乗り移ったような思いで眺め入ることがよくある。それの痛切に感じられるのは、ハイマツの場合で、稜線の砂礫地帯に太い幹を白日のもとに曝している姿は、その部分だけを採りあげていえば、明らかに枯死後、かなりの年月を経ているはずであるが、それから先の部分は立派に生きつづけているから、これだけは特例というべきであろう。

山中の枯木で目につくものといえば、火山活動によるものが思いに浮かぶ。大量に、かつ広範囲にわたって見られるからである。上高地の大正池や、草津白根山などはその最たるもので、前者は焼岳、後者は同名の山の火山活動による、木の側からいうと、いわば事故による大量死に当るものである。

大正池の枯木群は、近年急にその数を減じ、数えるほどになってしまったのは淋しいが、大正四年の大噴火から七十年を経過していることを思えば、私はいつも山なればこそ、との思いを深くしている。それが平地であれば、とうの昔に影も形もとどめないところであろうが、清浄と低温の高地のせいで、長い歳月、風化に耐えてきたのであろう。

枯木について、私には未だに深い自然の謎として心に残る一本が思い出される。それは大滝山の一角に立つもので、高さ三メートル余、背丈はそれほどのものではないが、幹は太く、がっしりと調和のとれた美しい形をしていた。四方に張った枝に、豊かにサルオガセが垂下し、銀モールを飾ったように見えた。

おそらくシラベかトウヒであろうが、辺りのミネカエデやナナカマドの灌木から、半身をぬき出している様は、高山の精のように見え、私にはどうしても死物とは思えなかった。

その枯木との出会いは、昭和五年頃からであったから、それからでも五十余年になる。それ以前、一体何年さかのぼってそこに立ちつづけてきたのであろうか。登行のたびに立ち寄っては、しばらく眺め入ることにしていた。

その枯木について、もう一つその木の生きていた時代の条件として、今日の事情からどうしてものみこめないことがあった。現在の地形と気象条件から考え、このような大木の育った必

枯木（大滝山）

然性に考え及ばなかったからである。もっともそこから五百メートルほど離れた大滝山荘の裏手には大木が育っている。してみればこの一本の枯木は、気象条件に大きな変動があったことを示す貴重なモニュメントと考えられる。

私はここしばらく訪れていないが、その枯木の附近は大滝山のテント指定地にもなっており、キャンパーの燃料として狙われることが充分懸念されたので、大滝山荘の方に監視をお願いしておいたが、果して今も無事であろうか。

次に山中の枯木で知られている山に、縞枯山《しまがれ》（北八ヶ岳）がある。この山の枯木は、いわゆる縞枯れ現象と呼ばれていて、これを遠望すると、枯木群が生木

枯木　縞枯山（北八ヶ岳）

の部分と幾重もの平行な縞模様を描いて、一種異様な光景を呈している。この縞枯れ現象の生ずる理由は、まだ充分解明されていないと聞くが、その枯木の帯は年々上方に移動して行くことが知られている。特殊な地質によるのか、風向きによるのか、あるいは黒木の内部的な原因によるのか、まだ継続観察のデータが不充分で、詳しい原因は不明のようである。

なおこの縞枯れ現象は、この山以外でも、小規模で不明瞭なものを見ることがある。私も南アルプスや南八ヶ岳の一部で出会った記憶がある。山の枯木といえば、私はこの謎を秘めた、山の縞枯れ現象が真先に思いに浮かんでくる。

ドロノキとヤマナラシ
——蝶の生る木——

この二つの喬木《きょうぼく》は、わが国のヤナギ科の一属、ポピュルスを構成する数少ない野生のポプラである。といっても、一般にはとり立てて言うほどの特色を身につけているわけではないので、山を行く人にとっても、おそらく印象に残るようなことはないであろう。

だが私にとっては、その辺の事情は全く逆になり、これら二つのポプラについては、その名を聞いただけで心の激しく揺れ動くのを覚える。というのは、この二つの山地性のヤナギは、高山蝶オオイチモンジの依存するかけがえのない食樹になっているからである。といっても、これまた普通の人には合点がいかぬことであろうが、少しでも蝶に関心を持つ人にとっては、この蝶のほうはわが国の蝶譜の中で、おそらく一、二を争う憧れの稀種となっている、大型の美麗な高山蝶ということに思い当るはずである。

オオイチモンジは、この二種のヤナギの葉に卵を産み、幼虫はその葉を喰って育ち、その梢に巣をしつらえて冬を越す。私はひと頃、この蝶の生態探究に没頭し、山を行く時、この蝶への思いが念頭から消えることはなかった。ということはとりもなおさず、ドロノキとヤマナラシは、山の木の中でもその意味で常に私の最も関心度の高い木になっていたことになる。

山を歩いていて、それが秋であれば色とりどりの落葉で山路は敷きつめられているはずである。そのような時、その中に混ってこの二種類のヤナギの葉を見つけることがある。すると途端に電撃をうけたように私はその場に釘づけになり、辺りを物色し、その木を見つけて納得いくまでオオイチモンジの季節の生態に思いを馳せないと気がすまなかった。

考えてみれば、私にとってオオイチモンジの生態調査は、そのまま二つのポピュルスの探索といえたし、遍歴でもあった。そうしたことが長い間の関心のせいか、どんなに遠くからでも、また、どんなに入りこんだ植生の中からでも、私はすぐこの二つのポプラを見つけ出すことが出来た。長い経験と勘から身につけた私の特技といえるかも知れない。

昭和初めの上高地　左の岸辺にドロノキ、ケショウヤナギが見え、
現在のような蛇籠による護岸工事はまだ行われていない

ところで、ドロノキはその呼び名の文字面からも、またその響きからも、何となく芳しからぬ連想を誘われるが、植物図鑑から要点を転記すると、「別名デロ。中部以北の亜高山帯の、明るく展けた所に生える落葉喬木。幹は直立して高さ一五メートル前後。樹皮は暗灰色、滑らかで雌雄異種。材はマッチの軸木に用いられる。日本名は材木として柔かくて、泥土のようで、役に立たないところから名付けられたものである」と記されている。

この木の幹は、老木になると縦に細い亀裂が入り、黒褐色を呈して目立たぬが、若木では往々にしてシラカバと見まごうことがある。しかし、両者の間には、似て非なる、という言葉が当てはまる微妙な違いがある。つまり、ドロノキの肌は、淡い緑白のパステル調で、大小の菱形の皮目を散らして、また表皮に白粉をふりかけたように見える。私はひと頃、ドロノキの由来としてこの泥粉状の白粉にこだわったくらいであった。シラカバの白皙な幹とは、この点で違っていることに気づく。

もう一つ両者の識別点は樹形で、シラカバの枝振りが細く緻密なのに反し、ドロノキのほうは荒く簡素なことである。この点に焦点を合わせれば、決して両者を混同することはない。

一方ヤマナラシのほうは、その呼び名からも何か爽やかさを覚えるのであるが、その命名の根拠も、「山に鳴る」「山を鳴らす」からきていて、そのいずれにしても誠にすがすがしい情景が伝わってくるように思われる。

この二つのポプラは、どちらも川筋を好み、特にドロノキについては、梓の流れに直結して育つ木という印象をうける。そして、ともに極めて生活力にすぐれ、わが庭でも結構元気よく育ちつづけて、狭い庭にわがもの顔に枝を伸ばしはじめたので、やむを得ず撤去に踏み切り、現在では無い。

そのドロノキは、昭和三十年頃、出水の際、上高地の奥で拾ってきた若木であったが、二十年間に幹の太さも径十五、六センチに達し、丈も六メートルを越すまでに育っていた。

一方ヤマナラシは、烏川の河原から移植したが、このほうはさらに樹勢がよすぎて手を焼くことになり、これまたわが庭から早々に姿を消すことになった。しかし、両方とも、その十数年間はオオイチモンジの飼育に大変役立ったし、またわが庭で異彩を放って訪問者の目を惹いたものであった。

私は先に、この二つのポプラは、遠目にもただちに識別して誤ることはないと広言したが、それは特にヤマナラシの場合、遠くからでも常にその葉が揺れ動いているからである。これと混同されそうな木というと、第一がシラカバであるが、両者が入り交っている時、ヤマナラシの葉は必ず揺れ動いていて、近寄ると、はらはらと葉ずれの音を耳にすることが出来る。そのメカニズムは、ヤマナラシの葉柄は、縦に扁平となっているからで、僅かな風で左右に鋭敏

オオイチモンジ　徳沢附近にて

に揺れ動くのである。
ヤマナラシのほうは、ドロノキに比べ材質の点でやや用途が広く、細工物に向くので、もっぱら小箱の材料に使われる。別名ハコヤナギはその辺から名づけられたものである。

ところで私のこの二つのヤナギの遍歴というと、当然オオイチモンジの生息地と重なり、一つは上高地を中心とした梓川の谷筋で、もう一つはそれから東へ常念山脈を越えた烏川の上流、一ノ沢筋になっていた。

面白いのは、これら二つのポピュルスは、この二つの地域に関する限りきちんとそれぞれの縄張りを定めていて、梓の谷はドロノキ、安曇野側の烏川谷はヤマナラシになっていて、決して混り合うことのない点であった。そしてこの二つのヤナギは、前にも述べた通り、揃いも揃って利用価値の乏しいところから、一般の世の処遇は冷たく、時に邪魔者扱いにされる節さえ見られた。

それについて思い出すのは、終戦直後の一時期、上高地の一部でドロノキが伐採されたことがあった。私は当時、オオイチモンジの生態究明に特に熱中していたので、大いに驚くとともに困惑し、失望落胆の末どうにも我慢できず、営林署の考え方を内々で懇意のN旅館のOさんを通じて問い合わせたところ、ドロノキは役に立たない木なので伐り倒し、その代りにカラマツを植えるとのこと。私は二度驚かされた。

当時といえども、上高地一帯は、特別保護地区として指定保護され、あらゆる自然が重要な天然記念物として指定されていた。オオイチモンジもドロノキも無論その中に含まれているはずで、貴重な高山蝶の食料となるドロノキが伐り倒されることは、まことに筋の通らぬこととして残念でならなかった。

一方ヤマナラシについては、常念一ノ沢一帯では他の雑木とともに伐採され、その生育地帯は丸坊主になり、この木もほとんど見られなくなり、当然オオイチモンジも壊滅的な打撃をうけた。いずれにせよ、両樹とも日の当らぬ山の木として、確かに意気揚がらぬ存在といえる。それだけにその消長は私にとっては重大な関心事になっている。

そんなわけで、私の手元に梓川筋のドロノ

オオイチモンジの五令幼虫　徳沢にて

キ、一ノ沢ではヤマナラシについて、それぞれの詳細な分布地図が出来ていて、主な木の所在地が記入されていた。その地図は二つのポプラの戸籍原簿に当るもので、そのままオオイチモンジの調査の虎の巻ともいえる重要資料で、私はこの地図に登録されていたそれぞれのポピュルスを巡回すればよかった。

幸いなことに、梓川については恰好なドロノキを幾本か見つけていたので、オオイチモンジの調査はまことに好都合で能率がよく、成果を挙げることが出来た。

そして、そうしたドロノキ巡回を繰り返しているうち、いつのまにか仇名というか、符牒のようなものが出来てしまった。例えば六百沢の「ツイン」、徳沢の「スリーP」、「クリスマストゥリー」などがそれで、六百沢の「ツイン」というのは、上高地から少し奥の六百沢出合附近の、老木とまではいかぬ二本が、同じような背丈恰好で立っていて、上高地から上流へ向う際、私が最初に立ち寄るドロノキになっていた。そしてその都度、何か必ず目ぼしい収穫のあった、私にとって、いわば貢献度の高い木になっていた。

徳沢の「スリーP」というのは、キャンプ場から少し下流の左岸の原生林の周辺部に、三本揃って同じ太さの幹を並べた見事な老木で、高い梢にはよく悠々と舞うオオイチモンジの姿が見られた。次に徳沢の「クリスマストゥリー」というのは、徳沢から少し奥の左岸に見つけた、丈は五メートルほどの若木であったが、中洲に孤立に近い環境に生い立ったせいか、四方にバランスよく枝を張った姿が、何となくクリスマストゥリーを連想させた。そして私にとって何より重大なことは、この木に毎年のように夥《おびただ》しいオオイチモンジの幼虫が育ち、蛹《さなぎ》が見つかったことであった。この蝶にとって徳沢の「クリスマストゥリー」はよほど気に入ったように思われたし、私にとっては幸運をもたらす豊饒の木であった。

昭和三十年頃までは、これらの木をめぐってどれだけ多くの成果を挙げたであろうか。私にとっては正に宝の木といえるほど貴重なデータの源泉になっていた。私がオオイチモンジの生態を解明出来たのも、このように梓の川筋をめぐって、数ヶ所に素晴しいドロノキを見つけ、確保していたからで、「金の生《な》る木」ということを聞くが、これらのドロノキは私にとっては「蝶の生る木」であった。

しかし、ドロノキをめぐってはよいことばかりとは限っていなかった。その頃、梓の谷の自然のサイクルは、何となく荒廃期というか、破壊期の様相を深めていた。大雨の度ごとの異常な出水は、川岸を削り、深い原始林を根こそぎ突き崩し、梓の河原は、その都度夥しい流木で埋まった。私にとって馴染み深いドロノキも、次から次へとその厄に会い、流失し、今残っているものといえば、「六百沢のツイン」ぐらいのものである。

そして、そうした梓の流れをめぐって見られる自然の荒廃は、川床の上昇を誘って、自然保護と観光開発の両面に深刻な問題を投げかけている。なかでも大正池の埋没による縮小はその最たる一つである。

自然は何十年、或いは何百年を周期として、破壊期と回復期を繰り返すといわれる。梓川の谷もそうした自然の輪廻《りんね》の作り出した一連の姿と考えられる。だが私の目に映るドロノキをめぐっての近時の成行きには、何か従来とは違ったものが感じられる。というのは、梓の谷をめぐっての経過には、人工的な施設や工法がしだいに強化されていくからである。そうなると自然の自力だけによる回復は難しくなるからである。例えばぎっしりと蛇籠《じゃかご》で固められた岸辺には、ドロノキもケショウヤナギも、もはや自力で生存の足場を取り戻すことは出来ない。従って当然ドロノキと一蓮托生の深い因縁につながる美蝶オオイチモンジも、昔の繁栄を取り戻す望みを絶たれ、やがては梓の谷の言い伝えとして、蝶史にのみ残るだけになってしまう。

ドロノキをめぐって梓の谷は、いまや重大な転機に追いつめられているように思われてならない。ドロノキとヤマナラシの盛衰は、そのまま梓の谷と、常念一ノ沢の高山蝶オオイチモンジの消長に密接につながった美しい運命共同体だからである。

Ⅲ

浅間山回想

高い山に登ると決って富士が見える。北ア、南アをはじめ、八ヶ岳、谷川、秩父の山々など、私の立った名だたる山の頂からも富士の見えないところはなかった。山頂から望まれる富士は、いつでも美しい二等辺三角形の底辺を靄《もや》にぼかしてひときわ高く聳《そび》え立っていた。

それが朝であれば、明るい桔梗《ききよう》色の山肌に雨裂の一つ一つが読みとれるくらい近々と見えることもあったし、それがたそがれ迫る頃であると、濃いシルエットでくっきり、意外に小さく夕映えの空に浮かんでいた。純白に雪をかぶった厳冬の富士はたとえようもなく神々しく心を打たれたし、物差をあてたように中腹を、一線で区切って新雪に染め分けられた秋口の富士には、美しさの中に凛《りん》とした風情が感じられた。山頂から放射状に風化のえぐった溝渠のままに残雪を曳いた春先の富士は、たおやかな表情を浮かべていたし、思いがけなく夏雲の隙間に垣間見た真黒な盛夏の富士は怪奇じみて見えた。

季節により時刻により、そして方向によりその時々に見せるこの山の遠望には、いくばくの違いはあったにせよ、その基本的な形態にはこれという変化は見出されなかった。いわば成層火山の典型的な模範生であり、きちんとした折目正しい身構えにはいささかの乱れもなかった。古くから白扇の形になぞらえられ、また芙蓉峰と呼ばれたり、美しいもの、完璧なものの象徴に擬せられてきた所以《ゆえん》であろう。

だが、このわが国の霊峰の展望に、浮かぶ姿に、私は時折反発を感じることがあった。というのは、なつかしさや美しさとは別個に、その余りにもコニーデの必然性に徹した変りばえのない姿に私の観賞が間々反応を弱め、刺激に馴れ、退屈を覚えることがあったし、同時に展望の中で、この山の存在がわが国土の狭さを示すのっぴきならぬ証左を私の胸に押しつけてきたからである。

そのくせ、一方では辿り着いた山頂で、富士が見えないと何となく物足りなさを覚え、落着かない。習慣とはおかしなものである。それは私ばかりのことではないようで、その証拠には、山頂に登りつくや否や大抵の登山者は一様に「富士が見える」というはずんだ歓声をあげるからである。

それどころか、山頂をまぢかに息をはずませている私に「この上で富士がよく見えますよ」とわざわざ励ましてくれる人のあったことを思い出す。そんな時私は荒い息遣いのさなかに「富士など問題にしていないよ」と痩せ我慢を口の中でかみ殺して反発するくせに、その一語にほのぼのとした希望が心の片隅に湧き上るのを覚え、なんとなく足どりが軽くなったような気がするから不思議である。どうやら山を行く人皆の心のどこかに、展望の富士はやはり山頂での目標としてしっかり根をおろしているように思われる。

そして立つ山頂のひととき、富士へ長い間吸い寄せられていた私の視線が、少しずつゆとりをとり戻して次に静止するのは決って浅間で、その次が八ヶ岳という順であった。こう考えてくると、山上の展望の中に登場してくる花形はどれもが火山ということになるが、それはあながち偶然ではない。元来、火山はその成因に根ざした必然性から形態的に当然独立した山体を形造る。従って標高とは別に展望の中にその存在を誇示し、人目を惹くことになるからである。

ところで、その富士も、八ツも浅間もみな同じ様式の火山でありながら、これを人の一生に例えると、富士が中年期中頃というなら、八ツは明らかに老境の末期にあるといえるし、浅間は育ち盛りの腕白時代というべきであろうか。とにかく、この三つがそれぞれにその年代にふさわしい形状と表情で、展望の中に尽きぬ興趣を送り込んでくるのは面白い。

八ツはたいてい富士の左方に座席を決めていたし、浅間はさらにその左に、ほぼ同じ間をおいて並んでいた。これは一つは、私の山行が北アルプス中部に集まっていたからそうした位置関係が展望の中に固定してしまったのであろう。その他の山々も、当然それなりに相対的な位置関係を保ちながら、それぞれのアウトラインをかかげて展望の中に加わっていたはずである

浅間遠望（常念乗越にて　昭和８年頃）

が、どうも連亙《れんこう》した山並は明快な印象を固定させるにはいたらない。それは僅かな方位の違いによって相対的な位置関係が大きく変化するからである。結局しばしの間、「あれは○○山だ」「いや違う」といった詮索品定め的な興趣を誘って終るのが普通である。

　展望の中に浮かぶ浅間は、富士、八ツほどに全景を見せることはなかった。折角の美しい裾野の左半分をさえぎられて、肩から上の半身像というところであろうが、その点ではこの火山を形態的に堪能することは無理だった。しかし牙山の一番古い外輪山が、右方から丸い火口丘を抱きかかえるように寄り添う姿に、三重式構造とまでは確認できなくても、複式二重火山の形態まではは っきり指摘される。

そんなことより、何にもまして浅間の真骨頂を充分発揮する見せ場が別にあった。この峰のあげる旺盛な噴煙がそれで、その頃、浅間は盛んな活動をつづけて、間断なく打ち上げる狼火《のろし》はこの山の存在を誇示していささかも模索に戸惑うことはなかった。

そんなわけで、正直にいって、山頂の展望で真先に私が視線を惹きつけられたのは富士よりもむしろこの浅間であったかもしれない。もっともそれはだいぶ昔のことで、私と浅間とのそもそものめぐり逢いはその頃にさかのぼる。当時の浅間は綱を離れた奔馬のように潑剌としていた。朝の日の出を迎える山上のひととき、いつでも浅間は真一文字に長大な黒煙を曳いて若い活力を持て余しているかのように見えた。

その頃、私は谷川岳頂上で周囲の展望をカメラに収めていて、山波の一角から急にもくもくと灰黒の煙が盛り上るのに驚かされたことがあった。鈍い爆発音が耳にとどいたのはそれから少し間をおいてからであった。シャッターを押すのも忘れて見つめる浅間の火口周辺に、岩塊が降りそそぎ、みるみる色彩を変えて、その焼石の上げる薄青い煙まではっきりと指摘された。

またこれも戦前のことであったが、白馬頂上の黄昏《たそがれ》どき、眼前にひろがる雲海の一角を突き破っていきなり噴煙が立ち昇ってきたのにど肝をぬかれたこともあった。私がこの山にしだいに惹かれていったのは、こうした度重なるこの山の真骨頂ともいうべき噴火の決定的瞬間、最高潮の場面との幸運な数々の出会いに恵まれたからであった。怖いもの見たさ、という一般的な関心も当初働いたことはいなめないが、その根底には自然の脅威というか、底知れぬ営力というか、山の身につけた最も激しく、変化に富み、神秘な営力に圧倒され、魅了されたためであった。ともかくそうした科学的というか地学的というか、私の専攻分野への興味のほかに、カメラの対象としての重要なモチーフとしても強く心を惹かれた。

火口に立つ（昭和十四年頃）

私は先に、富士の眺めには時折退屈と沈滞が感じられるといったが、その点で浅間はおよそ対蹠的な存在といえた。千変万化の躍動に豊かな色調の変化を添えて飽きさせるところはなかった。富士からはかなり離れているし、視界の中に占める高度とボリュウムの点では富士に数歩譲ったが、その特色のある小さな丸い突起からは、尽きることのない山の活力と、大地からの生々しい情報を送りとどけて止まるところがなかった。

「今日は静かだナ」とか「今日は噴いているナ」とか、

遠望の浅間と交す朝の挨拶は多彩でバラエティに富み、同じということはなかった。

私が初めて浅間の火口に立ったのは昭和七年頃であった。その頃の浅間は活動期の一つのピークに当っていたように思われた。そのくせ、この火山への登行についての規制はほとんど無きに等しく、今から考えると信じられないくらいのんびりしたものであった。

私はその頃から前後五回ほど火口に立っている。いつも一人であった。そのうち一度は、意識して爆発直後をえらんで登っている。この時はさすがに峰ノ茶屋の人たちに止められたが、その心遣いをふり切るようにして登ったのを覚えている。秋深い十月半ばのことであった。若気のいたりであった。

火口に近づくにつれ、登路は到るところで大小無数の摺鉢形の窪みで寸断されていた。数日前の噴火で放出された火山岩塊の穿《うが》ったものであった。その真新しい深い窪みの底には、それぞれ相応した大きさの岩塊が一つずつ半身を埋めていた。なかには幾抱えにも余る巨大な岩塊もあった。落下の衝撃のため表面にキャベツのように亀裂を走らせているものや、牡丹の花のように美しい崩壊を見せているものもあった。そしてそのどれもがたった今しがた大地の底から運びこまれたばかりのように鋭い稜角を光らせ、噴火の物凄さを誇示していた。私の歩みはこの辺りから速度が急に落ちてしまった。火山活動の物凄い場面を前に、体内の生気も登行の意欲も一挙に蒸散して行くのを覚えた。このまま登って行ったなら、たとえ小さな噴火であっても万が一にも生還の望みは断たれることになるからである。長い思案の末、私は前進の決意をした。暴虎《ぼうこ》馮河《ひょうか》のそしりを受けても仕方のないその場の成行きであった。

火口に近づくと、今度は猛烈な硫気の襲来と戦わねばならなかった。熱気を帯びた濃い硫気をまともに浴びるたびに息がつまった。私はその都度、地面に顔を伏せ、手拭を口に押し当てたまま窒息の恐怖に耐えねばならなかった。不幸なことにその日の風は私の登路に向って正面から吹いていた。火口はもう目の前だが不安定な火山砕屑《さいせつ》の急斜面は、僅かな衝撃ですぐに平衡を失って、一足ごとにとめどもなく崩れた。

私は一歩登るごとに二歩すべるという苦しい登行に体力を消耗し尽くして、ようやく火口壁の一端に登り着くことが出来た。

時刻は十時をとうに越えていた。ピッケルに身を支えて、もうもうと火口いっぱいに立ち昇る噴煙を前にして立った私の胸中に、去来したものは何であったか。さだかに記憶には残っていない。

ただ一つ思い出されることは、不思議なほど平静であったことである。どうすることも出来ない、いわば生死の選択から完全に逸脱した諦めが、半ば捨て鉢的に心の動揺を押えていたのであろう。今にして思えば、私の長い山との対決の中で最もスリルと冒険に満ちた、生死の岐路ともいうべき正念場に、意外に落着いていた。だが、さすがに火口の滞留はそう長くつづけられるはずはなかった。おそらく三十分に足らぬほどの間であったろう。撮影もそこそこに下降にかかった。

下山は最初から小諸口に決めていた。ザックを背に下山の第一歩を踏み出した時、私は突然言いようのない恐怖に襲われた。それは全く予期せぬ出来事であった。危険に背を向けたとき感じる本能的な生への執着とでもいったらよいのであろうか。今死地から安全圏へ戻ろうとした瞬間の私にそれが甦《よみがえ》ったのであろう。火口からの轟音が急に大きく、噴煙も勢いを増したように見え、今にも浅間は爆発して、足元から火口壁が崩れ落ちそうな妄想と恐怖に足が地に着かぬ思いであった。

それとは別にこの下降でまた予期せぬ手強い伏兵と戦わねばならなかった。それは火口から僅かな距離であったが、急な斜面の不安定な岩屑が、登りに数倍する危険を伴った厄介なものとなって待ちうけていたからである。ほんの僅かな荷重がとめどのない崩壊を誘い、私はひと足ごとにその岩屑の流れに巻き込まれて転倒し、ぶざまな姿のまま押し流されて行かねばならなかった。刃物に等しい鋭い稜角を磨き、鑢《やすり》に似た粗鬆《そそう》な石理《せきり》をもつ岩片の奔流の中で、私の山靴はみるみる無惨に傷つき破れ、起きあがるたびに着衣のどこかを引裂かれていた。

そうした必死の下降の最中《さなか》に私はふと右の手首の夥《おびただ》しい出血に気づいた。傷に気をとられて気づかなかったがいつの間にか腕時計を失っていた。その頃私はザックをかつぐ便宜上、右

浅間静日　火口をのぞく（昭和十年頃）

手に時計をつけていた。どうやら転倒の際、革バンドを切ってしまったらしい。時計も惜しまれたがその場合の私には出血のほうがはるかに気がかりであった。手首の動脈が切れていたら大事にたちいたるからである。幸い傷口はその危険部位から一センチほどずれていたのでことなきを得た。時計のほうはすぐに諦めがついた。探したところでこの部厚い岩塊の海では見つけ出す可能性は万に一つも考えられなかったからである。

長い悪戦苦闘の末、湯ノ平の一角に降り立った時、真に九死に一生を得た思いが実感としてこみあげてきた。時刻はとうに昼をまわっていたように思われた。安堵の思いで入念に服装を整え、長い休息のあとようやくザックをとりあげたが、それからというものは、時刻の見当のつかないのにはほとほと困惑した。日の高さによる目測がそれほど頼りにならない上に、朝からの強行軍でコースタイムを大幅に狂わせ、夕靄の底に遠く小諸の町並みが見え始める頃になってようやく山麓の松並木にさしかかる始末だった。

松並木道が途切れると落葉松林がそれに代り、所々に広い芒《すすき》の原が拡がっていた。夕陽が芒の穂を赤く染めて山の端《は》に沈んだ黄昏道に気を配りながらうつむきかげんに足を運んでいて、何となくほのかな明るさの気配にふと顔をあげると、なんと月ではないか。

全く予期していなかったが、その日は仲秋名月の当日だった。芒の穂波を離れたばかりの蜜柑色の巨大な天体は、一瞬私に美しいというより何か現実離れのした恐怖感を押しつけてきた。そんな麓の道に私はランタンを取り出す必要はなかった。一足ごとに増していく満月の輝きが充分足元を照らしてくれたからである。

小諸の灯が近くなった頃、私は馬を曳いた山仕事の里人と道連れになった。浅間根をめぐる芒野を、月光を浴びて馬子と同道出来るとは。その時の馬子さんの口から追分節のメロディーが流れたかどうだったか、その点はっきりしないが、その日の稔《みの》り豊かな浅間行の終幕を、このような贅沢な配役で締めくくることが出来ようとは、それだけで私には充分であった。

思えば波乱曲折に満ちた一日であった。おおげさにいえば生死を分つ岐路を一度ならず乗り越えたわけである。文字通り満身創痍ともいえそうな敗残弊衣の姿と裏腹に、私の心は豊かに満ち足りていた。それはいまもって浅間を思い出すたびに、私の胸の片隅にこの日の出来事が少しも色褪せることなく、また、少しの省略もなく甦って、いつまでも私の活火山浅間への観照の大きな支えになっている。

その後も私は三度ほど浅間の火口に立っている。そのうち一度は、当時としては珍しく噴煙の途絶えた時期であった。私は火口壁をひとまわりして火口の内部をのぞき込み、堪能するまで写すことが出来た。直径三百メートルほどに感じられた円形の火口の底は、大小の岩屑が散乱し、荒涼とした様相を示し、その中央部の数ヶ所の小火口から時折うめきに似た響きとともに淡青色のガスを噴き出していた。

その頃この火山の活動に関する俗間のデータとして、煙が途絶えたり、またその色が青味を帯びてくることが有力な活動の前ぶれといわれていた。その時の火口はそれに全く該当して、火口底が隅々まではっきりとうかがうことが出来、浅間ははっきり危険信号を掲げていたわけである。してみればそれを充分承知のはずの私としては、この日の火口一周は無謀ともいえる冒険で、ふり返って冷汗三斗の思いがする。

ところで浅間は先頃、長い沈黙を破って活動を始めた。この知らせは私の心の中に沈滞がちであったこの山への思慕と意欲を呼び醒ました。二月初めから今日までちょうど十回、私は久しぶりに浅間の上げる盛大な狼火をめぐってカメラワークに執念を燃やしつづけている。

（昭和四十八年五月「アルプ」一八三号掲載稿補筆）

浅間にかける四つの輪

昭和四十八年二月十三日、この日は私にとって、永久に忘れることの出来ないであろう出来事にめぐり逢った記念すべき日になっている。それは思いがけず浅間山の爆発に遭遇し、脅威とともにこの山への新たな開眼ともいうべき深い感銘を受けた日であったからである。以来浅間山を思う時、まず心に甦《よみがえ》ってくるのはその時の凄まじい光景で、それは不思議に、年月が経ち、日時が遠去かるにつれて、薄れるどころかかえって鮮明に脳裡にその映像を写し出し、新しく興奮を誘っていっこうに衰えようとはしない。

私はこの日、火山の最も高揚された場面に対面し、その真骨頂を味得出来たわけで、私のこの山へ対する知見と観照に、一気に例えようもないひろがりと奥行を加えることが出来た。強烈で雄大で、壮麗で凄惨、そして計り知れない大地の活力を誇示したその姿から、撮影意識の上にもまことに骨身にこたえる一喝を受けた思いで、その意味からも、私にとっては一生に二度とはめぐり逢えないであろう幸運なめぐり合わせであったと思われる。

その日、私は追分附近で終日浅間を眺めて過した。荒涼とした枯野をさまよい、冬枯れの落葉松林をめぐって浅間の裾野を歩いた。春というにはまだ早い佐久の蒼空に、浅間は絶えず白い煙をあげていた。その年二月一日の爆発以来、それが私には三度目の撮影行であった。掃き清めたような残雪の縞模様を装った、おおらかな山体の上げつづける噴煙は、時々刻々、量と形を変えて私を飽きさせなかった。私は瞬時も目をはなさず、ひっきりなしにシャッターを切った。噴煙の形と大きさにいくばくかの不満は感じられたが、その日の収穫に私の心は一応満たされていた。

夕陽が浅間の山肌に薄れ出したのを機《しお》に、私はカメラをしまった。そして五時十五分の列車を目当てに追分駅へと急いだ。思いのほか早く着いた私は、がらんとした待合室で無聊を持て余さねばならなかった。早春の佐久の野には陽はすでに落ち、蒼茫《そうぼう》と夕闇が迫っていた。そこから眺める浅間の山体は、眠りにつくかに淡い残照の底に濃い灰色のシルエットを沈めて、噴煙も影をひそめていた。

それは世にいう逢魔《おうま》ケ刻《とき》、五時に少し間のある頃であった。突如ダダーンという一発の轟音が佐久の天地を揺り動かして響きわたった。黄昏《たそがれ》の静寂を引き裂いた凄まじい物音は、音響というよりむしろ激しい震動となって私に襲いかかった。私はその波動にたじろぎうろたえながら、その一瞬、地震だと直感した。というのは、私の休んでいた追分駅の待合室のガラス戸が激しく震動したからである。だが次の瞬間、「やった」という駅員の声に、初めてそれが浅間

山の爆発によるものと思い当り、あわてて外に駈け出した時には、噴煙はすでに天空の半ばにのび、頭上に蔽いかぶさっていた。そして激しい躍動をつづけながら、刻々とその先端をのばしていくのであった。

私はあわてた。その噴煙の凄まじさをつぶさに見届けたい気持ちと、この千載一遇の好機をなんとしてもカメラに収めたいという思いが、私の心の中で烈しく対立し、いっかなゆずり合おうとしなかったからである。だがその葛藤の結着のつかぬうちに、私の手は勝手にザックの中のカメラを取り出しにかかっていた。だが、何とその動きのぎこちなかったことか。

あわてるということがこんなにも動作の統制を乱すものであろうか。意志とはまるで無関係なちぐはぐな指先の動きに、

昭和48年2月13日
（信濃追分駅にて）

完全に調節と速度を失ってしまう。レンズにしても、その際当然広角につけ替えることの有利性を充分心の中に感じながら、手のほうは全くそれを肯《がえん》じない。何が何でも早くカメラをセットしようとする。一瞬を惜しむ切羽つまった気持ちだけが頭の中を独走して、完全に手の動作との連繫を乱してしまう。

私は半開きのザックを曳きずるようなぶざまな恰好で、百メートル近く離れた地点目指して駈け出した。かねて、そこからは浅間がよく見えることを確かめていたからである。三脚を伸ばすのももどかしく、どうにかカメラを空に向けた。その時ピントグラスの捉えた浅間の噴煙は、すでに収拾のつかぬほどに天空一面に拡がっていた。

標準レンズではどうにもまとめようがない。構図も何も考える余裕はなかった。目障りな屋根や、木立が入りこみ、電線が画面を横切っているのが気になったが、そんなことにかかわってはいられなかった。事態は一刻一瞬の遅延を許さない。頭上を遥かに通り越した噴煙の先端は、生あるもののように奔騰しながらのびていく。

これは後で解ったことであるが、私はその時、噴煙の全貌を、どうにか四枚のフィルムに収めていたもののどのようにして撮ったのか夢中で全く覚えがなかった。この四枚つなぎの印画を見ても、いまだに自分の写したもののような気がしないのである。ただはっきり心に残っていることは、この変形パノラマのシャッターを切りながら、噴煙の先端がピントグラスの中で、夕陽を浴びて激しく躍動しながら金色に輝いて美しかったことだけであった。

前にも記したように、その季節のその時刻には、北佐久の平はすっかり暮色に包まれ、浅間の山体は夕空にシルエットの輪郭を浮かべているにすぎなかった。しかし上空遥かに立ち昇っていく噴煙は、沈み行く太陽に追いすがり、その残暉《ざんき》の領域に突入して行ったわけである。私は金色に光りながらなお上昇しつづける噴煙を眺めて、火口の火影がそのまま尖端に乗りうつったように錯覚し、火山の営力の凄まじさに強い畏怖を覚えながら、壮絶な大自然のショーに見とれ、呆然とその場に立ちつくしていた。その思いもかけぬ稀有の出来事で、危うく予定の列車に乗り遅れそうになった私は、小諸を過ぎるまで車窓にしがみついたまま、身じろぎもせず、夕闇の中に溶けこんでいく浅間の噴煙から目を離すことが出来なかった。

思うに、はからずも耳にした、その日の浅間山にとどろいたすさまじい轟音と、幸運にも目にしたその日の壮麗な噴煙は、私のこの山への傾倒を一段と促進し、新たな開眼となり、さらに取材への意欲をかき立てた。それはともかく、私はこの日の知見を心の支えにして、この山のカメラワークに新たな活力の湧き上るのを覚えた。

ところで、その頃、私の次のカメラワークのテーマ『麓からの山』の中で、浅間山は重要な一つの素材になっていた。折も折、この思いがけぬ千載一遇の活動場面との遭遇は、当然浅間の素材としてのウェイトを一挙に高め、一段ときめ細かく、撮り漁りたい欲望に駆り立てられた。それどころか、一時はこの山単独で作品集を、とまで決意したほどで、以来私が十数回その山麓をめぐって足繁く通ったのもそのせいであった。

そして今、その思いは持ち前の凝り性と結びついて心の中に目新しい一つのプランを生み出させようとしている。それは浅間を一段ときめ細かく写し止めるため、徒歩で裾野に完全な輪をかけることで、つまり浅間をめぐっての取材である。考えると、これまですでに私の足跡は、この山をめぐってその半ばに及んで、残るのは半ばに過ぎない。だがこの残された部分が、実践上困難な部分になっている。

そのプランの大要は、小諸から信越線に沿って御代田《みよた》、追分、軽井沢、新碓氷《しんうすい》峠、旧碓氷峠をつないで鼻曲《はなまがり》山、峰ノ茶屋、分去茶屋に至り、岩窟ホールを経て鹿沢、車坂峠をつなぐ、つまり浅間外まわりのコースである。

私はこれまで何度か友人の車で部分的には走ったことがあったが、車を活用すれば、あるいは二日もあてれば不可能ではあるまい。だがこのプランの眼目は、自分の足で歩くことが絶対条件になっている。一歩一歩浅間の土を踏みしめ、一足一足裾野の風に吹かれ、浅間を眺め、浅間を思ってめぐり歩くところに大きな意義が感じられ、この山への新しい観照の成熟が期待されるわけである。

この山を主題としてとり扱うからには、単に写真を撮ればよいというのではなく、初心に立ち戻ってこの山を眺め、火山浅間と取り組んでみたかった。そのためには、少なくとも汗水流して歩くくらいのことはぜひともしなければならぬと考えられた。そこから何かがつかめると思われたからである。

考えてみれば、私はこれまで、浅間をめぐって期せずして三重の輪の上をめぐり歩いている。不完全ではあるが順に外からいうと、第一の輪が三重式火山の一番古い外輪山といわれている黒斑《くろふ》山、牙山、剣ヶ峰をつなぐ輪である。このサークルは蛇堀《じやぼり》川で裁ち切られているし、完全な円周を描いてはいない。次が前掛山の新しい外輪山で、これは呼び名のごとく火口をめぐって四分の一程度の短いもので、従って私の第二の輪も半欠けのちぐはぐなものといえる。次がこの山の内陣ともいえる、小さいながらも完璧な輪で、直径四百メートルほどの、円に近い完璧なサークルで、火山浅間の本丸ともいうべき火口をめぐるものである。こう考えてくると、私はこれまでこの浅間の三重の輪を歩き、その上から眺め、写してきたわけで、今またその三重の輪の外側にさらに一つ大きな輪をかけることになる。家に閉じこもっている時でも、私は絶えず浅間の地図をひろげ、この浅間包囲作戦の構想を練っている。それは私にとって心弾む楽しい時間であり、次の撮影行につながる重要な私の秘密の線引きの時間にもなっている。

ところで、この浅間裾野めぐりの全行程は、図面上からはおよそ百二十キロの長さに計算されるが、これを実際の行動に移す時、少なくともその三倍は見込んでおくことが必要である。それは例えば、御代田から追分を経て沓掛《くつかけ》までを歩くとする。車道や線路は十二、三キロに過ぎないが、実際に歩いてみると優に一日はかかってしまう。浅間のよい構図を求めて脇道にそれたり、カメラを構えて形よい噴煙の立ち昇るのを待つ時間が大きいからである。

第一、歩く道筋も全然違ってくる。舗装された車道は無論問題外として、原則的に意識して避けねばならなかったし、おしなべて歩くのに都合のよい道はすべて人口密集地帯に通じていて、私の意図とは無縁であった。結局、道なき道を歩くことになり、過半は疎林や藪の中を行くことになる。このことは八ヶ岳山麓でも同じで、せいぜい一駅くらいが一日行程の限界であった。

まず往路の車窓から左右に展開する地形をぬかりなく観察して、心にしっかりと焼きつけておき、最寄りの駅に降り立つとそのまま引返し、線路につかず離れず歩き始めるわけである。ところがこれが実際には大変な難行苦行で、線路沿いに行けばほんの目と鼻の間にとてつもない廻り道を強いられる。昔はこのような時、割合い気軽に線路を伝うことが出来たが、このごろの過密ダイヤでは絶対にこの手は使えない。好天のよい撮影条件の時など気ばかり急《せ》いて、大汗かいて藪こぎに体力を消耗してしまう。

だがそんな非能率な戸惑いの最中《さなか》にも、私は心の片隅では見えない浅間と向い合い、話し合うことが出来、浅間の山体の感触が足の裏を通して這い上ってくるのを感じることが出来た。そしてそうした廻り道の長さで浅間の大きさを知り、足の疲れで浅間山麓の並々ならぬ広さを知ることも出来た。浅間は見れば見るほど、思えば思うほど、そしてまた写せば写すほど快い反応を返してくる山のように私には思われた。

この項のペンを進めている折も折、俳人大野林火先生（一九八二年没）から近著『春の俳句俳句観賞歳時記』の恵与をうけた。何気なく巻を開くと、前田普羅（一八八四—一九五四）のページがあった。文中、浅間の文字に目を惹かれて一気に読みくだして、普羅が実に熱心で驚嘆すべき浅間の礼讃者であることを知った。古来、富士に次ぐ日本の名山としてこの山に傾倒した文人墨客の数は多く、詩歌に詠まれ絵筆に托されたこの山の姿にもすぐれたものが多い。それにしても、普羅のこの山に対する情熱のひたむきさには真に脱帽の思いであった。

浅間燃え春天《しゅんてん》緑なるばかり　普羅
女性浅間春の寒さを浴びて立つ　同
春の天浅間の煙お蚕のごと　同
浅間山きげんよし春星数ぅべく　同

時あたかも私が浅間をめぐって歩いた季節と符を合わせるかに、林火先生もこれらの句を引用称讃されていた。私の特に普羅に敬服したのは、浅間の煙を蚕に見立てた観察眼の鋭さと、発想の斬新、非凡さである。私ははたと膝を打つ思いで、強い感銘と深い共鳴を覚えずにはおられなかった。思うに、その時浅間は、乳白色の噴煙をまさしく蚕のうごめくさまに冲天高く噴き上げていたのであろう。

普羅の浅間への思慕は、中学二年秋の修学旅行で紺の制服に浅間の降灰をうけたのがそもそもの機縁であった、とある。してみれば年季（五十余年）からも、また天性の勝れた感性からも到底私ごとき及ぶべくもないが、この発見は、その辿る道程こそ違え目指すは同じ浅間本体以外にはない。私は、私が心惹かれるその同じ山にひたむきな情熱を句作に傾けつくしたすぐれた先人の業績を知り得て、ほのぼのとした心の豊かさとともに深い共鳴を覚えるのであった。

普羅は浅間についてこうもいっている。

「アサマの三つの発音は、各々母音アで了っているために、大変感じを明るくする。この明るい銘名は、日本民族ならでは出来ないものである。事実、浅間山は決して憂鬱な姿ではなく、又憂鬱な周囲を持たぬ。」「美しく静かな裾野―六里ヶ原―は浅間山の奥殿としての貫禄を見せ、私をしめ殺す程に抱きすくめてしまった。」「終に私は浅間山がふりそそぐ女性に打ち勝ち得なくなってしまった。あの噴煙すら或る時には女性の瞋恚《しんい》のほむらとしか思えなかった。日本の山岳の多くは女性の神々が祀られてあるのは、日本の自然がもつ、人々を温く、又これをはごぐむ美しさややさしい心のしるしの一つで無ければならぬ。日本民族三千年来の理想こそ、直ちに此の女性の又の現顕なる母性なくしてなんであろう。浅間山は活き威厳と愛憐の心に満ちて燃えつづけている。私は日本女性の象徴として浅間山に寄りそわんとするものである。」（以上括弧内は『春の俳句』より引用）

思うに私の浅間への開眼は昭和の初め頃であった。それから四十余年、思いがけなくめぐり逢った浅間の上げる噴煙は、私の心中にも新しく思慕の狼火をあげさせたようである。

私がこの山をめぐって四重の輪を歩き終えた時、私のこの山への観照は、私なりに一つの昇華と結実をもたらすはずである。まぢかに迫った夏、そして遥かな秋から冬へと季節を追って、この山裾のめぐらす大小、遠近の残された未踏の麓路の巡歴に思いを馳せるこの頃である。

（昭和四十八年七月「アルプ」一八五号掲載稿補筆）

大雪山の羆

大雪行を思い立った時、私の心の中に真先に黒い影を落としたのは羆《ヒグマ》の存在だった。あれこれとコースを心に描いたり、日程を考えたり、いわば山旅の最も楽しいはずのプロローグに当る作業で、私の心につきまとう北の山に棲む猛獣の幻影は容易に消えようとはしなかった。それどころか、文献を漁り、地図をひろげる私の目に、羆の文字はいつでも執拗につきささってくるのであった。大雪には行きたい、北海道の高山蝶はなんとしても眺めて見たい、だが羆はどうも、この両立し難いジレンマに悩まされつづけた。

そうした私のふっ切れない大雪行に、もう一つ水を差す重大な懸念があった。といってもつまるところ、それも羆につながっていた。それというのは、万が一羆による不慮の事態が起きた場合、私自身は当事者として諦められるとしても、同行の諸君を道連れには出来ない。私の大雪高山蝶探査隊の構成はU君のほかに、U君を通じ毎回北大生二、三名の協力を依頼することにしていた。私はそれら諸君の羆対策として、登山中の傷害保険の規約も一応しらべることにしていた。責任上出来るだけのことはしなければと思われたからである。

それはとにかく、大雪の羆は、私の予備知識を習得する文献の中でかなり誇大に強調され、しかもその習性、生態が若干ゆがめられて、いくぶん興味本位に、時に煽情的とさえ思われるほどに扱われていた。

もっとも、そのことは後日私が現地に足を入れ、羆の生息地で絶えず接触しながら暮している人々から直接聞いたことと比べての感想である。とにかく活字の中の羆は、例外ともいえそうなケースが正常のように扱われ、一方平穏無事な山行は全くとりあげられていないわけで、その点不公平で、初めて羆の領域に向かおうとする者は出鼻をくじかれ、大きな脅威となって重く心にのしかかってくるわけである。

だがある程度羆に関する怖い話や凄い話を読み漁り、それらに自分なりの想像を被せ、その種の記事に堪能させられるにつれ、不感症とまではいえぬが、かなり順応して気が楽になった。そうなると羆の幻影は影を薄めて、私の山行の目的である大雪に棲むまだ見ぬ高山蝶への思いが、心の中で急に勢いを盛り返して、同行の諸君の補償のことも、また採集許可の手続きも未解決、未了のまま追い立てられるように、ともかく私は大雪に出向くことに心を決めた。

さていよいよ憧れの北海道に第一歩を印して、そこで私はまたもう一度羆の幻影におどかされる羽目になった。一応卒業したはずの羆恐怖症がぶり返したわけである。その最初のきっかけが札幌であった。少し時間をつぶすため、駅近くの商店街を歩いていて、とあるショーウインドウに飾られた羆の毛皮を見つけたのが始まりだった。いやその大きなこと、赤褐色の毛皮は、天井から床まで届いて、広い飾り窓を完全にひとり占めにしていた。羆の残骸の一部に過ぎないのだが、なかなかどうしてすさまじい迫力で私を圧倒した。こんな奴に山中で出会ったら、と、人混みの街中で見ていてさえ背筋に戦慄が走った。

そしてその次が層雲峡に近い土産物売場であった。「アイヌ」「羆」という文字に心を惹かれて立ち寄る気になった。よせばよかったが怖いもの見たさというのであろう。その売店の奥はかなり広く、動物園のようになっていて、小熊から始まって大小十頭ほどの羆が飼われていた。子熊はメノコから食物を貰って愛嬌をふりまき、和やかなものであった。問題は親のほうであった。凄いの凄くないの、これは毛皮とは違って生きて動いている。迫力というか、ボリュウムというか、見ているうち、これからこの連中の縄張りの中に踏み込んで行くのかと思うと、強い後悔が湧きあがってくる。だがいまさら引き退がるわけにはいかぬ。

その日の宿泊地は層雲峡から入って行く高原温泉に決めていた。層雲峡から高原温泉まではおおよそ四十キロ、車で一時間半ほどの道のりであるが、その後半は、大雪の山深く入ってきた実感がひしひしと迫る原始林の中で、ゆるやかな勾配でいくつもの屈曲を描きながら登って行く。緻密で荒々しい下草、クマザサひとつにしても内地では見られぬ純度の高い原始が呼吸《いき》づいていた。その粗野で奔放な植生のたたずまいには、美しさとか静けさとは異質の、次元の高い、原始の秘める恐怖美とでもいいたいものが胸に迫ってくるのを覚えた。そして車が急なカーブを切るたびに、ミラーの中に羆の幻影がちらつくのであった。

高原温泉は、今時内地では見ることの出来ない素朴な造りであった。もっとも、近くには別に立派なホテルもあったが、私達は無論登山者専用のヒュッテのほうに泊った。そこには営林署専用の一室があって、私達はその夜、いろいろと現地の情報を聞くことが出来た。話題は当然羆に集中していった。私があまり羆にばかりこだわるので、とうとうベテランの監視人、Kさんに笑われてしまった。その時、私には不思議に思われたのであったが、現地の人々は意外に羆を問題にしていないことであった。そしてそのことは、私に安堵の思いと勇気を取り戻させる大きな救いでもあった。

翌日、若いパトロールの一人が私どもと同じコースを行く予定になっていたので、Kさんを通じて少し荷を持って貰うことにして、同行のM君と三人、白雲石室を目指した。何ぶん一週間分の食糧、自炊用具、寝袋、その上カメラを携行しているので相当な荷である。私のザックもかなりな目方になっていた。その日の行程はそれほど長くはなかったが、初めから羆の出没する区域としてチェックされていた要注意のコースである。私は第一歩から心の引きしまるのを覚えた。

羆に次いで北海道の山ではブヨが難敵と聞いていたので、ブヨよけの薬をあれこれと用意していた。確かにブヨには悩まされた。だがこの日はそれほどとも思われなかった。というのは前宣伝が効き過ぎたせいもあったし、一方羆のほうにばかり心を奪われて、ブヨにまで気がまわらなかったからかも知れない。

それはとにかく、北海道最初のこの日の登行は私には印象深いものであった。休息をとるにも、展望に浸るにも、まず入念に周囲を眺めまわして羆の安全を確かめてからというわけで、寸時も羆の脅威から解放されることはなかった。

本州の山なら、パーティーの各自それぞれ或る程度マイペースで歩くこともできるが、ここではそうはいかなかった。パーティーから離れたり、遅れたりすることは、羆に襲撃のチャンスを与え、場合によっては命にかかわることになりかねないからである。靴紐を結び直すためパーティーから遅れた一人が、羆に襲われた記録がある。老獪《ろうかい》な羆は、孤立した一人を背後から襲うといわれている。どうかして私も、道草を食って知らず識らず遅れたことに気がつくと、大慌てで追いつかねばならぬことが度々であった。

その日のコースの山場は緑岳であった。高距はさしたることはなかったが、その日のコースとしてはまとまった長い登りになっていた。問題は、その裾廻りが羆の出没する危険地帯として知られていたことであった。その中に一ケ所、羆が通路として絶えず使っているところがあった。気のせいか、獣臭い匂いがよどんでいるように感じられた。深く刳《えぐ》られた溝状の涸れ沢で、そのうえ厚く灌木に覆われ、どの方向からも完全に身を隠して通行の出来る、羆にとっては絶好な地形になっていた。

天下無敵を誇る羆でも、やはり隠密裡に行動するのを立て前にしているのである。そうした羆要注意地帯で私はしきりに持参の笛を吹いた。静まりかえった山中での時ならぬ笛の音は、何ともちぐはぐで調和しなかった。だがそんなことをいってはいられなかった。例えあたりの静寂にすぐに吸いこまれてしまう音響であっても、その場合、ただ一つの羆への安全対策として頼みの綱であったわけで、私は必死に笛を吹き鳴らさねばならなかった。

第一日は天候に恵まれ、無事白雲の石室に入ることが出来た。初めて見る白雲小屋は白雲岳のカールの底、小高いモレーンの丘に分厚い岩屑をめぐらして建てられていた。入口の頑丈な二重の扉の前で、私はふと西洋史に出てくる中世の城塞を思い出していた。一歩中へ踏み込んだ時、しばらくは真暗で何も見えなかった。やがて小さな窓からの光で、五、六人の先客の姿が確認された。そして一部が二階になっていることを知り、壁も一部は岩屑がそのまま剝き出しになっているのを見て、私はすぐ物語の中の牢獄を思い浮かべた。本州の山では見られぬ、そうした物々しい造りが、羆への慎重な配慮の結果だと頷《うなず》かれた。そして、いよいようにもならぬ羆地帯深く踏み込んだという切迫感が、憧れの大雪に第一歩を印した感懐と胸の中でもつれあっていた。

私の高山蝶探求の第一の根拠地は、この初代の白雲石室であった。大雪山特産の五種類の高山蝶の棲処《すみか》は、その石室を中心に一日の行動圏の中に包括されていた。白雲岳の石室は、大雪随一といってもよいほど展望にすぐれていた。足下に拡がる広大な高根ヶ原の熔岩台地は、遥か忠別岳までつづき、その上に化雲、トムラウシの頭峰を乗せ、さらに遠く十勝岳の噴煙が望まれた。

一体大雪の山並みは、北アルプスなどとは全く様相を異にしていた。強いて類似の地形を求めるならば、乗鞍岳がそれに近い。ただし、乗鞍岳を数個集めて起伏をさらにおおまかにした上でのことである。従って山というより高原と呼ぶほうがふさわしい。当然ひろびろと明るく、見通しの効くことは抜群で、その点私には有難かった。結果的に少なくとも羆の隠れ場を締め出すことになるからである。そんなわけで大雪の山は、晴れた日にはどこからでも一望のうちにくまなく見渡すことが出来、心を休めるに好都合であった。そのせいか私はいつとはなしに休息の都度、入念に周りを見渡すくせが身についてしまった。

一昨年八月であった。U君と銀泉台から白雲石室を目指して登って行った。歩き出してから間もなく、顔なじみの写真家Sさんが営林署の人とともに降ってくるのに出会い、白雲に羆が出たという思いもかけぬショッキングなニュースを聞かされた。それもわれわれが目指す白雲石室だとのこと、これは大変なことになった。このまま行っても無事石室に入ることが出来るであろうか、いいようのない不安に襲われたが、いまさら引き返すことも出来ない。どうにかなるであろうと運を天に任せてそのまま登って行った。白雲分岐点を過ぎて、遠くから羆の出現現場の石室の様子をうかがうと、いつものように人影が動いて別段変った様子はない。だが油断は出来ない。恐る恐る石室に近づいて行った。小屋に入って話を聞くと、羆は、小屋に面したカールの、急な崖の中ほどに散らばる一つの大きな岩の陰に身をひそめ、日の暮れるのを待っているとのことであった。

はたしてその日の夕方、羆は姿を現わした。隠れ家と思われるあたりのハイマツの茂みが、異状に揺れるのをいちはやく見つけた一人の登山者の声に、石室の前にたちまち小屋中の登山者が集った。カメラの放列が敷かれた。私はその時、望遠レンズを携行していなかったので、撮影はU君に任せた。羆は薄闇の迫る白雲岳のカールの側壁の中ほどに、はっきりと見てとられた。

小屋から羆までは直線距離にして五十メートルぐらいであろうか、肩のあたりから斜めに太く白い線がくっきりと黒褐色の地肌に浮いて見える。猟師仲間で「袈裟がけ」と呼ばれ、兇暴な羆として恐れられている凄い奴だった。大きさの見当はまるでつかない。非常に大きく私には感じられたが、まわりの人の中からまだ若いものだという声も聞こえた。三十人近くの登山者のざわめきもまるで気にかけぬように、下方に向って動き出した。その下には急な雪渓が、

雪原をよぎる羆（白雲カール　梅沢俊君写）

傾斜をゆるめながらカールの底に拡がっていた。

羆は、軽々と懸垂下降でいくつかの巨大な岩塊を乗り越すと、臆する色もなく急な雪渓の上に飛び出し、見事なバランスで、しだいに石室に近づいてくる。見物人の間にどよめきが起った。その時登山者の群から離れて、かなり羆に近接していた勇敢なカメラマンの一人が、息せき切って駆け戻ってきた。私はいくら羆でも、これだけの人数の中に、そのまま飛び込んできたりはしないであろう。そう思いながらもいつでも小屋の中に逃げ込める態勢を整えていた。と、その時であった。羆は急に方向を左へ変えて、雪渓を離れて右手の水場のほうへ進路をとった。私は胸をなでおろす思いであった。

白雲カールの雪渓をよぎって草地へ移った羆

は、とたんに所在をくらました。背景に溶けこんだからである。それを機にカメラマンは引き揚げてしまった。しかし、私はそこに釘づけにされたまま、刻一刻とカールの底に深まる夕闇の中で、かすかにうごめく黒影に全神経と視力を集中しつづけた。白雲石室から水場までは六十メートルぐらいであろうか。そして、そのすぐ傍が残飯の捨て場になっていた。水場も、ごみ捨場に辿り着いたであろう羆の姿も、すっかり夕闇に呑まれ、全く判別できない。それでもなお私は、それとおぼしい方角にしばらく視線を馳せて、夕闇の中の巨大な野生動物の姿態をまさぐりつづけた。

その時であった。突然薄闇の中にうすぼんやりと白いものが浮かんだのは。白い物体は烈しく空中で揺れ動いて闇の中に消えた。同じことが引きつづき二、三度くり返された。私には、すぐにそれが残飯をあさる羆の爪にかかった紙片かビニール袋が空中に舞い上ったものと判断された。羆の姿こそ確認できなかったが、この夕闇の中の幕切れは真に印象深いものがあり、終生忘れえぬ思い出として心に残るであろう。

翌朝、私は一人で、起きぬけにおっかなびっくりごみ捨場に近づいた。掘り返されたごみ捨場から少し離れたところに、しゃぶられたと思われる紙の塊が、数個散乱しているのを見つけた。羆は好みの残菜を紙包みのままそこまで運んだ上で、ゆっくり食ったのであろう。

白雲石室のごみ捨場を探し当てた羆は、その後いっこうに動く気配を見せず、豊富な残飯に

岩の隠れ家（白雲カール）

味を占めてどっかと腰を据えて棲みついた形であった。困ったのは登山者である。テントを張ることはもちろん、小屋の出入りにもひどく神経を使わねばならなかった。そのあおりで、たださえ手ぜまな石室はすべてのキャンパーを収容し、大入満員で身動きがとれない始末だった。

幸い羆は昼間姿を見せなかったので、直接被害はなかったし、これという危険も感じられなかった。その後羆は、石室から直線距離で二百メートル、登山路左手の、ハイマツの急斜面に散在する大きな岩塊の隙間に隠れ家を移していた。そして夕方薄暗くなるのを待って姿を見せた。登山者は明るいうちに炊事万端を終えなければならなかったし、日が暮れてからの外出は出来なかった。

私は山中では夜中たいてい一度は目を覚ます。ところで白雲石室の出入口のすぐ前がごみ捨場になっていて、羆の寄りつく可能性が充分考えられた。そのことを承知で二重扉を押し開けて外に立つには、かなりの決意が必要だった。おっかなびっくりで電灯を振りかざして入念にごみ捨場の隅から隅まで照しながら用を足す始末で、真に命の縮む思いであった。

そして三日目からその羆の行動に少しずつ変化が見られた。それはごみ捨場の残飯がしだいに底をついて、食欲が満たせなくなってきたのであろう。朝方も、そして夕方も随時に姿を現わし、あたりの草を喰い出した。こうなると事態は少々厄介になってくる。というのは、石室に出入りする登山者の安全が脅かされることになるからである。そうした羆をめぐっての事態の推移は、営林署のパトロールから逐一、本署のほうに通報され、手配が要請されていたわけであったが、どういうわけであったかハンターは登って来なかった。

そして四日目の朝を迎えた。私はしびれを切らして、U君と高山蝶の生態調査のため出かけることに決し、七時頃、その羆の隠れ場の近くをおそるおそる通りぬけ、赤岳方面を目指して登って行った。歩き出してから約四十分、距離にして二キロ足らずの白雲分岐点と呼んでいる地点にさしかかった時だった。ダダーンという時ならぬ銃声を聞いて仰天した。つづいてまた数発が聞かれた。次の瞬間、私どもはいいようのない恐怖に襲われた。というのは、その銃声から、私どもの距離がそう離れていないこと、そしてその音の数から直感的に羆を撃ち損じたらしいことが想像されたからである。

その時、私どもの立っていたのは、大雪山特有の高原状のおおらかな稜線上の一角で、あたりには何一つ身を隠すものもなければ地形も見当らぬ。いま手負いの羆が現われたらどうなるであろうか、それを思うと生きた心地はない。何とか早急に安全策を考えねばならぬ。だがその場合、出来ることといえば、一歩でも早く現場から遠去かることしかなかった。私どもは小泉岳目指して、周りに気を配りながら必死に足を速めた。

同行のU君が後日『大雪の蝶』にこの時の感想文を寄せ、私があんなに早く走ったことは後にも先にも見たことはなかった、ザックを背に頭を突き出し、ピッケルを手にした姿は亀のようだったと書いていたが、確かにおかしな恰好であったと思う。あの場合、私としては見栄も外聞もなかった。真に命がけの大遁走であった。幸い、あたりは平坦だったので救われたが、もしも不安定な傾斜地であったら無事ではすまされなかったと思われた。

これも後で聞いたことであったが、私どもがその朝、白雲石室を出た直後、熊撃ちの三人が到着し、営林署のYさんを交えて早速、対羆作戦会議が開かれ、万全を期する意味で夕方ごみ捨場に近づいたところを至近距離から確実に撃ちとるということに決ったのであった。昼間を避けたのは、行動中の登山者へ危険が及ぶのを慮《おもんぱか》ってのことであった。だがそのすぐ後、ハンターの一人が、地形を見ておこうと羆の隠れ家に近づいたところ、偶然、空腹に耐えかねてのことであろう、羆が姿を現わしたのであった。それを目にした若いハンターは、抜け駈けの功に駆られ、共同作戦の申し合わせを忘れて夢中で発砲してしまったのであった。弾は外れた。羆は上方へ遁走する。つづけざまに追い撃ちをかける。私どもが聞いたすぐあとの銃声はその数発であったわけである。そのとき羆は、私どもの立っていた稜線の僅か下方を緑岳の方向に巻き気味に逃げて行ったらしく、真に危機一髪のところであった。それをあとの二人の老練の猟師はいち早く察知し、先まわりして、ハイマツの中に身をひそめていたところを撃ち果した由。なおその羆は生後三年ぐらいの小さなもので、体重は六十キロほどのものであった。この時のことは、後日、白雲岳の羆騒動というニュース特報としてある山岳雑誌に報道された。

私は「袈裟掛け」の白い毛並みを見せながら、誇らしげな猟師の肩からだらりと四肢を伸ばしてかつがれた、その若い羆のカラー写真を見た瞬間、あの恐ろしかった四日間のことが嘘のように薄れて、何とも哀れに思われてならなかった。

（昭和四十九年八月「月刊自動車労連」掲載稿補筆）

大雪山日記

キタキツネ二話

羅臼平にて

羅臼平はまるで天井が抜けたとでもいうように快晴がつづいた。身を寄せる日陰ひとつないハイマツの海をめぐっての作業は、暑さがこたえた。北海道特産の高山蝶カラフトルリシジミの幼虫探しに入ってから四日目のことであった。

太平洋側もオホーツクに向った側も、標高千メートルぐらいのところに、まるで床でも張ったように肌理《きめ》の細かい雲海がひろがり、朝から動こうともしなかった。カメラ熱心なYさんとMさんと、こんなチャンスはめったにはない、雲海に沈む夕日を羅臼岳の頂上で写そう、ということになり、三時過ぎ探索の仕事を打ち切ってテントを後にした。頂上まで二時間みておけば充分である。

頂上からの眺めは素晴しいの一語に尽きるものであった。地元のYさんでさえ、こんな雲海は初めてだと真に感に耐えぬように激賞の言葉が繰り返された。私もこれまで山頂での雲海にはかなりの経験を積んでいるが、こんなにも雄大というか、壮麗な眺めは初めてのことであった。千載一遇のチャンスとばかりシャッターを切りつづけながらも、私は心の片隅で何か虚しさのようなものを拭い切れなかった。

それというのが、目の前に拡がる現実が余りにも素晴しくて、カメラを向けてみたところでその結果はおよそ知れたものと、その隔たりが予想されたからであった。

目の下、足元から展開する雲海は三百六十度といいたいところだが、南と北は知床半島の山並みにさえぎられ、東と西とに二分された形に拡がっていた。しかし、実際には、知床半島の先をまわって、間違いなくつながっているに違いなかった。そのオホーツクの広大無辺な雲海に日の沈み切るのを見届けると、シャッターを押す手をゆるめて私どもはほっとわれに返った。

そして私は何気なく頭をめぐらした瞬間、思わず声をあげてしまった。

月だ。太平洋側の雲海を離れたばかりの蜜柑色の満月が、ぽっかりとまるで作りもののように中空に浮かんでいるではないか。Yさんも Mさんも、ともども、今度はひとしきりその月に向ってシャッターを切りつづけた。

落日も見届けたし、予期しない満月も写すことが出来た。後はなんとか足元の明るいうちにテントに帰り着かねばならぬ。その時私は、迂闊《うかつ》にも電灯の携行を忘れていたからである。宙を飛ぶように急斜面を降りて行った。途中にテラス状の台地が拡がっていた。そこまで来れば

羅臼平と知床の山々（羅臼岳頂上より）

後は安心である。だがその辺りにさしかかった時には、足元もおぼつかぬほどに夕闇が迫ってきた。私は、薄闇の中にルートをさぐるようにして足を運んで行った。とその時、行手に、何やらものの動く気配が感じられた。

かなりの大きさの動物のようである。尾が異常に太い。次の瞬間それが間違いなく狐であることに気づいた。足取りも軽やかに十メートルほどの距離をとって、私どもをまるで先導するように歩いて行く。そしてテント間近でいつとはなしにその姿を見失ったが、その狐との出会いは、帰り着いたテントでのその夜の話題となった。

そして翌日である。まだ少し時間は早かったが、私は本命の高山蝶の幼虫探しが気がかりでテントを出、これも身についたいつもの巡回コースに沿って一面に拡がるガンコウランの絨緞《じゅうたん》をのぞいてまわった。そして、とある一角にしゃがみこんで辺りに視線を凝らしていた。

その時であった。何か近くにものの気配を感じ、ふり返ると、何と狐ではないか。瞬間私はどきりとしたが、意外にも狐のほうはまるで動じる気配を見せなかった。

前肢を伸ばし、後肢を折り曲げ、いわばこの獣の得意のポーズである。前日夕闇の道で出会った狐に違いない。朝の光の中で耳が異常に大きいのが印象的だったし、野性をたたえた瞳の輝きが尊いもののように私の心を打った。

距離は二メートルとは離れていない。どうやらまだ子狐のようだ。一向に物怖じせぬ姿態のままじっと私を見つめている。明るい日差しの下で見ると、その子狐は、痛々しいほど痩せていた。私も魔法をかけられたように動きがとれない。

その時私の心の中には、驚かすことだけはしてはならないと思う心が強かった。この無言の対面は二分か三分くらいであったであろうか。ひどく長かったようにも思われたし、あっという間の出来事のようにも思われた。

といってこの思いがけぬ野生との出会いを、私はどうすることも出来ず、ただ成行きに任せるよりほかなかった。下手に動けば、それを機にせっかくの訪問者を追い払うことになる恐れがあったからである。後で、その時一枚写しておけばよかったと悔まれた。その時、私のザックの中には確かにカメラが収まっていたのだから。

そしてその日の夕方であった。羅臼岳に珍しくひと張りのテントが見られた。思いもかけぬ隣人の出現に、ほっとするものが感じられた。そしてそれから間もない頃の出来事であった。私が夕食の支度をしている最中、そのテントからけたたましい叫び声が聞えてきたのは。

どうやら食糧を狐に持ち逃げされたらしい。私にはすぐあの狐のしわざとわかった。やせ狐め、やるな、被害者には気の毒だが何となく滑稽でもあり、ほのぼのとする思いが私の胸をよぎった。それにしても油断は出来ない。以後警戒を一段きびしくすることにした。

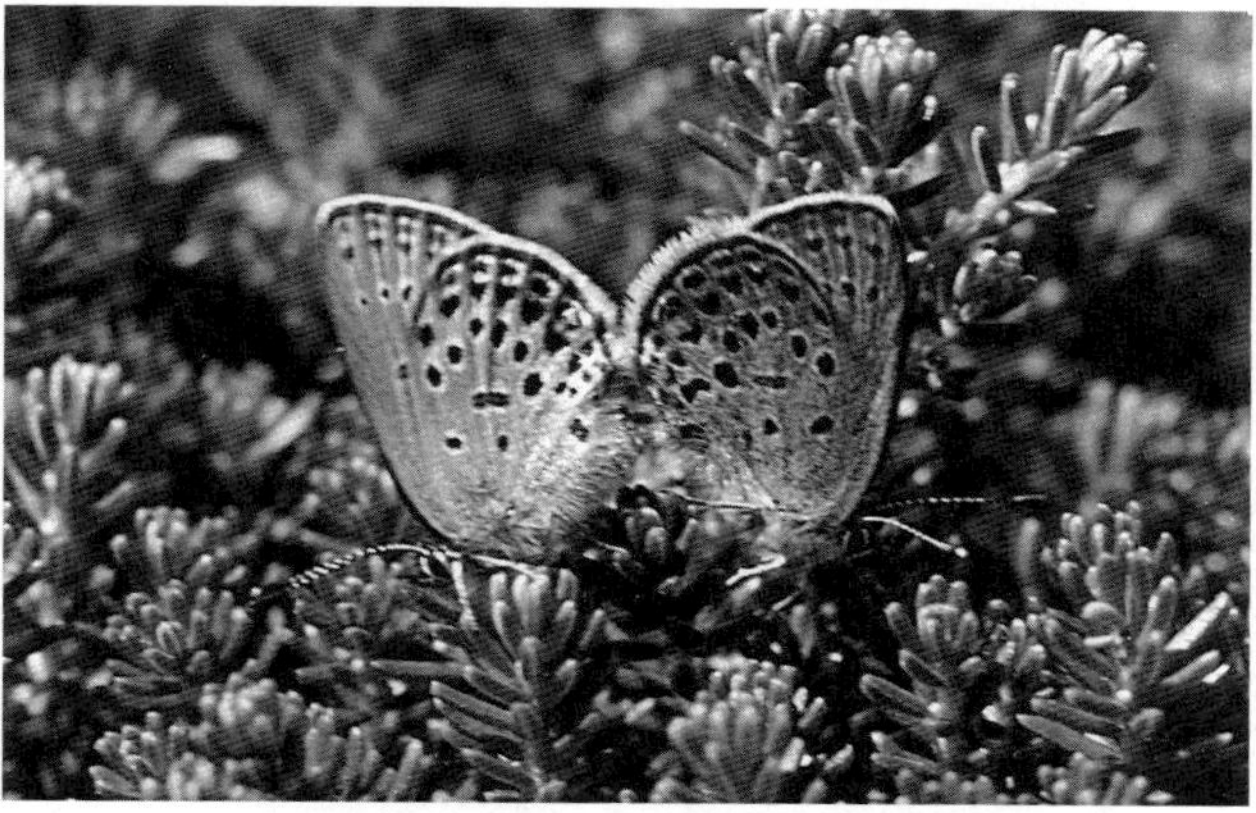

カラフトルリシジミ（北海道特産の高山蝶）の交尾と食草のガンコウラン

警戒といえばシマリスと烏にも手を焼いた。殊に烏が厄介だった。ずるくて、しつこくて、そのうえ利口ときているから全く始末が悪い。うっかりするとテントの中にまで入ってくる。テントを空ける時は戸締りにいたく神経を使わねばならなかった。ラジオをつけ放しにするのが効果があると聞いていたが、それも初めのうちだけで、効き目は長つづきしなかった。

その烏は一羽であった。毎朝早々に出勤し、私が起き出す頃にはテントの周りに必ず姿が見られた。ひと通りごみ捨て場を漁《あさ》ると、テントから三十メートルほどのところに立つ指導標に羽を休めて、こちらの動静を窺《うかが》っている。時折、勘にさわるので石を投げて追い払うのだが、テントの周りにはその石がすっかり底をついてしまった。やむを得ず身振りだけでごまかそうとする。と、どうであろう。まるでとり合わないのである。こちらの手の内を充分に読んでいるのである。身を屈めて本当に石を拾わぬ限り動こうとしない。あきれた烏であり、驚くべき学習ぶりである。

一体こんなところへどこから通ってくるのかと、例の追いかけ癖を出し追跡してみると、テント場から直線距離にして五百メートル、三ツ峰の山腹の岩陰が基地らしいことを突きとめた。そして時折下のほうに下りて行くので、本宅は羅臼町近くなのであろう。

一体北海道の烏の横暴ぶりは有名な事実である。車が近づいても容易に逃げようとしないことでも知られる。私は一度知床五湖でごみ籠に群がる烏の大群にとり囲まれたことがあった。

ゴミを捨てようにも恐ろしくて近づけたものではない。とたんに「鳥」というヒッチコックの映画の場面が思い出された。

それはとにかく、私の北海道の高山蝶探究の旅は、こうした心なごむ野生との出会いや、心をおびやかすハプニングなど、興趣豊かな自然にどれだけ彩られ、慰められたことであったろう。

羅臼平の子狐はその中の一コマになっている。暮れてゆくハイマツの中の一筋道を、トコトコと先導してくれた狐。朝日の長い影を曳いて、チョコンと座ったまま私の捜査ぶりに見入っていた狐。どちらの狐も痛々しいほど痩せていたが、北の山の稀薄なファウナの中で一体何をあてに生きているのであろう。あれから早や十年になる。羅臼の狐は果して健在であろうか。私はもう羅臼平へ登って行くことはないであろうが、あの時出会った狐の姿が時折ふと瞼の裏に甦《よみがえ》ってくることがある。

黒岳小屋にて

昭和四十九年十月中旬、私は黒岳石室滞在五日目にして、ようやく快晴の朝を迎えることが出来た。

新雪に輝く大雪の山々を心ゆくまでカメラに収め、満ち足りた思いで小屋に戻った。小屋の中は穴蔵のように暗かった。物の姿がはっきりするまで長い時間がかかった。ようやく暗さにも慣れ、朝食の支度にとりかかると、土間の片隅でしきりに何やらうごめくものの気配を感じた。瞳を凝らすと驚いたことにそれは狐であった。そして、さらに奇異に感じられたことは、その狐がまるでわれわれの存在を気にせず、辺りを嗅ぎまわっては食糧の残りなどを見つけ、どことなく運んで行くのであった。

小屋の中には、われわれのほかに二人連れのパーティーがいるだけだった。その人達もその狐に気づき、食糧の残りなどを投げ与えていた。それに味をしめた狐は、しだいに身近に来て、われわれの大切な食糧まで狙いはじめた。何のことはない、食物をねだる飼犬と同じである。

私はこれまで野生動物を、こんなに近々と眺めたことはなかった。もの珍しいのと、愛らしいのとで、小屋の中は和やかな雰囲気に満たされた。はじめのうち、私にはまだ仔狐のように思われたが、よくよく見るとかなり大きい。そして犬とははっきり違っていた。尾の太さ、四肢の細さもさることながら、野生を湛えた瞳の輝きに、決して妥協を許さぬ厳しさのようなものが感じられた。

それでも、その狐、とうとう私の差し出すビスケットをくわえて持ち去るほどになった。私にはそうした触れ合いがとても嬉しく、尊くさえ思われ、知らず識らずのうちにかなりの量の食糧を使ってしまった。

そのうちにその狐は、残飯入りのビニール袋や、紙袋を一応運び出してしまうと、今度は無遠慮に私どもの身辺を物色しはじめた。その傍若無人ぶりには少々鼻白む思いがした。というのは、持ち去られては大変だからである。そしてその時、ふと私は小屋の出入口近くにカメラをむき出しのまま置いてきたことを思い出し、万一それでもいたずらされては、と気になってきた。

と、その時であった。入口のほうでU君の「コラッ」という叫び声を聞いたのは。何事かと駈け寄ると、狐が何やらくわえて持ち去ったということである。私はそれを聞いた瞬間ハッとした。というのは、カメラの傍に手袋も一緒に置いていたことを思い出したからである。案の定、それが姿を消していた。その手袋というのは、この山行のため新調した、デンマーク製のバックスキンの上等である。私としては大枚四千円を奮発して買い整えたものであった。私は慌てて外に飛び出し、狐の残した足跡を追った。

新雪の上には、狐の足跡が縦横に入り乱れていた。私はどれを辿ったものかと迷った。一方私には、その狐が盗品を巣に運び込み、すぐまた引き返してくるに違いないと期待された。小屋からそれほど遠くないところに、泥棒ギツネの棲処《すみか》はあるはずだから。そして、もしかすると、私の手袋もその辺りで見つかるかも知れないとも考えられた。だが狐はそれっきり引き返しては来なかった。獣なりに気がとがめたわけではあるまいが。

仕方なく私は足跡の一つを選んで雪の中に踏み出した。足跡は桂月岳に向って長々とつづき、所々の吹き溜りは腰までもぐって追跡は難行した。手袋はとても惜しかったが、しょせん諦めるよりほかはなかった。

せっかく迎えた快晴の朝の成果の満足感は、この出来事で無惨にも消し飛んでしまった。それにしてもあの狐の奴、私の一張羅の手袋を、一体どのように始末したのであろうか。まさか食うわけにもいくまい。とすれば巣の中に持ち帰って居室の保温に役立てるつもりであろうか。

今度出会ったらただではおかぬ、と、その当座は無性に腹が立った。それにしても、それが予定を終えた下山当日の出来事であったことは不幸中の幸いであった。

だが日が経つにつれ、あのやり場のなかった憎しみはきれいに消えて、代りにあの野生のつぶらな瞳の輝きと一緒に、私の手から素早くビスケットをくわえ去った時の感触だけがなつかしく甦ってくるのであった。

あの手袋は惜しかったし、あの狐は憎らしかった。が、一方であの狐は、雪の黒岳を永久に忘れ得ぬ思い出として私の心に焼きつけたことは確かである。

コリヤス幻想

コリヤスというのは、北アルプスに棲む美しい高山蝶の一つであるミヤマモンキチョウ、*Colias palaenoaias* の本名のうちの属名であるが、この蝶は大雪山にはいない。そのくせ、サハリンには姿を見せ、沿海州、アムールにかけて広く分布している。北海道だけを除外した形に分布しているところが面白く、分布学の上から興味ある問題を提供している。

おそらく大昔、地質時代からの水陸分布の変動や、太古の日本列島の地形、気候などの要素が複雑に絡み合った結果と思われる。それはとにかく、私は大雪山を歩いていて、絶えずこの蝶のことが念頭から離れなかった。

というのは、この蝶の幼虫が食餌としているクロマメノキが、到る所で目についたからである。大雪山のクロマメノキは、見渡す限り地表を覆うて、どこまでもつづいていた。この高地の小灌木の中には、コバノクロマメノキという別種のあるのを聞いていたが、大雪山のものは、あるいはそれに当るのかとも思われた。丈にしても、一段と低く、葉も幾分小さめで、枝ぶりも明らかにたて混んでいるように見えたからである。

とにかく、到る所で目の前にひろがる見事なクロマメノキの群落を目にすると、かつて北アルプスのこの灌木をめぐっての日々が、心の中に甦ってくるのであった。私はその頃、常念乗越をフィールドとして、クロマメノキを掻き分けて、その中にひそむコリヤスの幼虫探しや蛹《さなぎ》探しにどれほど苦労したことであろう。どれほどの長い年月と労力を費したことであろう。そんな遠い日に身につけた習慣が目を覚まして、所も変った最果ての山に立っていることも忘れて、ぎっしり小さな葉を敷きつめた緑の上に、ひとりでに視線が走りまわるのであった。

だがすぐに、身のいま大雪にある現実に引き戻され、何か空虚な思いが心の中を吹き抜けていく。大雪の山で、この灌木に生態を直結させている蝶といえばカラフトルリシジミということになるが、これとて分布区域は限定され、密度も極めて稀薄で、しかもその食草としてはガンコウランを本命としていたので、せっかく用意された豊かな食卓に座るはずの賓客の見当らないのがなんとも物足らなく思われた。

そんな時、私は同行のU君に、これだけ食糧が豊富なのだから、仮にコリヤスを移入したとしたら、すぐに定着し、繁栄することは間違いなく、大雪山の自然は、一挙に賑やかなものになるのだが、と心に浮かんだ感想を、そのまま冗談に托して洩らさないではおられなかった。そんなことが再三に及んだように覚えている。無論その時、私は本気でそのようなことを考えていたわけではなかったが、ただ胸の片隅で、せっかくこれだけの条件というか、受け入れ態勢が整っているのに、もったいないという思いがしてならなかったのである。

それについて私には思い出されることが一つあった。それは六、七年前になるであろうか、上高地小梨平の豊産種の高山蝶ミヤマシロチョウが、一時絶滅の瀬戸際に追い込まれたことがあった。そのまま放置しておけば、間違いなく姿を消すことが懸念された。このまま放置して絶滅させてよいであろうか。何か手を打たねばならぬ。何とかして上高地の伝統を誇るこの蝶の危機を回避せねばと、環境庁管理事務所の方々と合議の上、入笠山から一群の幼虫を移し入れたことがあった。幸いその後、勢いを盛り返し、昔の繁栄には程遠いまでも、一応最悪の事態を乗り切ることが出来た。もっともその時、詳しく調査した結果、小梨平にも在来のものが

ミヤマモンキチョウ（羽化直後）

細々と生き残っていることが判明したので、現在のものは、それと入笠系との混ったものというべきであろう。

ところで、このことをめぐって一部に自然の分布を乱す心ない行為との批判があったように聞いている。いまさら釈明でもないが、この場を借りて私の存念の一端を述べておきたい。

この種の問題をめぐっては、基本的に大きな二つの論拠観点が考えられる。一つは純粋な学究的分布尊重論であり、一つは種保存を重視する自然保護を優先させる立場である。私としても基本的には、不用意、軽率に、ある生物を人為的に移動することには賛成出来ない。しかし、それとて受け入れ場所の条件と、その種類の重要性により、一概に決めつけられないと思う。

上高地のミヤマシロチョウの場合は、その前年までそこに在住していたのであり、受け入れ態勢としては万全で、蝶そのものにも地域的な区別は認められぬほど、いわば変異性に乏しい種類であった。それらのことを併せ考える時、そこまで厳しく規制して成行きを傍観し、絶滅に追い込むことはどうであろうか。

それについて思い出されるのは、先年北アルプスの雷鳥を富士山に移し、いろいろと話題を呼んだことである。だが、それとこのミヤマシロチョウの場合とはかなり違う問題点があった。というのは、雷鳥の場合は受け入れ地が全く新しいところで、その移住によって、受け入れ地の自然界のバランス、つまり生態系が乱される恐れが多分に予想されることである。果せるかな、その場合、数年にして移住した雷鳥は完全に姿を消してしまった。

その他、わが国では急激な開発の余波をまともにうけ、貴重な自然物が本来の棲処《すみか》を追われ、移住をやむなくさせられ成功した例も少なくない。カブトガニがその一つと聞いている。新しくはトキもその例に入るかもしれない。外国でもゾウやサイ、ライオンなど大型哺乳類について大規模な人工的移動が行われている。

こうした処置は基本的には、その種の保護が最優先に扱われる結果で、自然保護の方策をどの程度拡大解釈するかの問題になってくる。純粋な学問的理論からは、例え、どのようになろうとも、自然の成行きに任せて、一指も触れてはならぬ、ということになるかも知れぬが、今時そのようなことが出来るわけはない。それどころか、かなり積極的に人工が介入せざるを得ないのが実情である。

わが国の自然保護は、好むと否とにかかわらず、自然動植物園的発想に基づく管理方策以外には、道はないように思われる。

こう考えてくると、コリヤスが大雪の山を飛びまわっても大騒ぎすることはないように思われる。というのは、最近わが国の山野から、新顔の従来見たこともない生きものが数多く定着し、繁栄しているのが見出され、なかには在来の土着種を駆逐する猖獗《しょうけつ》ぶりに手を焼く事態があちこちで伝えられるからである。今日では生物分布の推進力としての自然力と、人工とは、もはや厳密に区別出来なくなっていくように思われる。

コリヤスが仮に大雪に根をおろしても、受け入れ地の自然界に、それほど重大な変異や混乱を巻き起すとは考えられない。そのうえ私には、本来ならば、北海道には当然分布していたはずの蝶のように思われる。それが大昔、奥羽の山脈の低い標高と、津軽海峡の切断で北進を遮られ、現在、心ならずも北アルプスをはじめ中部地方の一部山岳に閉じ込められたとも考えられるからである。してみれば、この蝶にとっては、失地回復ともいえないわけではあるまい。

北アルプスのコリヤスは、最近衰微がしきりに伝えられ、憂慮されている。人類は開発などに名を借りて、結果的には一方で多くの貴重な自然物を窮地に追い込んだことは確かである。その償いとして一つぐらい新天地進出に手を貸してもよいはずであるし、それが広い意味での自然保護、積極的で有効な自然保存の主旨につながる方策ではあるまいか。

これはあながち、私のひとりよがりの幻想とばかりではすましていられない気がする。人工増殖が、そのまま自然保護の有効な手段として重視される時世になりつつある現時点では、生物分布の考え方にしても在来の自然性一辺倒の考えを少しひろげて、新しい理念を取り入れた積極的な管理体制を導入していかないわけにはいかなくなるのではあるまいか。

事情が許す限りの範囲で、慎重配慮の上で、貴重なものに限り新しい生存の場を用意してもよいように思われる。もっとも、迂闊に移入して取り返しのつかぬ生態系の混乱を巻き起した

北鎮岳より旭岳方面の遠望（6月初旬）

苦い例もあるので、厳重な事前チェックが必要である。

この場合は、自然の場を借りた大規模な飼育と考えられるかも知れない。古くはザリガニ、雷魚、草魚があり、近くはブラックバスが話題になってきた。これらは必ずしも故意にわが国の自然界に放たれたものとはいえない。当初ペットとして移入されたものが、何かの機会に逃げ出し、野生化したものと考えられる。植物の世界では、そうした外来種は枚挙にいとまなく、しかもその多くは燎原の火のように在来種を駆逐するほど猛威をふるって、本来の生態系を根底から乱していく。今日、内外の別なくますます交流の緊密化が進むにつれ、いずれは地球上の生物分布はまざりあい、平均化への道を辿り、画一化を強めていくであろう。そうした観点に立つ時、最果ての大雪の山はいわば生物分布の上からは正に未開発国の感があり、貴重な原型を止める聖域とも考えられる。五十年後、百年後の大雪のファウナはどのようになっているであろうか。

無限の可能性を秘めて、索漠と拡がる最果ての山並を前に、私の思いは幻想の翼に乗ってとめどなく天駆けるのであった。

或る日の駒草平にて

途中でとめどもなく道草を食ったので手間どり、駒草平に着いた時は十時をまわっていた。大雪に足を踏み入れた最初の年（昭和四十六年）の、七月半ばのことだった。

両側にロープを張り渡した道をはさんで、コマクサは真盛りだった。同行のM君と、そのロープを支えている支柱の根元にザックをおろして、早速カメラを立てた。

そこへどやどやと地元の小学生の一隊がやって来た。撮影は一時中休みの形で、大部隊の通り過ぎるのを待った。後先に腕章をつけたパトロールが付き添っていた。ようやくやり過ごして、やれやれとカメラを立て直そうとすると、傍に人影の立っているのに気がついた。

よく見ると、いかめしい腕章が目に眩しかった。しかし、それとおよそ不似合いな柔和な瞳

駒草平

にほほ笑みを浮かべた年輩の監視員であった。私達はカメラ操作に何となく緊張感を覚えた。

そのうちどちらからともなく言葉を交していた。はじめのうちは半ば儀礼的な挨拶から始まり、そのうちに周りのコマクサのことへとつづいていった。そして私は入山の目的を話したりした。先方からはそれに調子を合わすように、自分もこれまでに幾度もいろいろな撮影隊を案内した、というような思い出話が返ってきた。その中には知名の動物写真家の名前もあった。

しだいにうちとけて、私は不遠慮にも、周りのコマクサに期待を裏切られて失望した、と放言したようにも覚えている。事実、話に聞いていたのとだいぶ隔りを感じていたからである。初対面の人に向って、随分思い切ったことを口にしたものである。何のことはない、目の前の駒草平をけなしたわけである。

確かにその時、駒草平の前宣伝が過大に心に沁《し》みこんでいたせいか、目の前の現実に対する私の期待はずれは大きかった。M君ともそのことをしきりに話していたわけであった。

私のそうした言葉に、一瞬表情を動かしたかに見えた監視員の口から、意外に、もの静かな口調で応答が返ってきた。「こんなものではない。本当はもっと凄いところがある。普通では見られないのだが、特別に案内する」とのこと。

私は私の誹謗めいた言辞が意外なほうに発展し、幸運への糸口になったことに、嬉しい戸惑いを覚えないわけにはいかなかった。私達は境界線のロープを越え、三百メートル余りのところを、足元に細心の注意を払いながら、岩屑の上を選んで飛び跳ねるように監視員の後に従い、小さな丘陵を越えて行った。

そしてそこに、素晴しいコマクサの大群落を見出した。初めて見る目の醒めるような光景であった。これなら天下の駒草平、大雪のコマクサ園として立派なものである。私の心の中のわだかまりは、一挙に消し飛ぶ思いだった。

このことが機縁となり、うまが合うとでもいうのであろうか、以後大雪の行き帰りには、必ず事務所に監視員のKさんを訪ね、山の情報を聞いたり、それが帰りであれば私の成果の一部

始終を報告するのが楽しい習慣になってい
た。
　それにしても、あの駒草平の奥の院に、ひ
とときでも参籠の栄に浴したことは、何とも
有難かった。めったに拝むことの出来ない秘
仏の開帳に、いきなり招じ込まれたのと同じ
であったから。そしてそれが、以後、私の大
雪の評価と観照の大きな拠り所になったこと
は確かであるし、大雪特産の高山蝶ウスバキ
チョウの生態に、似つかわしい背景として納
得出来たことも確かであった。
　その意味からも、もしもあの時、駒草平で
のKさんとの出会いがなかったら、私の大雪
山に対する把握には、重大な欠陥を残したで
あろうし、私の心の中の大雪山も、かなり真
価を減殺され、色褪せたものになっていたは

大雪山特産の高山蝶ウスバキチョウ

ずである。そして同時に、自然保護の大きな盲点につまずいたような気がしてならないのであった。

というのは、私としては思いもかけぬ幸運に恵まれ、大雪山の素晴しい自然にめぐり逢えたわけであるが、それはそれとして、ひるがえって、もしもあのような出会いがなかったら、と考えると、私は永久に大雪山のコマクサの美観を知らずじまいに終ったことは間違いなかったはずである。そう考えてくると、何だか私一人が幸運の籤《くじ》を引き当てたような、内心忸怩《じくじ》たるものがあり、手放しで喜んでばかりいられないような思いに責められるのである。

わが国の自然保護は、これでよいのであろうか。事は大雪山のコマクサだけではない。その他諸々の素晴しい自然、貴重な自然の管理体制、自然保護の施策は、おしなべて規制を強め、監視を厳しくして、一般の人々から自然を遮断し、遠ざける結果になっていくように見える。

こうした方策は、今日の登山人口の急増に対応する必要最少限度の止むを得ない処置と考えられるが、あの素晴しい花園のコマクサが、ひっそりと訪《おとな》う人もなく咲いているのを見ると、何となく宝の死蔵という虚しさが心に浮かんでくるのであった。

本来自然は、人間生活に溶けこみ、豊かさに寄与し、生かされるところに価値があり、自然保護の意義もその辺にあるはずと思われる。しかし、わが国の現状は、大勢としては年々規制強化の傾向が強く、その結果、自然との心温まる交流の道がしだいに閉ざされていく。確かに、急増をつづける登山者による高山植物などの被害は増加の一途をつづけていくのが日常である。山をめぐっての自然保護と、自然開発との相剋は、しだいに深刻な様相を加え、その調整は一段と難しくなっていく。

その間にあって真摯な自然愛好家、自然研究者は、どのように対処したらよいのであろうか。現実の問題として、山の自然との必要最少限度の触れ合いでさえ、許されないといってよいところまで追いつめられている。

ということは、一般の人々にとっては、山の自然は年ごとに遠いものになっていく。前年まで自由に歩くことの出来た地域が、今年は立ち入ることが出来なくなって、山の自然との接触の範囲やルートが、しだいにせばめられているのに気づくからである。

「自然は遠くにあって思うもの」にしてしまってよいものであろうか。

私はそんなことを心の中で反芻《はんすう》しているうち、いつのまにか第四雪渓を登り切っていた。行手には小泉岳の膨大な斜面がひろがり、ひと足ごとに足許から夥《おびただ》しいダイセツタカネヒカゲが飛び立ち、枯葉のように風に流されていった。

大雪の山にだけ残された貴い山の原形。無傷で美しい自然の姿を、なんとしても残しておきたいものである。

大雪熱

大雪通いを始めてから七年、その間、私は北アルプスに足を踏み入れてはいない。もっとも上高地だけは例外で、二、三度覗いている。その時私のうけた印象は、今でもはっきり思い出されるほど異常なものであった。一体、山の景観を、一律な規準で決めつけるような評価はすべきでないと思う。それぞれ持ち味があり、単純には比較出来ないからである。

それはとにかく、大雪山に傾倒している最中、たまたま上高地へ足を踏み入れたせいか、その折、私のうけた印象は、思いのほか強く、また目新しいものであった。よくもこんな狭いところに多くの人が集まっている、ということの一語に尽きた。正直いってその混雑ぶりに息のつまりそうな思いがしたからである。

上高地といえば、わが国の山岳景観の上では一、二に指を屈する勝れた山水の美を誇る所になっている。私もひと頃、上高地に傾倒し、魅了されて通いつづけたことがあったが、その頃の印象とは、全く別なものがそこにはあった。大雪の山の経験が、私に何か別な評価というか、価値基準を育てあげていたように思われた。

このところ、北海道の山ばかり歩き、馴染み、魅了されていた私に、知らず識らずのうちに全く別な山岳観賞の規準が生れ、新しい物差しが育っていたからであろう。

雲ノ平より中岳方面を望む（右端は北鎮岳）

私は鼻のつかえそうな窮屈さと、息のつまりそうな人混みをかき分けて歩かねばならぬ煩雑さに耐えかねて、早々にして引き揚げてしまった。それにしてもこのごろの上高地の最盛期の混みようは異常である。あの許容量をはるかに超す観光客のひしめきの中では、天斧《てんふ》の妙も造化の美も生彩を失い、自然も色褪せて目に映る。

その点北海道は、山ばかりのことではない、平地一般にも当てはまることであるが、自然が生きている。本当の自然という思いに打たれた。私が初めて北海道に足を踏み入れた時の車窓からの印象が鮮烈に思い出される。どちらを見ても人家や人影のない原野がつづいて、まるで人外魔境にある思いがした。そのことは、大雪の山については一段と顕著で、大雪の山は全く人気から隔絶された別世界だった。

元来私の山は、静かでなければならなかった。静けさが、私の山行ではいつでも絶対優先の条件になっていた。山は静かに観照すべきもの、例えどのように眺望にすぐれていても、肩々相摩す賑わいの中から私の山への興趣は湧いてはこないし、山への思索も生れてこない。その点、大雪の山は私の理想通りであったわけである。そうした大雪没入の合間に、たまたま上高地に入り、私自身大雪熱にかなりおかされていることに気づいたのであった。

事実、大雪の山を歩いていると、私は何時ともなくタイムトンネルをくぐって戦前の頃の山に舞い戻ったようなやすらぎを覚え、長閑《のどか》さを満喫することが出来た。一日歩きまわっても、せいぜい二、三パーティーに出会うくらいで、時には人に会わないことさえ珍しくなかった。そんなわけで、行手に人影を認めたりすると、ほっとするし、思いがけずパーティーに出会うと、人なつかしさが切実に湧きあがってくる。とりわけ行き違いの場合はお互いにしばらくの間は羆の脅威から解放されるわけだから、救いの神か仏の思いがするのである。

その点、北アルプスなどでは事情が全く逆であった。切れ目なく対面するパーティーに感興を殺《そ》がれたり、思索を妨げられたり、狭い山頂などでは、カメラを立てることさえ出来なかった。同じコースを行く行列に巻き込まれたりすると、とたんに今宵の宿の混雑が思いやられて、深刻な不安に襲われ、山の観照など吹き飛んでしまう。その場合、人恋しいどころか、その夜の山小屋の混雑の中で、相まみえる端倪《たんげい》すべからざるライバルという風にさえ感じられる。

大雪の山でも盛夏のひとときは、ある程度の混雑は見られる。だが北アルプスなどに比べ、それはものの数ではない。第一宿泊は無料の所さえあった。そのことだけで大抵のことは我慢できるというわけであった。今時の山で何日逗留しても宿泊料ただ、というところがほかにあるであろうか。というと、設備の不備を誰しも想像するであろうが、私がいつも利用する白雲岳や忠別岳の石室は、最近建て替えられた立派な官営の小屋であった。

大雪の山歩きが、楽しくすがすがしいのは、営利目的の施設がほとんど入り込んでいないことにもよる。しかし、私の大雪熱発生源は、そうしたことと合わせて、自然の豊かさと山の美しさ、大きさ、原始性といった本質的な山の原点に勝れている点によるのである。

思うに私の大雪熱は、まだまだ亢進しそうだし、一般にも蔓延していくのではあるまいか。大雪熱というのは、言い換えると、脱北ア病、北指向症、ということかも知れない。

自然保護の盲点

私が大雪の蝶と取り組んでいる最中《さなか》、蝶界を震憾させる大きなニュースが、前後して二つまでも伝えられた。新しい蝶が発見されたのである。といっても、それら二つの蝶はわが国では初めてだが、海外では以前から知られていた種類であった。そのうちの一つ、昭和四十八年、北海道日高山系、アポイ岳（八一〇メートル）で見つかったものは、ヒメチャマダラセセリと名づけられた。

他の一つは昭和四十九年で、こちらの生息地は、九州の宮崎、熊本の両県にまたがる山地の一部とのことで、ツバメゴイシシジミと呼ばれることに決った。ほとんど時を同じくして北と南で発見されたという報道は、自然破壊とか、貴重な生きものの相次ぐ衰退とか、絶滅とか、暗い話題に明け暮れている昨今、人びとの胸にどれだけほのぼのとした思いをもたらしたか計り知れないものがあった。

私など、正直いって信じられないほどのショックをうけた。それは狭い国土のわが国の蝶の世界の出来事として、常識的に思いもよらぬニュースだったからである。それにしても、狭い狭いといわれていたわが国の山野から、新顔の蝶が二つも見つかるとは、明るい夢と希望に胸のふくらむ思いであった。

それについて思い出されるのが、ベニモンカラスシジミという蝶が、ちょうど二十年前、愛媛県で発見されたことで、それ以来のビッグニュースとして、わが国蝶界の特筆すべき出来事であった。ヒメチャマダラセセリについては、北大昆虫研究会の十四人の諸君によって、「北海道の高山蝶ヒメチャマダラセセリ」として昭和五十年八月、早々とその精細な生態が隠密裡に解明され、一本にまとめられた。これまた驚嘆すべき敏速ぶりである。ツバメゴイシシジミについては一応の調べはついているようであるが、私は詳細をよく知らない。

ともかく北と南からの示し合わせたような朗報は、蝶界の話題を賑わし、日本狭しといえども、まだまだ未知の自然が隠されており、新種発見の可能性が残されていたわけで、ナチュラリストの意欲を煽り立てるところ計り知れないものがあった。

ところでアポイ岳の場合は、その新顔の蝶をめぐっての経過は全く隠密裡に運ばれ、われわれの耳に届いた時には一応の解明が完了していた。そしてただちに種として天然記念物に指定されたと聞く。この処置がまた異例というか、不思議というよりほかないほどの早さで行われたようで、それは北アルプスの高山蝶の場合と対照的であった。先手を打つというか、自然保護のためには、できるだけ早目に処置を講ずることが絶対必要で、この場合一応時宜を得た処置と思われる。

確かにこのような事態では手遅れは禁物で、情報が流れると、待ち構えていたように採集者や好事家の標的となり、乱獲の手が伸びて壊滅へと追い込まれるのは必至だからである。しかし一面、保護の実効とは別に、真摯なナチュラリストの自由な研究の立場からは若干問題が残る。

私はかつて、北アの高山蝶ミヤマシロチョウの保護について、地元の研究家からたびたび相談をうけたことがあった。地元の事情を考えた末、結局そっとしておくのが一番効果的である旨答えた覚えがある。しかしその後間もなく、どのような事情からであったか、とにかく新聞紙上にその蝶のことが大々的にとりあげられた。無論ひと通りの保護のキャンペーンも添えられていた。その後ひきつづいて二度、三度報道されたが、その記事の中に、防ぎようもない乱獲に対する保護サイドの自治体、高校のクラブの苦悩と困惑が吐露されていた。私の憂慮はこの点にあったのであるが、その真意がうけ入れられなかったのが残念でならなかった。

これまでたびたび経験してきたところであるが、不用意に情報が洩れたり、報道されたりすると命とりになりかねなかったし、また、半端な保護施策も、却って火付役となって、結果的には壊滅への引き金になる恐れが多分にある。四、六時中厳重な監視が出来ない以上、内密に伏せておき、騒ぎ立てないのが現実には最良の保護手段のように思われる。私が大雪の高山蝶についての成果について、中間報告を一切さし控えたのもそうした配慮に基づくものであった。

アポイ岳の場合も、おそらくそうした隠密作戦が功を奏した好例ではないかと思われる。仮に事前に、或いはその最中《さなか》に、そのことが漏洩していたら、充分な成果はあげられなかったのではあるまいか。ところでこうした種類の自然保護の実績をあげるには、予算面の裏付が絶対に不可決で、私は近くの黒岩山（長野県飯山市）でギフチョウの天然記念物指定現場の実情を見てそのことを痛感している。アポイでの新発見の蝶について、間髪を入れぬ素早い指定は、一応評価されてよいと思われるが、一面多少の懸念も感じられる。

一体、種単位の規制には特に慎重な配慮が必要で、今度の新発見の蝶については、今後道内での新産地発見の可能性が高く、場合によっては価値評価も当然変ってくることも考えられるからである。そのような事情を考え合わせる時、一定の地域指定方式で事足りるのではないかとも考えられる。

私は先にミヤマシロチョウのことに触れたが、この蝶の産地はその後あちこちに見つかり、多くは山麓の別荘地、分譲地、植林地、牧場など、人の居住地区と重なっている。当然、別荘の軒下に飛来し、幼虫が庭木を食害するケースが間々起きた。それらを一括して保護の対象とするには、実情に合わぬものがあるし、人間と同居するものを規制し、管理することは実際上困難である。どこか適当な場所を選んで、重点的にしっかり管理し、他の場所は適宜に規制をゆるめて観察、研究の便を与え、一般の触れ合いの場として活用すべきではあるまいか。

大雪山でも、ウスバキチョウやダイセツタカネヒカゲのように、国立公園内のものについては、種単位の一括指定は無理とは思われないが、今回のヒメチャマダラセセリについては、若干事情が変っている。というのは、生息地が標高の低いところだけに、前記のようにそれ以外の各地で見つかる見込みが高いからである。

わが国のように、狭い国土に人口がひしめき合っているところでは、不用意な種指定には、早晩過剰繁殖などによる生態系の混乱や、土地利用の上からもいろいろ支障や摩擦が生じる恐れがある。カモシカなどがその好例である。

その点一定区域内の保護とし、他の場所については規制を若干ゆるめた、二段構え、三段構えにしておけば、万一の場合の調整にも好都合であるし、一般の観察、研究者のために道が展けることにもなるのではあるまいか。

自然保護と自然開発利用の二面の対立相剋は今後ますます深刻な様相を加えていくものと考えられる。このたび、わが国の蝶譜に二つまでも新顔を加えたことは嬉しい限りであるが、その一方で、自然の行方について、越え難い断層が亀裂をひろげていくのが気がかりなこのごろである。

Ⅳ

或る単独行者の独白

ひとりの山

若い頃の私の山行は、殆んどがひとり旅であった。その点根っからの単独行者といえそうだが必ずしもそうではなかった。というのは、その頃の山をめぐっての時代的な背景の影響によるところが大きかったからである。つまり、登山をめぐっての周囲の事情に単独行を助長する傾向が極めて強かったわけである。

私が山へ入り出した昭和の初めの頃の山は、限られたごく少数の人の専有物の感があり、このごろのように、いわゆるレジャーとしての大衆登山などといわれる風潮は、その兆しさえ見られなかった。従って、身近に同行者を探しても容易には見つからなかったし、いわんや体力、日程、好みなどで折り合いのつくパートナーを求めることはさらに難しく、結局、ひとりで出かけるよりほかなかった。そんな事情から、独り歩きの山が自然に身についたようである。決して山はひとりに限る、などと決めていたわけではなかった。しかし、ひとりで歩いていると、私にはひとりの山が性に合い、気が休まることは確かで、その点、単独行者としての素質は、人並み以上に生れつき持っていたようにも思われる。

考えてみれば、私が山へ入ったのは比較的遅く、学校を出てからで、その頃すでに私の山行には、いつでも独自なプログラムが組み込まれていたので、その実践上からもひとりのほうが

天狗原にて（昭和39年　堺敬生君写）

都合がよかったわけである。

とはいうものの、このごろ私は、時折気のおけない若い山仲間と山行を共にすることもあって、それはそれなりに結構楽しかった。だがその場合の山旅の中味は、独り歩きの場合とはだいぶ異質なものになってくる。

つまり、山への期待というか、山中での行動にしても、また観照や思索の上からも、マイペースがひっこみ、かなり妥協的になり、自主性が大幅に後退していくのに気がつく。その点独り歩きの場合は違う。納得いくまで山が眺められ、気がすむまで道草を食い、好きなだけ山と向い合っていられた。

大勢でがやがや歩いていては、例えば鳥の鳴き声ひとつにしても、仲間同士の話声に消されて、耳には届かないし、足元をよぎっていく小さな山の動物たちの姿や足音にも、気づかずに通り過ぎてしまうことが多い。

ひとりで歩いていてもつまらないではないか、とよくいわれるが、私の場合、それに答えるには、山へ何しに行くのか、という、山行の原点、目的意識にさかのぼって行かねば完全な答は出てこないように思われる。

そして、その場合、私の山へ求めるものの第一は、静けさ、あるいは疎外感ということが出来る。つまり、山という隔絶の中で、自分を見つめてみたい、ということになり、それを裏返しにいうと、私には静かな山ほど孤独感にすぐれた高級な山といえる。

その意味で、どんなに標高の点で卓越していても、常に人影が蠢《うごめ》いていたり、人声の聞かれる賑やかな山に、私はそれほど惹かれない。別な言い方をすると、私にとって山の魅力は、その隔絶度ということであり、山行の意義は、原始の香り高い無傷な自然に浸ることだと言えると思う。

群集心理の陥穽

ところでこのごろ、ひとりで山に登って行く、いわゆる単独行に対する世間の風当りには厳しいものがあって、山の独り歩きは、時に不法行為のようにさえ目され、単独行者は何かにつけ肩身の狭い思いをしなければならなくなった。

確かに山の事故といえばすぐに単独行というふうに、批判されるケースが目立つ。厳冬期は無論のこと、条件のきびしいシーズンオフの山に、軽々しく単独で登るのは、無謀行為といわれても仕方がないほど高い危険性が伴うので、規制も止むを得ないが、通常平易な夏山シーズンまで一様に扱うには、若干問題がありそうに思われる。

単独行が問題になるのは、事故の生じた場合、仲間による敏速な救助活動の出来ないことが第一にあげられるが、最近の遭難事例からは、往々それとは逆に、パーティーの本来の姿からはあり得ない傾向が見られるようになった。それは登山の急速な大衆化に伴い、パーティーの連帯感、責任感の弱体化によるもので、パーティーの質的な低下、つまり内容がかなり変ってきたことを示すものであろう。その点昔のように、遭難事故処理の上で、必ずしも安全で有利とはいえなくなってきたように思われる。

つまり、ごく安易な即製のパーティー、混成パーティーがふえ、メンバーの団結意識や、体力、技術、道義心の低下、不揃いの傾向を考えると、少なくとも一概に、パーティーなるが故に安全とする先入観は見直す必要があるし、また遭難というと、ただちに単独行と短絡させるのも一考を要する。私には最近の登山人口の急激な増加による、登山者の質の低下が事故多発の原因のように思われる。

どんなに気の合った仲間でも、山行を共にして、一から十まで考えや好みが一致することは難しい。時折私は、専属のポーターに荷物を持って貰うことがあった。撮影に専念するには、心身ともに充分のゆとりが望ましかったからである。こうした場合の同行者は、はっきりした雇用関係であるから、私はどこであろうと必要に応じてザックをおろさせ、何はばかることなくカメラを立ててさしつかえないはずであるが、実際は必ずしもそうはいかなかった。五度に一度ぐらいは我慢することになった。

というのは、私があれこれ構図を考えている間、所在なさそうに間を持て余して、煙草をぷかぷかふかすポーターの姿が気になって、ついさっさとカメラを片づけてしまう。

考えてみれば本末転倒といえるおかしな話で、それではせっかく雇い入れたポーターの意義がなくなってしまう。そんなわけで、結局自分で重いザックを背負っての単独行のほうが気楽で、仕事がやりやすかった。

ひとりの山のよい点は、あらゆる点で完全に自由で、終始、マイペースで押し通せる点ではあるまいか。どんなに気が合い、統制のとれたパーティーでも、メンバー各自の体力、技術がぴったり揃うということは望めないし、好みにも違いがあるはずで、完全に一致することはとうていありえない。コースのとり方、歩行のペースにしても、強い者には不満を呼び、弱い者には無理がかかり、それが積み重なると、行動の統制を乱し、ひいてはパーティーの安泰を損うことにもつながっていく。

夏山最盛期に少し早い或る年七月半ば、私は涸沢から穂高小屋への、いわゆるザイテンを登っていた。穂高小屋まぢかであったが、稜線から急な雪渓が涸沢めがけて垂下していた。所々に岩が頭をのぞかせていたが、心得のあるものにとってはグリセードで一本飛ばしたいところである。

果せるかなその時、雪渓の上端に突然六、七人のパーティーらしい一団が姿を現わした。中に女性が一人まじっている。どうやらグリセードで下降する計画らしい。と見ているうち、男性は次々グリセードで下って行き、女性が一人だけとり残された。先行した仲間は、下方からしきりに滑降をうながすが、女性のほうはなかなか慎重である。

私は見ていて、その女性もある程度のグリセードの技術は身につけているに違いないと思われた。でなければ急な雪渓の上に立つわけはないし、一方仲間の側もしつこく滑降をうながすはずがない。だが、女性のほうは自信がなかったのか決断しかねている。そんなやりとりがだいぶ長い間くり返され、その間先行した仲間と、とり残された女性との距離はしだいに開いていった。そしてその間、ザイテンを登り降りする登山者の注目をしだいに集めていったのは当然の成行きだった。そうなると、とり残された女性にとって一段と重圧が加わるばかりで、引っ込みがつかなくなる。

私は、はらはらしながら眺めていた。女性の様子にのっぴきならぬ窮地に追い込まれていく心情が、いやというほど察せられたからである。そしてその重圧に耐え切れなくなったのであろう。意を決して女性はついに滑りはじめた。果せるかなすぐに転倒し、そのまま加速していった。

ザイテンの登山者の間にざわめきが起った。一番遅れて近くにいたそのパーティーの一人が、いち早く事態を察して滑落してくる女性目がけてとびつき、ピッケルで制動したがすぐに効き

初夏の涸沢ザイテン雪渓（左寄り）

目はなかった。つづいて、次の仲間がまたとびついた。三人がもつれたままひと塊りになって滑っていった。

その下方に岩が頭を出していた。もろにぶつかれば最悪の事態になりかねない。幸い二人の男性の必死のピッケル捌《さば》きでスピードが落ち、岩に当って軽くもんどり打ったまま静止し、事なきを得た。これなど、単独行であったなら恐らく起きなかった事故で、私にはパーティー仲間の牽制による無理が招いた出来事と思われた。これとは別に私は、槍沢の雪渓でも、それと全く同じケースを目撃している。そのような場合、自分だけてくてくと歩いて降るにはかなりの勇気が必要だし、技術上のコンプレックスをいやというほど見せつけられた上、仲間を待たせることになるので、身を切られるほど辛く、つい無理をしがちになる。

どんなパーティーでも大なり小なり内蔵している危険な落し穴である。そうした場合、肝心なことはリーダーシップの適切な行使で、リーダーたる者、パーティー各員の実力を正確に把握していなければならぬわけである。

或る年の夏、雪倉岳から白馬のテント場への帰り道、鉢ヶ岳を過ぎ、三国境に近い稜線にさしかかった時、にわかに雲行きが険悪となり、激しい雷鳴がとどろき渡った。これは厄介なことになった。剝き出しの稜線には、どこにも身を寄せるに足る物陰は見当らぬ。

私は懸命に辺りの地形を物色し、稜線の斜面の一方のかなり降ったところに大きな岩塊を見つけた。そこの岩陰よりほかには避難場所はない。私はころがるように駈け下りた。期待に違わず、その一方にどうにか雨を避け、身を入れる窪みを見つけた。

雷はやがて遠去かっていったが、その雷鳴が轟きわたる真最中に、私が駈けおりた遥か上方の稜線から、時折賑やかな人声が聞えてくるのだった。どうやら五、六人の若いパーティーらしく、なかに女性の声もまじっていた。これには驚かされた。

何という大胆さ、激しい雷雨の中、しかも落雷の恐れのある稜線を平然と歩いて行くのにはただあきれるばかりだった。このような場合、ひとりであったらとてもそのような対応は出来ることではない。複数を恃《たの》んだ群集心理に駆られた暴挙というよりほかはない。その場合、幸い何事もなかったからよかったが、私には、パーティーなるが故の遭難事故につながる危険性を見せつけられる思いがした。

そうした場合、慎重論を持ち出すことは、何となく小心者と見られそうで気がひけ、特に若い人達は、無理しても恰好のよい強行論に与《くみ》しがちなものである。その点単独行では、いかなる場合でも何ものにも牽制されることなく、自力に応じた判断に基づき慎重に行動することが出来る。

原始への回帰

テントをかついでひとりで山を歩いていて、日が午後にまわってくると、私はそろそろその夜の泊り場の算段をはじめねばならなかった。道に沿うて注意深く目を走らせ、少しでも仮泊に向きそうなところを見つけると、すぐザックをおろして周りの地形や雰囲気、その適、不適をひと通り見て品定めするのである。

ただし、その場合、私には頭から敬遠しなければならぬ条件、つまりタブーとなっていることが二つだけあった。その一つが深い黒木の森林で、他の一つが流れに沿うた岸辺である。深い密林といえば、当然昼なお暗い亜高山帯の針葉樹林帯ということになるが、奥深い黒木の森は、底知れない未知の世界を連想させ、窺い知れぬ秘密を隠して不気味である。そんな黒木の森の中に、私はよほどのことがない限りテントを張る気にはなれない。

戦前の或る年、三月末、私は一人で夜叉神峠《やしやじん》から鳳凰《ほうおう》三山を志したことがあった。第一日は少なくとも砂払いの稜線にテントを張るつもりが、春の軟雪にワカンの足をとられて歩行がはかどらず、そのうえ重荷で、大きく予定を狂わせ、南御室小屋の下方にテントを張ることになった。周りは黒木の密林で、雪の急斜面という、キャンプサイトとしては最悪の条件である。どちらを向いても、寒々としたシラベの幹の単調な縞模様だけ、目を楽しませるものは何ひとつなかった。

こうした場合、普通であれば暮れるまで辺りを歩きまわって展望を楽しむところであるが、この場合は事情が変っていた。まるで目隠しでもされたようで何とも所在がない。といって、テントにもぐり込む気にもなれぬ。まだ暮れるにも間のあるはずであるが、林の中は薄暗く、不気味な静寂に閉ざされてしまう。

一体テント設営の場を決める時には、いろいろな条件を比較検討して、ある程度迷うのが普通である。つまり地形、風向き、水場、それと雰囲気で、安全性と言い替えることが出来るかも知れないし、また本能的に感じられる危険性、或いは不安感といえるものである。

といっても、わが国の山に危険をもたらす具体的な事柄はそうあるはずはない。積雪期であれば雪崩と落石、ほかには熊ぐらいなもので、それも特定な場合に限られているはずである。そう割り切ってみても、人里離れた山中に、一人完全に隔絶されてみると、理屈を超越した不安感にさいなまれる。自然への漠然とした恐れである。

昔の人のいみじくもいう「物の怪《け》」にあたる。私にはそれは、人類が遠い祖先からうけついできた原始性の名残りのように思われる。長い進化の道程で、知らず識らずに心のどこかに沁《し》みつき、蓄積された感性であろうが、それがこうした孤立無援の境地に放置されると、時を得顔に甦《よみがえ》ってくるのである。

密林に次いでテント場として落着けないのは、流れに沿うた河原といえそうである。この場合小さな流れではなく、山峡を音を立てて流れる渓流である。夜中枕辺にひびくせせらぎといえば、いかにも優雅に聞えるが、山中ひとりの場合は、その効果は全く逆で、私には苦手でなんとも落ち着けない。

つまり、同じせせらぎが身辺の情報伝達を妨げることになるからである。一体人間の感覚生活を通し、視覚が七割を占めているといわれている。先の森林の場合は、視覚ではカバー出来ない世界が生命の脅威となって不安を誘ったのであるが、一方川辺の場合は聴覚を通して身の安全が妨げられる恐れがあるからである。

どうかして瀬音に消されたり、あるいは重なったりしてリズムが乱されたり、本来の物音がそのまま聴覚として伝わってこなくなるからである。そしてこの場合、不安を覚えるのは、自己防衛の、ごく原始的な対応が乱されることになるからである。

私は一度南アルプス入りで、小武川《こむ》の河原でテントを張った際、なかなか寝つかれず、困惑した覚えがある。リズミカルなはずの瀬音が、聴覚の具合いで、弱くなったり強まったり、時に途切れたりするため、そのたびに神経を尖らし、懸命に聞き耳を立て、変化の理由をつきとめようと苦慮するからである。以来、川筋にテントを張ることは、黒木の密林とともにタブーになっている。

そのくせ一方では、そうした物音には努めて無頓着になり、無視しようとするが、ひとりの場合はそれは不可能である。一体、テントに寝るひとりの山の夜は静かであればあるでかえって落ち着かず、静寂の中からことさら何か物音を探し出してその正体をつきとめようとするし、それと反対に、山の物音が賑やかであればあるで、その中から幽かなリズムの変化をあばきだしては、その究明に翻弄される。

いずれにせよ、単独行の山でなければ味わうことの出来ない、自然の音響との終りのない戦いであり、同時に、一身の安泰を賭けての深山の夜の静寂との対決であった。それがそのまま山の醍醐味ともいえるであろうし、また山旅の真骨頂ともいえる境地であったかもしれない。

私が山行を思い立つ時、何より優先させる条件は、静かなことであったから、時季も当然シーズンオフということになった。戦前の山は、九月も半ばを過ぎると、ほとんどの山小屋は無人となり、めったに人に行き会うことはなかった。

北アルプスでは、後立山の鹿島槍によく登った。南アルプスでは、鳳凰、甲斐駒などのアプローチの短い前山に集中し、奥秩父にも足繁く通ったものだった。

戦前の或る年九月の末のことであった。甲斐駒を志し、日野春経由竹宇口から登って行った。長い急登に意外に手間どり、七丈小屋に辿り着いた時には、秋の日は山の端に隠れて、夕闇が刻々と無人小屋を包みこんでいく頃だった。眼下にひろがる甲斐の野は蒼茫と暮色の底に沈んで、夕陽を浴びた八ヶ岳が、小さな置物のように裾野をひろげていた。

甲斐駒ヶ岳七丈小屋

私は軋《きし》む入口の戸を押し開けて中に入った。がらんとした板敷の広間は、綺麗に片づけられていた。私はその索漠としてとりつくしまのない空間のひろがりに戸惑いながら、どこに居場所を決めたらよいか、眺めまわしたが、すぐには決められなかった。

ザックを片隅に置くと、何はさておき今宵の宿舎を探検しておかねばと、閉め切られた薄暗い小屋の中を、隅から隅まで見てまわった。奥に別のひと間と炊事場、納戸があった。それでもまだ私は、寝場所をどこに定めたものか決断がつかなかった。

普通であれば、こんな時とばかり、一番広い入口近くの部屋の中央を、でんと一人占めにしてよさそうなものだが、そんな気にはなれないどころか、むしろ反対に部屋の片隅に身を寄せたい気になったから不思議だ。その部屋には、土間と反対側の壁際に、高さ五十センチほどの戸棚がしつらえてあり、中はがら空きだった。私はそれを見つけた時、その中こそその夜の寝場所として最も落着ける最高の場所のように思われた。結局長い思案の末が、こともあろうに、選りによって窮屈な戸棚にもぐり込むということで結着がついた。しかもその際、戸を少しだけ閉め残しておくことを忘れてはならなかった。万一の場合の異常をいち早く察知し、身の安泰を計るためである。いわば我々が、日常の生活の中に置き忘れてきた本能を、こうした孤立無援の境地におかれて取り戻したわけである。

それは飼犬が、狭い犬小屋の中で寝る際、数回ぐるぐると廻って確認の末、落着くのとよく似ている。つまり本能的に身の安泰を計る最も素朴な対応を取り戻そうとするわけである。

このような場合、睡眠中に身の安全を計るには、出来る限り強力な援護物を楯にとり防衛面を縮小するのが得策のはずで、その点から部屋の中央は、いわば八方破れの最も無用心で不得策な構えということになる。それに比べ壁際は、防衛面は三面ですむし、四つ隅は二面に減り、さらに戸棚の中は一方だけですむことになる。

そうした、平素の生活では全く不必要な、従って気にもかけない対応というか、原始の残像ともいえる全く別の生活意識が、一人の山ではごく自然に、しかも切実な必然性を伴って、当然なことととして浮上してくるのである。

私にとって単独行は、人類の原点とめぐり合う回帰の旅であり、同時に、私の中の野性を模索する遍歴でもあった。

古い地図に寄せて

私が長年持ち歩いた古い地図には、所々におかしな記号が書き込んである。それも意外な場所につけられているから、他の人にはいくら頭をひねってもそのマークの意味はわからないはずで、いわば私だけの秘密の符号であり、私だけにしか解読できない暗号なのである。

その記号には二種類あり、それぞれが任務というか、用途を分担していたのである。しかし、今後私はもうこの地図を持ち歩くことはないであろう。ということは、これから先、これらのマークの出番はなくなり、御役御免になるので、今、ここで暗号の正体を明かしたところで一向さしさわりはないわけである。

その一つが⚠印で、これは泊り場、つまりビバークに適したところである。私の若い頃の山行には、このごろのように便利なシュラフやキルティングなどは普及していなかったので、一枚のグランドシーツが野営の際の唯一の装備で、テント代りに雨露を凌ぐと同時に防寒具にもなっていた。つまりこの印は、そんな装備でのビバーク可能な地点と、一夜を過した泊り場とを示しているのである。

無論、その頃の山にも、今ほどではなかったが、山小屋は在るにはあった。だが、そうした常設の山小屋に泊ったのでは、私には紋切型の写真しか写せないような気がした。そこで何とかして自分独自の山を狙える山行形式にしたかったわけであった。

山を歩きながら、気に入ったアングルや構図を見つけると、ザックをおろし、カメラを立ててあれこれ構想を練っているうち、もうひとつ気が進まず、どうしてもシャッターを押すところまでいかないことがよくあった。それというのが、光線状態に今ひとつ意に満たぬところがあったからで、その場に待機してベストの時刻を待てば、間違いなく会心の作をものにすることが出来そうに思われた。そんな地点を見つけると、私はどうしてもそ

裏劒の岩小屋

のまま立ち去ることが出来なかった。そこで何としてもビバークしたくなるからであった。そのようにして、私の地図には⚠印がふえていった。つまり、⚠地点は単なるビバークの適地を示すだけでなく、他に一つ、私なりに撮影上の卓越性が不可欠な条件として備わっていなければならなかったのである。

或る年の夏、私は一人で槍ヶ岳から穂高小屋を目指したことがあった。好天に恵まれ、到るところで手間どり、北穂高にさしかかった時には長い夏の日も傾き、行手に金色の斜陽を半身に浴びた前穂高連峰が、刻々と陰影を深めて私の撮影欲をかき立てるのだった。

そんなチャンスに出会うと、決って目の前の風景が、今にも消えてしまいそうな思いに急き立てられ、不必要なほど慌てて夢中でシャッターを切ってしまう。そのあとやっと落着きを取り戻してピントグラスを覗くと、どうであろう、また一段と構図がよくなっているではないか、フィルムの浪費が悔まれたがもはや後の祭、という失敗がよくあった。

この時も正にその通りのケースで、条件が刻々と尻上りによくなっていくのである。そしてこの分では最高の時刻は日没直前に間違いないように思われた。

しかしそれをこの場でキャッチするには、時間的に穂高小屋泊りは断念せねばならぬ。私は何の躊躇もなくその場でのビバークを決意した。撮影を優先させたわけである。とにかくこのチャンスを見逃す手はない。幸い天候は絶対保証されていたし、北穂高のドーム状の岩峰の側面に、どうにか身を寄せられる窪みも見つかった。

　そのようにして、私は日没寸前の最高の条件でシャッターを切ることが出来たが、その代り、一枚のグランドシーツにくるまっての三千メートルに近い岩陰でのビバークは、寒さがいたく身にこたえて、夜っぴて星を眺めて過すという、高い場所代についた。しかし今考えると、ただ単にカメラワークの収穫とは別に、山の真髄に触れ、山と同化できた貴重な一夜として忘れえぬ思い出になっている。無論、北穂高小屋のなかった頃の話である。そのようにしてまた私の地図に⚠印が新たに記入された。

　五龍岳の白岳カールの上方にも同じマークが付けられている。戦前の或る年の五月半ば、

白岳（五龍岳）のビバーク

私は遠見尾根から五龍岳へ登って行ったことがあった。その時、私は珍しいことに中耳炎を患い、病院に通っていた。無論医者には無断で、これくらいのことは山へ行けば直ってしまう、と高をくくって出かけたのだった。それでも山中では、手拭いに雪を包んで悪いほうの耳を冷やしながら歩いた。幸い好天に恵まれ、無事頂上を極め、白岳まで降りて来た時には日も傾き、巨大なカールの雪面に斜陽の影が刻々と伸びていった。

その時、ふと視線を移すと、東の空に満月に近い月がぽっかりと浮かんでいるではないか。途端に私の気持ちが変った。予定を変更してここにビバークと決めた。その日は遠見小屋まで下る日程を組んでいたが、この月と好天を残して、とても私には下山は出来なかった。千載一遇ともいうべきチャンスを、なんとしてもカメラワークの上に生かしたかったからである。

十四日と思われるこの日の月は、明朝、五龍がモルゲンロートに映える頃、その頂上近くにかかっているはずである。それを見逃しては、山のカメラマンは失格である。

といって、その頃、五龍にはまだ山小屋はなかった。雨の心配はないにしても、辺りにはビバーク出来そうなところがそう都合よく見つかるはずはなかった。その一帯はおおらかな砂礫の稜線で、風下の急斜面から、ハイマツが稜線めがけて這いのぼって、雪庇《せっぴ》状の群落をつくっていた。その分厚いハイマツの枝葉と地面との隙間に、何とか身をずり込ませる余地がありそうに思われた。それよりほかには一夜を過す算段はつけられそうもなかった。

五龍残月（「アサヒカメラ」掲載　昭和26年）

何ぶん急な予定変更であったが、そう心が決まると余裕も出来、私は日が沈むまで五龍をめぐって、充分に翌朝の撮影の作戦計画を練った末、ハイマツの下陰にもぐり込んだ。そしてザックを空け、中に下半身を押し込むと、乾板の交換袋や尻皮を背に縛りつけ、その上あるだけの保温材料を身にまとうと、シーツを被って身を横たえた。

五龍白岳の⚠印は、そんな経緯から記入されたものであり、その時ものにした「五龍残月」は、私の作品の中でも最高に気に入った一つとして、「アサヒカメラ」に掲載され、また小著『尾根路』にも再度にわたって収録した。

こう考えてくると、⚠印は、私の山のカメラワークを支える心の古里であり、傑作を生み出す母胎のようにも思われる。

すぐれた作品は、山に密着し、同化した密度の高い山行生活から生れるという私の信条を白岳の⚠印は期せずして裏書きしているように思われる。

天狗原という地名は北アルプスには他に二ヶ所ほどあるが、これは中岳、南岳の東面下方にひろがるカール地帯である。ここには⚠印とは別に㊉印が付けられている。私が初めてこの天狗原に足を踏み入れた頃は、まだ一般には知られておらず、それだけに静かな別天地で、荒涼とした巨岩の荒野は、鬼気迫る天狗の棲処《すみか》を思わせるに充分なものがあった。霧の深い夕暮

夕日の白岳（五龍）「アサヒカメラ」表紙（昭和26年）に採用.
同『カメラ年鑑』に掲載

れなど、独りで歩いていると、ひょっこり天狗に出会いそうな幻想にひき込まれて無気味だったし、独りの夜のテントなど心細い限りだった。

上高地から槍へ通ずる賑やかな本通りから、ほんの一投足のところであるが、不思議なほどここを通る登山者は稀だった。私にとってはまたとないカメラワークの穴場になっていたばかりか、カール地形の観察には模範的な自然教室ともいえそうな内容の豊かさを誇っていた。それだけに、私のテント生活も長逗留になりがちであった。

時折、どうかして予定より早目に引き揚げることがあって、食糧の残りの処置に困ることがあった。持ち帰ってもまたすぐに運び込まねばならず二度手間になるからである。幸い辺り一帯の巨岩の間には到るところ大小の隙間があって、食糧を収納するには自然の冷蔵庫のように、まことにうってつけであった。

ところで、実際にはこれらの秘密の場所は、効力を発揮することはそうはなかった。ということは、もともと余った食糧の再度利用は、それほど重大に考えていなかったからで、ただ山中に、そのようなデポのあることを、折にふれて思い出して、独りの山旅にほのぼのとした心のゆとりをもたらすだけでよかったのである。

しかし、こうした食糧のデポには、一応注意深く目印をつけておくのであるが、いざという時、隠し場所を見失って戸惑うことがよくあった。

一度こんなことがあった。新越乗越に新しく小屋の出来た年であった。その年は稀に見る天候不順な年で、入山の日から下山の日まで雨に降られ通し、新越小屋滞留十二日という不本意な珍記録をつくる始末だった。

十三日目、ようやく迎えた晴れ間に、勇んで針ノ木を目指したが、それもほんの束の間、赤沢岳ではまた雨となり、長丁場をびしょ濡れになって針ノ木頂上に辿り着いた時は、いささか消耗して気も滅入っていた。

私は長い間、小雨まじりの霧の中にザックを下ろしてたたずんでいた。好天であれば、そこではかなりのカメラワークが見込まれていたからである。だが、いつまで待ってみても無駄のように思われた。そこから針ノ木小屋までは一時間ほどの行程に過ぎぬ。

その時、私はこの近くに秘密の食料倉庫のあったことを思い出していた。そして、確かそこには、桃缶とジュースがしまってあったことまで記憶に甦《よみがえ》った。そして無性に甘い飲み物への欲求を覚えた。疲労のせいもあったかも知れない。

この㊙印活用の思いつきは、途端に私を元気づけた。私は重い腰をあげた。頂上から峠に向けて二十分ばかり下ると、左手にマヤ窪のカールがひろがっていた。一面のウサギギクを飾った砂礫の斜面の所々に、島のように岩塊が露出していた。その中の一つの岩穴が目指す食料庫だった。目印には確かケルンを積んでおいたはずである。だが、附近にはそれらしい痕跡は何も見当らなかった。

確かにここに間違いない。しだいに甦ってくる当時の記憶を頼りに、繰り返し入念に目を凝らしているうち、あった。間違いなくあの時のケルンの残骸である。なつかしさに躍る心を押えて、見覚えのある岩穴に手を差し入れ、蓋の岩屑を取りのけた。

三年目に日の目を見た桃缶は、一面に赤錆をまとうて、私の掌にひんやりと手応えを返してきた。中味に一抹の不安を覚えたが、結構渇を潤すことが出来た。それもそのはず、高山の岩穴で、三年の間山の冷気を浴びて睡っていたわけであるから。その味わいにも、またひとしおのものが感じられた。

それはとにかく、山中でやたらに独自の泊り場を物色したり、余った食糧を隠匿しようとする私の癖は、どうやら或る種の野生動物の見せる習性と同質のもののようで、人類の長い進化の道程で、祖先たちがとうの昔にふるい落としたはずと考えられるのに、その名残りが、まだ私の体内のどこかに生きつづけていたのであろう。そしてそれがたまたま、山という原始の世界に出番を見つけて、顔を出してきたのかも知れない。

裏劔幻想
――山小屋を買い損ねた話――

第二次大戦の戦況が日に日に不利に傾き、前途に暗い翳を深めていった頃の話である。そんな急迫した情勢の中で、どう無理算段したのか、私はよく山へ出かけた。呆れたものだ、といわれそうだが、窮すれば通ずで、人間一途に思いつめると、大抵のことはやってのけられるもののようだ。それがこの場合、選りによって北アルプスでも一番遠い北のはずれ、劔岳に集中していたから、われながら感心する。それほど私は劔という山に惹かれ、とりわけ裏から眺める劔岳の荒涼としたたたたずまいが好きで足繁く通った。

そのせいもあって、その頃の私の写した裏劔は、私のデビュー作品の一つとして「アサヒカメラ」にも掲載されたし、私の最初の単行本『山岳写真傑作集』（アサヒカメラ臨時増刊）の表紙にも採用されている。

当時、東京から裏劔へは、順調にいってもアプローチに四日はかかる長旅だった。一日目は富山に泊り、二日目富山電鉄の一番に乗り、終点藤橋から歩き出し、称名《しょうみょう》坂を登ってその日は弘法小屋から追分小屋まで、三日目にやっと劔沢に足を踏み入れ、四日目にようやく待望の劔岳を裏から眺める池ノ平の一角に立つといった具合いで、その間、めったに登山者を見かけなかった。それどころか、南富山で乗り換えた富山電鉄もがら空きで、ザック姿の私は、気がひけて身の置きどころもない思いであった。そんな次第で、終点のホームには私がただ一人の乗客となって降り立つのが常であった。

そこから今度は徒歩による長いアプローチが待ち受けていて、ザックの重さが身にこたえた。称名滝に着いてやっと涼風を浴び、山深く分け入ったという実感と開放感が湧いて、ひと息つく間もなく称名坂の登りに大汗をかき、弥陀《みだ》ヶ原の一角、追分小屋に辿り着く頃には、ちょうど真赤な太陽が日本海に沈むのを眺めるといった日程だった。

翌日は標高二千メートルの弥陀ヶ原熔岩台地を行き、天狗平を経て室堂《むろどう》でひと休み。今ではこの辺りは立山観光の核心部に様相を変え、乗物を乗り継げば、一歩も歩く必要はなくなったし、信州側からも、黒部ルートに依れば充分日帰りが出来るようになった。

だが、その頃の裏劔を目指す者にとっては、それからが正念場だった。というのは、雷鳥沢の登りはさしたることはないが、その翌朝の劔沢小屋からが険路悪場のつづく難コースで、しばらく劔沢雪渓を下るよりほかなく、その辺りでクレバスを踏み崩した遭難事故も何度か伝えられていて、いたく神経を使った。考えてみれば、そうした長い難路をめぐらした不便さがあったればこそ、裏劔はいつまでも深い静寂を守りぬき、原始の姿を保ちつづけることが出来たのであろう。

　北アルプス広しといえども、裏劔をめぐる一角ほど、時世をよそに開発の触手を拒みつづけているところはない。それだけに山男にとっては貴く、また魅力の尽きない山域になっていた。

　私が初めて裏劔に足を踏み入れたのは、昭和十年頃の夏であったが、そのきっかけというのが、その頃目にしたあるガイドブックの口絵の劔の写真であった。何気ない図柄であったが、私には同じ山が、眺める方向を変えるだけで、こんなにも姿と雰囲気が違ってくるものかと、驚きとともに興趣をそそられ、なんとしてもこの目で確かめたい気に駆り立てられたのであった。

『田淵行男　山岳写真傑作集』表紙

　それから数年後、その裏劔を目の前にして立つことが出来た。裏劔は私の期待にたがわず、大空に向って巨大な花弁を並べた様に岩峰を競い立たせていた。壮絶なその変身ぶりに、私は目を奪われ、そこはかとなく漂う異国情緒に強く心を打たれた。

そして私を裏劔へと誘い込むもう一つのきっかけとなった池ノ平の小屋が、オオイタドリの茂みに囲まれ、むせ返るような草いきれの底にひっそりとうずくまっていた。小屋のまわりには、一面にノウゴイチゴが赤い実をつけていたのが、いかにも人気の疎さを語り顔だった。

小屋の前方は急崖を一気に黒部谷に削ぎ落とし、その向うに遠く後立山の山並みが望まれ、背後には小屋を取り巻いて赤茶けた大小の奇岩、鋭峰を聳《そばだ》て、深い谷をめぐらし、いかにも北アルプスの北の果て、という思いを誘った。

その頃は登山者の数も少なかったので、私は遠来の客として大変歓待され、野生の苺《いちご》が小皿に山盛りに添えてあったのが微笑ましかった。

私にとって、裏劔の第一印象はすべてが期待通り、いやそれ以上に素晴しいもので、以来病みつきとなり、足繁く通いつづけるようになった。だが、その頃から戦局不利の余波はこの山奥にもひしひしと押し寄せていた。

そんな頃、私は久しぶりに池ノ平を訪れた。小屋には志鷹さんと佐伯さんの二人きりで、登山者の姿は見えなかった。そしてその夜、囲炉裏《いろり》を囲んで四方山話の末、突然思いもかけぬ話が持ち出された。小屋を手放したいのだが引受け手の心当りはないだろうか、ということで

池ノ平小屋（昭和18年頃）

あった。青天の霹靂《へきれき》とは正にこのこと、話があまりにも重大なので、私はどうにも返答に窮してしまった。

その頃、私は独協中学の山岳部長の職にあった。そのことも、また私が並々ならぬ山好きなことも、小屋主は承知の上での話だった。つまり、学校の寮としてどうか、と打診されたわけであった。

当今の山をめぐっての情勢からはとうてい考えられぬことであるが、当時、山小屋の維持運営は想像以上の苦境に立たされ、正にどん底時代であったといえる。登山者の数は寥々《りょうりょう》たるもので、戦争は泥沼化を深めて、先行きは暗澹として全く見通しはつかなかった。といって勝手に閉鎖してしまうわけにもゆかず、物資の窮迫、人手不足を押して営業をつづけなければならぬ。利潤どころか維持するのも困難という、山小屋にとって最悪の苦難時代であった。

その時提示された一切を含めた価格は、六千円とのことであった。当時の貨幣価値を、今日に換算してみても実感はつかめないが、その頃、私の月収が百三十円ぐらいだったことでおよその見当がつけられると思う。その話を持ち出された時、私には少なくとも高い買物ではないように思われた。そんなこととは別に、もしかすると、学校の山岳部で、劔岳をめぐって専属の山小屋を持てるかも知れぬ、という夢のような希望で胸がわくわくしてきた。

それにしても、私は生来社交性に欠け、商取引きめいたことにはおよそ無縁であったが、それが所もあろうにこんな山の中で、しかもこのような大きな商談に直面したわけで、帰りの道はそのことで心がいっぱいで足が地につかなかった。その頃、大学などで、山や海浜に寮やクラブを持つ動きがぼつぼつ聞かれたので、私も乗気で話を進めたいと思い、一応保留ということにして山を下った。

帰京後、早速学校当局に詳しく事情を具申し、意向を打診した。その結果、山のことはよく解らぬので、一切の交渉を任せる、との充分脈のある了解を取りつけることが出来、この時点で池ノ平小屋取得の可能性はかなり現実性を帯びてきた。そうなると、一方で私の責任は重大になり、いやが上にも慎重を期さなければならなくなり、簡単には結論は出せなかった。

というのは、この件に関し、当初から一つ私に気がかりなことがあって、決断を渋らせていたからであった。それは池ノ平小屋の立地条件つまり位置関係で、中学校の寮としてはいかにも不便だという一点であった。

　現在のように高校、大学と併設された綜合学園であれば、そうした懸念はだいぶ軽減されたであろうが、単独の一中学校用としては、辺鄙《へんぴ》に過ぎて負担が重く、黒部廻りのコースをとるにしても、アプローチが長過ぎるし、欲をいえば夏だけでなく春、秋と幅広く活用出来ることが望ましかった。この点が私の心に拭い切れぬ翳を落として、ふんぎりを遅らせていたのであった。

　その間、戦況は日に日に不利に傾き、いたるところ末期的様相を深め、世をあげて山どころではなくなっていった。その上、私も一身上の都合で職を退いたりして、この山小屋をめぐっての結着はつけられぬまま、立ち消えの形で終ってしまっ

池ノ平小屋にて（昭和18年頃，右端が著者）

た。

　戦後、私は何度か裏劔に足を踏み入れているが、その頃、各地の山をめぐっての開発にはすさまじいものがあった。だが裏劔の一角だけは、時流をよそに不思議なほど様変りは見られなかった。私には、裏劔は大筋では依然として北アルプスの秘境としての境地を守り、劔岳も昔のままに岩峰を乱立させたまま静寂をむさぼりつづけているように見えた。

　それにつけても、もしもあの時、私が強引に池ノ平小屋を寮として取得へと話を進めていたら、今頃はどうなっているであろうか。開発の手の容易に届かぬ戦後の推移から考えて、私の懸念通り、中学校の寮として分不相応の重荷となったかも知れぬと思うと、当時の私の判断は間違っていなかったように思われ、いまさらのようにほっとする。

　そのくせ、一方では、戦後間もなく学校経営面で大学部の併設を見るなど、強化された現在では、裏劔小屋は大学山岳部の拠点として、充分活用出来たのではないかとも思い返され、私が先見の明を欠き、またとないチャンスを取り逃したのではないかと無性に悔まれるのである。

　今でも時折、私は古いアルバムをめくっていて、ふとその頃の写真を目にすると、四十年もの年月を遡《さかのぼ》って、若い日の山が回想の中に甦《よみがえ》り、私にとって、一生に一度というべき裏劔での大取引きが思い起され、胸がときめきつづけるのである。

囲炉裏とランプ
——古いアルバムに寄せて——

私の古い山のアルバムを開けると、しきりに山小屋の写真が目につく。そのどれもが半世紀も前に写したものばかりであるから、若い人たちには、すぐにはそれがどこの山小屋なのかわからないかもしれない。しかし私にとっては、それらのどの一枚をとってみても、当時の思い出がまつわりついていて、なつかしいばかりか、わが国の山岳史上かけがえのない形見として両の手で力いっぱい抱きしめてやりたい思いに駆られる。

その頃の山小屋は、皆小さく、素朴で、それぞれの雰囲気を身につけていた。明るい稜線に、ひっそりとハイマツに囲まれて建っていたり、高原の夕日を浴び

山小屋の囲炉裏　八ヶ岳鉱泉にて（昭和10年頃）

て、ぽつんと置き忘れられたようにうずくまっていたり、時にまた深い黒木の森の中に、丸太造りの姿で霧に包まれ静まりかえっていた。

そして、不思議なことに、それらの山小屋を写したどの写真にも、人影が見えていない。今時の山小屋で、人の入らないような狙い方は、なかなか出来るものではない。第一、手放しで山小屋と呼べるような小さな山宿は、現在、どこにも残っていないのではあるまいか。

人影のない山小屋の写真は、その頃の山の静けさや、山旅の情緒を的確にしのばせる、二度と撮れない貴重な記録と思われる。

私は、その頃の山小屋の雰囲気に、よほど心を惹かれていたとみえ、初めて泊った各山小屋を後にする時、カメラに収めることを決して忘れなかった。

そして、その頃の山小屋には、他にもう一つ、私が強く心を惹かれるものがあった。それは山を開いた初代の小屋主の、謦咳《けいがい》に接する楽しみであった。山に徹し、山に生きたパイオニアの茫洋とした風貌には、異色の人間像として、ひと味違った魅力が感じられた。気骨に富み、武骨で、飄々としてひと癖身につけた小屋主が、どこの山小屋の炉端にも、どっしりと座を構えていたのも、その頃の山の大きな牽引力になっていたのは確かである。

そんなわけで、例え一夜の泊りの短い交流であっても、深く心に刻み込まれるものがあり、終生忘れ得ぬ思い出として心に残るのであろう。

こうした思いは、あながち私だけのことではなかったようである。

というのは、その頃私の引率した女学生のパーティーが、後日、その山旅の回想記をまとめたものや、いろいろな会合の席での話題が、意外にも、山そのものの景観から受けた印象より、むしろ山小屋をめぐっての生活にもとづいたものが、より多かったからである。

当時、大抵の山小屋には、蒲莫蓙《がまござ》を敷きつめた広間の真中に大きな囲炉裏《いろり》が切ってあって、

烏帽子小屋

薬師岳　太郎平小屋

三俣蓮華小屋

夕食後のひととき、泊り合わせた登山者の誰からともなく炉端に集まり、和やかな団欒《だんらん》の場になった。素朴な山の社交場というわけである。

そしてその際、煤けた石油ランプが、その場の雰囲気を盛りあげる小道具として欠かせないものになっていた。無論山小屋の主人も、手伝いの人たちもガイド連中も、必ずその団欒の輪に加わったものである。途切れがちに口をついて出る山人の話は、臨場感に溢れ、もの珍しさとともに、都会育ちの女の子たちを別世界に引きずり込まずにはおかぬ魅力に満ちて、よほど強く心に刻みつけられたように思われる。

だからこそ、幾年を経ても山旅の思い出の中に、真先に山小屋の囲炉裏端のひとときが甦《よみがえ》ってくるのであろう。

一度こんなことがあった。裏銀座縦走の時で、三俣蓮華小屋でのことであった。前もって日程を各山小屋に連絡しておくことにしていたので、その時も大変歓待され、夕食の膳に見事なイワナの塩焼がのぼってきた。後で聞いたところによると、その日のため、形の揃った二十数匹のイワナを調達することは、並大抵ではなかった由、その点山小屋としては破格の歓待であったわけである。

ところが都会育ちの乙女たちの過半数が、箸をつけようとはしないのであった。初めて見る山の珍味を、敬遠してしまったわけである。

私は慌てた。好意に対して何と詫びてよいか困惑したが、これだけはリーダーとしてもどうすることも出来ない。やむを得ず六人のガイドに、訳を話してイワナの処理を依頼した。私ども職員も、思わぬところでイワナの大盤ぶるまいに与《あずか》ったという次第であった。

そんなことがあるので、リーダーとしては、事前に参加者にはそれぞれ各自で好物の副食物の類を、最少限度持参するよう申し渡すことを忘れてはならなかった。私は今でも古いアルバ

双六小屋

針ノ木小屋

鹿島槍　冷池小屋

ムをめくって、その頃の山小屋を見出すたびに、囲炉裏端で過した山の時刻が思い出される。

わが国山小屋の沿革史というようなことを考える場合、この囲炉裏と石油ランプの存在は大変重要で、従ってその消滅が大きな転機となったことを見逃すことは出来ないと思う。囲炉裏が山小屋から姿を消すとともに、わが国の登山の世界はいろいろな面で大きく変った。山小屋経営の上にも、登山風俗史にも、また自然保護の施策にも、大きな節目を迎えるにいたったことが指摘される。

昭和十年頃までの山では、どこの山小屋でも同じであったが、出発の朝は山小屋の人たちは皆決って外へ出て見送ってくれたものであった。女学生たちも後をふり返りふり返り、山小屋が見えなくなるまで手を振っていた。

昔の山小屋には、囲炉裏とか、ランプといった素

谷川岳肩ノ小屋にて（昭和15年頃）

朴な用具を介して、山の人たちとの心の触れ合いがあったし、同宿の登山者同士の間でも、同好者としての快い交歓の場が持てたものである。見知らぬ者同士が職業、年齢、性別、その他下界での生活一切の制約を忘れ、山が好きというその一点だけで、何の屈託もなく打ちとけて、山の一夜を語り合えたのも、それがランプの灯影と囲炉裏の醸し出す安らぎであったわけである。ダケカンバの大きなトッコが、ちろちろとあげる白い炎を見つめているだけで、山への思いが心に満ち隘れ、蜜柑色のランプの明りのもとで、煙に噎《むせ》ぶだけで山にある喜びが体中にひろがっていく。

囲炉裏こそ、山小屋のシンボルであり、心の故里であり、山への哀歓を育て、山への郷愁をはぐくむ拠点であった。

そんなわけで、私はどんなことがあっても出発の朝には一夜の宿の姿を写しとめないではおられなかった。例えどのようにフィルムの持ち合わせが先行き心細く案じられても、山小屋を写すためには少しの躊躇もなく振りあてることができた。

今にして思えば、こうして溜っていったその頃の山小屋の姿は、私にとって、単に山の景観を写したものとは比べものにならないほど貴重な山旅の記録として、古き良き時代の山旅をしのぶ、かけがえのないよすがになっている。

人が怖かった話

人が怖《こわ》い、などというと、人間不信につながる、はなはだ不穏当な発言にとられそうだが、戦時中から戦後にかけて、疲弊の度は日に日に深刻さを加え、物資面の窮迫、人心の荒廃が極限に達しようとしていた頃の話である。

その頃、山に入って行くのは並大抵のことではなかった。払い切れない罪科意識と戦いながら、逃げるように列車に乗り込んだものだった。下手すると非国民呼ばわりを受けかねなかったからである。そして、やっと辿り着いた山であったが、そこではそれなりの苦労が待ち構えていて、のんびりどころではなかった。

その頃であった。わが国の登山史上、前代未聞ともいえる惨事が相次いで報ぜられ、世を震撼させ、登山界を恐怖の坩堝《るつぼ》に投入したのは。

それはたしか、奥秩父山中で行方不明になっていた単独登山者が、所持品一切、着衣まで剝ぎとられた上、炭焼小屋で死体となって発見されるという事件であった。またそれと前後して、今度は北アルプス高瀬入りの濁小屋で、それと全く同じような遭難が世間を騒がせたことであった。

当時、私はもっぱら単独行を建前にしていただけに、山中絶えず戦々兢々《せんせんきょうきょう》として、今考えると、人との出会いに過剰なまでに神経を尖らし、瞬時も警戒を弛めることはできなかった。ここで人が怖いというのは、そうした暗い世相を背景にした、当時の山行の偽りない実態なのである。別して単独行の場合、所持品は無論のこと、服装にしても心して目立たぬよう気を配らねばならなかった。

当時の山小屋について思い出されることは、備え付けの寝具に外被のないものがあったことである。つまり、中味の綿だけの蒲団である。盗難に備えての事前の処置であったか、剝《は》ぎ盗《と》られたためであったか、とにかく私は幾度も、そうした綿だけの蒲団にくるまって寝た翌朝、まるで雪だるまのような、綿屑だらけのていたらくになり、いたく困惑したことが思い出される。

その頃の山行に、私はよく夜道をかけて歩いた。夜行登山が別段好きなわけではなかったが、勤めの関係で、時間を節約する必要上採用した窮余の一策であった。しかしこの夜行登山を重ねているうち、昼間の山歩きでは気づかない幾多の味わいというか、メリットを見つけることが出来た。

東京を夕刻発って目的地の最寄り駅に真夜中に着き、夜道を歩いて夜の白む頃に目指す山の麓に辿り着くという段取りである。この夜行登山で第一に困るのは、入り組んだ里道でまごつかねばならぬことで、聞き質《ただ》そうにも人影はなく、人家はみな寝静まっていてとりつくしまがないからである。

その次には犬に吠えられることである。それも一匹や二匹ならとにかく、山里ではよく放し飼いされた五、六匹の群れにとり巻かれて難渋した。何ぶんこちらは大きなザックにピッケルを携えた異様な風体であるから、犬が見逃すはずはない。執拗につけまわされ、寿命の縮む思いをした覚えがある。

そして、目指す山の麓に夜明け近く辿り着く頃には、きまって睡魔に襲われる。そのような時、気を許してうっかり腰をおろそうものなら、ついそのまま睡りこんでしまい、目が覚めた時には日は高く昇っているといったこともたびたびあった。夜駆け山行に長休みは絶対に禁物であった。中央沿線の山は、そうした夜行列車を利用する山行には都合がよかったので、鳳《ほう》凰《おう》山塊や甲斐駒、奥秩父にはよくその手を使ったものである。

或る年の秋、新宿発十時頃の夜行で発ち、真夜中穴山に降り、例によって夜道をかけて鳳凰山塊を志したことがあった。秋も最中《さなか》の明るい晩であったので、おそらく中秋明月の夜に当っていたのかも知れない。というのは、私はひと頃、山中で見る月に撮影の題材としてひとしお心を惹かれ、満月が近づくと家に落着いてはいられなかったものである。

満月の夜道はランタンをつける必要は全くなかった。月光に白く浮かび上った川沿いの広い道をたぐり寄せられるように山峡へと入って行った。左手には小武川《こむ》の広い河原がひろがり、時に瀬音が足元近くに迫ってきた。一体、流れに沿うた夜更けの道は、淋しいのを通り越して不気味で、何となく水の中に引きずり込まれそうな気持ちに襲われる。瀬音に妨げられて、他の物音が区別出来なくなるからであろう。いわば音を通じて危険を予知し、本能的に自己防衛することが妨げられるからであろう。

そんな気持ちにさいなまれながら、足を運んで行く真直ぐな道の行手に、折も折、ぽつんと黒く人影が浮かんだではないか。時は正しく丑三《うしみ》つ刻《どき》、小武川の瀬音が、轟々《ごうごう》と耳を聾《ろう》するばかりの、山峡の月光に洗い出されたような一本道の上である。どの一つの状況をとりあげても、人と遭遇するまともな条件から明らかにはみだしている。私は背筋に一瞬冷気の走るのを覚えた。だが道は一筋、いまさら横へ外れるわけにはいかない。二つの人影は、月光に浮かび上った真夜中の路上でしだいに距離を縮めていった。この場合、唯一のせめてもの救いは、私も、そして恐らく先方も、互いにその出現をあらかじめ確認でき、その間心の準備が出来、出会いがしらの驚愕だけは避けられたことであった。

私がその時、どのようにこの奇怪な出会いに対処したか、はっきり覚えていないが、相手が中年の男性で、手にした大きなバケツに溢れんばかりの魚が月光に白い腹を光らせていたことだけは、はっきり覚えている。これは後日、私の推測であるが、人の寝静まるはずの時間に、そのような漁《すなどり》は、なんとなくまともな行為ではないように思われた。とすれば、この出会いは両者、特に先方にとっては決して歓迎されるものではなかったはずである。

そして、少なくとも、私がいぶかしんだのと同じように、相手も深夜の入山者に、定めし強い不審感を抱いたに違いなかったであろう。当然行先とか、日程を聞かれたと思われるが、私は意識して言葉を濁したような気がする。

人が怖いというのは、このような場合である。山中の真夜中、一対一での出会い、しかもなにか曰くありげな疑惑めいた要素を秘めている。とにかく異常で、何かが起り得る条件は充分揃っているように思われる。そして、いやでもその頃の山での残虐な遭難事件が連想され、以後山中滞在中、私は何かにつけて人間不信の幻想に追いまわされねばならなかった。

＊

これもその頃の秋半ばの出来事であった。当時、北アルプスの山小屋には、非常用の米、味噌の常備が義務づけられていて、登山者の自由な使用に任せてあった頃の話である。私は一人で唐松小屋を根城に幾日かをあてて附近を撮り歩いたことがあった。

その日、好天を幸い五龍まで足を伸ばし、予期以上の成果に心も軽く小屋に帰り着き、夕食の支度に余念がなかった。秋の日は暮れるに早く、外は刻々と暗さを増していったが、一応目

唐松小屋（昭和10年頃）

的を達した満足感で、私の心は明るかった。明日は引き揚げようか、などと考えて、その日の出来事を反芻《はんすう》しながら、土間で焚火を見つめていると知らず識らず軽い鼻唄も口をついて出る、といった上気嫌であった。

と、その時、西側に向った窓が急に何かの影で遮られたような気がして、何気なく顔を上げた途端、私はあっと声をあげて危うく尻餅をつくところだった。窓の左右から硝子越しに人の顔が二つ、覗き込んで笑っているではないか。

こんな時刻、こんなところで、誰に人との出会いが予期出来たであろう。後で解ったことであったが、その人たちは山師で、自分たちはザイル一本に命を託して鉱脈を探して歩くのが仕事で、人の歩いたような所を歩いたのでは商売にはならぬ、と豪語し、のるかそるかの山歩きだとも語っていた。

何とも物凄く、荒々しく、とりつきにくい人たちで、私にはどうにも最後までうちとけられなかった。私はこれまで山中で、どんな初対面の場合でも第六感が働いて、かなり正確に人物評定を下して誤らず、それなりの親しみと安心感が湧いてくるのだったが、この場合は残念ながらそうはいかなかった。

これはえらいことになった。今夜はその凄い、いわば山のアウトロウともいえそうな荒くれ二人と一夜を共にしなければならぬとは。どうにも気が重く不安で、正直いって怖かった。そのうち、二人連れから飲料水のことを聞かれたので、私はいつもの水場の水は涸れてない旨を告げ、私が前日八方池からの汲み置きがあるからと、一升瓶一本を提供した。それによっていわば一つ貸しが出来たわけで、若干気が楽になった。

その頃の唐松小屋は、毎朝薄氷の張る寒さであったが、連中は手馴れたもので、どう工面したか土間で豪勢な焚火を始め、その熾《おき》で二階に炬燵《こたつ》をしつらえた。その点はまことに快適で、炬燵の恩恵に浴して横になったものの、どうも気になって寝るどころではなかった。そしてこの場合も、第一印象にもとづく先入観が、いかに強い影響をもたらすものか、つくづく思い知らされた。

それにしてもあの薄明りの窓から覗きこんだ二つの笑い顔の第一印象は、よほど深く私の心に恐怖心を植え付けてしまったようであった。相手は荒くれ男の二人組、妙な気でも起されたらと、嫌な想像が次々に浮かんで、とうとうその夜は一睡も出来なかった。

＊

この話の舞台は大滝小屋へ移る。というと、私にとっては地元でもあり、いわば縄張り内での出来事であった。その頃、私は新雪を狙って、毎年十月二十日過ぎには大滝小屋に登ることにしていた。（蝶ヶ岳にはまだ小屋はなかった。）ちょうどその頃が新雪の時期に当っていたからである。この時も新雪の山の撮影が狙いであった。

小屋仕舞いをした薄暗い無人小屋で、雪を待って無聊の四日間を過し、その夕方にようやく待望の雪が降り出した。明朝こそチャンス到来間違いなしと、炉端に焚火を掻き立て、刻々と白一色に変っていく外の気配に目を馳せていると、何となく入口近くに人の気配を感じた。こんな時に、と聞き耳を立てた途端、激しい物音に仰天した。

私はすぐにそれが入口の戸を力任せにこじ開けようとしている音だと気づき、あわてて走り寄って、出入口は別にあることを告げようとしたが間に合わなかった。玄関の戸に打ちつけてあった二枚の板が地面に剝ぎ倒されたかと思うと、入口の戸が強引に押し開けられ、私は二つの人影と向い合っていた。見れば髭だらけの大男である。二人とも古めかしい銃を肩に、鉈《なた》と鋸《のこぎり》を腰にした物々しいいでたちである。

先方も私がいたのにいささか意外の面持ちであった。話によればこの辺りに熊が出没すると聞いて来たとのこと、無論見たことのない人たちで、どうも地元の人たちではなさそうに思われた。二人の話の中に近くの地名が全く聞かれなかったからである。それにしてもこの第一印象は甚《はなは》だ芳しくなく、私には最後まで警戒心を弛めることができなかった。

それより驚いたのは、猟師だけあってやること為すことが桁はずれに荒っぽく、大規模で、しかも早かったことである。床の上に二メートルほどの丸太が幾本もころがっていた。これは冬季間屋根の支えに使用する大切な補強材である。それを持参の鋸でみるみる切り刻んでしまった。次は倒れたままになっていた入口の補強用の板をいとも簡単にこなして、燃料に変えてしまった。

お陰で私の細々とした焚火とは、桁違いの豪勢な火が燃えあがった。次にはどこから見つけてきたか数枚の筵《むしろ》で辺りを器用に囲ってしまった。少々けむいが実に暖かい。ちょっとした山賊の住処《すみか》のような雰囲気である。同じ山男でも、私とは生活能力に雲泥の違いがあった。

私はただただあきれて見守るばかり、かたわらに小さくなっているより仕方なかった。内心では、このように小屋を荒されるのを目前にして、当然一言あって然るべきで、懇意の小屋主の中村さんに対し甚だ義理を欠く次第であるが、小屋に関わりのある者だなどと口にするきっかけはどこにも見つからなかったし、そんな雰囲気ではない。第一相手が悪い。うっかりしたことはいわぬに限ると為すがままに見送るよりほかなかった。

その時、私はふとザックのタッシェに舶来の煙草ラッキーストライク一箱の入れてあったことを思い出した。おそらく小屋仕舞いの中村さんへのささやかな手土産のつもりであったと思われる。惜しいと思ったが、この場合は止むを得ぬし、それに中村さんへ渡すすべもなくなったので、思い切って進呈することにした。果せるかな、その貢物の効果覿面《てきめん》、とたんに雰囲気がやわらいで、その夜の焚火を囲んでの話に、この雪が止めば月夜だから必ず兎《うさぎ》が獲れる。明日は兎汁の御馳走間違いなし、とのことであったが、夜中降雪がつづき、とうとう兎汁にはありつけなかった。

その頃の大滝小屋

そして翌朝、私が雲の切れ間に残月を狙っている間に、ゴム長靴に荒縄を巻きつけて、二人の猟師はそそくさと小屋を出て行った。その夜もまた戻ってくるとの言葉を残して。私はびくびくもので落着かなかったが、二人の猟師はそのまま二度と帰ってこなかった。

*

これもその頃の秋の末、奥秩父からの帰り道の出来事であった。この日私は、国師岳から奥仙丈岳を経て、塩山への下り道が、とうの昔廃道になっているのも知らず、それに迷い込んでさんざんな目に遭い、やっとの思いで麓の木馬道に降り立った時には、秋の日はすでに山の端に傾いていた。

どこの山麓でもよく見かける、古い木馬道は、山を下ってきた登山者には、長くて単調な辛い道になっていた。平坦な点はよいとして、不揃いな枕木の間隔に制約されて、足の運びに気を使わねばならぬからである。その退屈な道に飽き飽きして、もうそろそろ終る頃だろうと、それだけを心の支えに重い足を運んで行くが、どこまで行っても終点に辿り着けなかった。

この日の琴川沿いの木馬道は、やっと半ばを越した辺りで日が落ちてしまった。暮れるに早い秋の日は、ひと足ごとに夕闇を深め、足元はさだかでないが、惰性のせいで視界はその割に明るかった。私はランタンに灯をつけると歩行速度が落ちるので、なるべく無灯のまま一時を惜しんで足を速めていった。

そのうち、ふと目の前に何かが立ちはだかったような気配を感じて顔を起した。途端、私は思わず声をあげてものの見事に尻餅をついてしまった。目の前一尺と離れないところに、乱れ髪の若い女人の笑い顔と向き合ったからである。相手の人は何かを言ったようであったが、私は驚きとバツの悪さでうわの空であった。逃げるようにその場を後にしたが、事情はこうであった。

相手の婦人というのは、そのあたりの発電所の家人で、その時、女の子を伴って川下の知人のところに貰い風呂に行った帰途とのことであった。歩き慣れた道でもあり、燈火もつけず家路を急いでいたのであった。そこへ私が無燈のまままっしぐらに歩いてくる。先方は早くから私のひきずるピッケルの音に気づき、道をよけていてくれたのだったが、狭い道のこと、面と向い合うことになったわけである。

奥秩父国師岳より下山の折、廃道のトロッコ道に迷い込む

笑っていたのは、こちらに対して驚かさないようにとの心づかいであったが、夕闇の中、心も虚ろに歩いている私にしてみれば、いきなり乱れ髪の女人の笑い顔との正面衝突となり、折角の配慮も仇となり、寿命の縮まる思いをしたという次第であった。

初秋の常念一ノ沢

昨年（昭和三十六年）九月半ば、山の紅葉には少し間がありそうに思われたが、私は常念行を思い立ち、いつものように豊科発一番バスに乗った。終点須砂渡でバスから降りたのは私一人だった。

用水取入口の橋を渡ると、そこから常念への一ノ沢コースが始まる。この辺りは珍しいことに昔とそれほど様子は変っていなかった。

以前私どもは、この近くの牧村に住んでいたので、その頃この辺りは裏庭のように歩きまわった所であった。登山道はそこから発電所の送水鉄管に沿うて、ほんの僅かの間急な勾配で登って行く。アカマツを交えた鬱蒼とした林に日射しが遮られて、そこだけはいつでも冷え冷えとした大気が澱《よど》んでいた。

私はその日、その小さな坂を登りつめた道端に、思いがけず一本のキノコを見つけた。そのキノコは、初秋の木洩《こも》れ日の底に、半ば枯松葉に埋もれていた。私は予期しないこの季節の先駆けとの出会いに、一瞬心を動かし、歩みを弛《ゆる》めた。

常念一ノ沢源頭、高山蝶探究の基地

この辺りは、牧村に住んでいた頃、秋になるとキノコを探してよく歩いた所である。そんな思い出も心に甦《よみがえ》ってくる。キノコ狩りは、その頃の私どもの楽しい季節の行楽になっていたからである。

考えてみれば、そうした山裾の寓居を離れて、現在の安曇野の町中に移り住んで以来、季節の山野を歩き、自然の中に身を浸す喜びから何時とはなしに遠去かっていたわけである。それならばなおのこと、今、目の前に見出した季節の景物に、私の心はもっと激しく揺り動かされてよいはずであり、久し振りに出会ったそのキノコに、なつかしさがもっと強く感じられて当然のはずであった。

だが、私は、現に自分が直面している現

実に対する私自身の反応が、余りにも微弱なのに慌てないわけにはいかなかった。それは不思議なことであり、奇異なことにも思われた。

私は、その小さな黄褐色の頭をもたげた、この地でリコボと呼ばれていたキノコに、冷静な一瞥を投げかけただけで、コースに沿うて足を運んだ。だが、さすがに道々、そうした自然に対応する私自身の変り方を、いぶかしく反省しないわけにはいかなかった。

というのは先に述べたように、私はこれまでキノコからは秋の景物として季節感を最も切実にうけていたし、味覚の対象としても大きな魅力になっていたからである。

しかし、考えてみれば、私どもの生活は、このごろでは一年を通じ、随時キノコに取り巻かれている。この地方のキノコの人工栽培は、近頃特に盛んになってきた。季節を無視し、自然の暦を尻目に、私どもの感覚を惑わし、味覚を攪乱《かくらん》し、その結果は季節と結びついた本来の自然物を疎外し、本物の真価を失わせていく。私のような頑固な自然至上主義者には、季節を無視して横行する人工自然物の姿に、困惑するとともに、自然物を含め、キノコ全体に対する不信感、不感症を招き、それが嫌悪感にまで発展しそうな気配を感じさせる。

だがそんなことにかかわりなく、そうした季節感のゆがみは、しだいに一般化され、定着して、それが既定事実として生活の中に根をひろげていく。実生活の中では、キノコはもはや秋のものではなく、山野の幸とはいえなくなった感じがする。

私はゆくりなくも、初秋の山路で見つけたキノコをきっかけに、最近頓《とみ》に生彩を失い、乱されていく季節感と、年ごとに枯渇していく自然性について、考えさせられないではいられなかった。

ところで私が意外に感じたことは、そうした世の移り変りに、超然と己れを堅持したつもりの私自身が、知らず識らずのうちに素直な季節感を乱され、いつのまにか人工的な季節感に毒され、麻痺させられていたことである。田舎に住む者の喜びは、本来、純粋無垢な自然に取り巻かれ、正常な季節感に浴し得られるところにあったはずである。それに気づいた時、私は愕然とした。

山路で見つけた正真正銘の季節の景物が、何とも色褪せて、空虚に私の目に映ったことが侘しかった。

私はこれから一体どのように自然を考え、季節と向い合っていけばよいのであろうか。自然のあらゆる生きものは、正しい季節の暦の中に、正しい速度を守り、正しい序列の中に組み込まれてこそ初めて美しく、楽しく、そして豊かに人の心を潤し、ほのぼのと生活の中に溶けこんでいくはずである。

この日、私が常念登山道で見つけたキノコはまぎれもない本物のはずであった。しかし私の心は、それを区別しようとはしなかった。私のキノコに対する夢は薄れ、キノコに託した季節への憧れは、いつのまにか感応を忘れていたのである。

私どもは昔のように、生粋の日の光と、自然の風の中でのびのびと育った季節の幸を、日常の食卓から次つぎに失って、肌に感じる季節と、視覚や味覚からうける季節とが、食い違い反発しあって、生活を乱していく。

とめどなく独走しつづける人工季節の陰に、本物の季節は影を薄めていき、人工自然物の跳梁に、本物が精彩を失っていく。こうした悪循環の行きつくところには季節感の混乱と、自然に対する魅力喪失という、かなしい事態だけが残されていく。

初秋の山路で、ゆくりなくも見つけた小さなキノコをめぐって、私はそんなことを考えながら、いつのまにか大助小屋を行き過ぎ、行手に心なし秋の気配の漂う常念の峰を望む一ノ沢道にさしかかろうとしていた。

雨の横尾

——熊の棲む谷で——

上高地といっても、ここでは少しその範囲をひろげ、徳沢、横尾と、さらに岳沢を含めた一帯である。この一帯が、昔から高山蝶の名所になっていたことは前にも触れたが、その核心部が上高地から横尾へかけての梓の谷筋である。

蝶の名所というのもおかしないい方であるが、ここは本州に産する高山蝶九種類のうち、高い稜線に棲む二種類を除いた、残りすべての種類をこの地域で見ることの出来る貴重な棲息地になっていた。一般には、蝶の季節といえば、蝶の飛びまわる夏ということになるが、われわれ蝶を専門にやっている者にとっては、むしろその幼虫の季節に心を惹かれることが強く、従って蝶の季節も前後に大きくひろがっているわけで、その意味からも、梓の谷筋は、生態観察の上から真に能率のよいフィールドになっていた。

なかでもクモマツマキチョウとオオイチモンジは、いわばここの二つの目玉ともいえる種類で、特に前種については、その幼虫の時期が、六月中旬の梅雨時に重なっていたのでなかなか調査の機会がなかった。

なんとかして、その空白部を埋めたいものと、或る年、私は雨に降り籠められることを覚悟の上、入山を決意し、横尾谷出合にテントを張ったことがあった。

上高地から、雨の中を重いテントを担いで、びしょ濡れになって横尾のキャンプサイトに辿り着いた。夏山のシーズンには、張り場もないほどに色とりどりのテントで充満する広い河原には、どこを見まわしても一つのテントも見つからなかった。広いキャンプサイトは、選りどり見どりで、好きな所にテントを張ることができたものの、雨の中、一人でテントをひろげるのは、何とも気が滅入って、とり返しのつかないことをしてしまったような、後悔の思いが湧いて、どうにも気乗りがしない。

ひと通り濡れたものを片付け、どうにかテントの中に落着いたかと思うと、休むまもなく、すぐに今度は雨漏りの対策に追われる始末、その間、一つだけの救いは、河原は砂地のせいで、水はけだけは滅法よく、排水溝を掘る手間のはぶけたことだけであった。

予期したところであったが、翌日も、またその翌日も雨で、私は終日一歩も外に出ることが出来なかった。四日目になると、どうにも我慢出来なくなり、濡れるのを覚悟で、充分身仕度の上、そぼ降る雨の中へ飛び出した。

ちょうどその頃が、この谷筋でクモマツマキチョウが孵化《ふか》し、若い幼虫が育つ季節に当っていた。私が入山を決行したのも、そうした部分の生態観察のギャップを埋めるためであった。

横尾谷のクモマツマキチョウの産卵地

私は、人影のない横尾谷を登山道沿いに、岩小屋まで登り、そこから左岸沿いに出合まで折り返し、そこから右岸に移り、徳沢を経て上高地まで見て歩くつもりであった。

横尾から上高地までの梓川右岸沿いの登山道は、穂苅新道と呼ばれていた。だがこの時、私は、そのルートからそれて川岸沿いに歩く必要があった。というのは、観察目標のクモマツマキチョウの食草の成育地が、河原になっていたからである。前穂高から明神岳にかけての山腹から、途中何ヶ所か小さな支流が流れ込んでいた。普段は水量も少なく、通過にはなんの支障もなかったが、困ったことに連日の雨で意外に水量が増していたので、その都度徒渉にいたく気を使わねばならなかった。その度に下半身水びたしになった。

時折雨雲が切れて、前穂高岳の一角がのぞいた。

したたるような新緑の上に、豊かな残雪をちりばめた初夏の山肌が、目に沁《し》みて美しかった。考えてみれば、この季節の山は、私にとっては山岳景観の上からも、長い間盲点になっていたような気がする。それだけに、梅雨季の晴間に垣間見た六月の渓谷の新緑は、何とも驚きであったし、嬉しい発見として、私の山の観照に大きなひろがりをもたらした。

そして、それにも増して私を有頂天にしたことは、予期以上の、目指す高山蝶についての生態観察上の成果のあったことであった。夥《おびただ》しい卵や、若令幼虫を確認し、私は雨中も厭《いと》わずカメラを立て、収録し、堪能するまで観察することが出来た。この蝶は、高山蝶の中でも、その出現期がとびぬけて早く、この辺りでは六月半ば頃が最盛期になっていて、好んで谷筋に姿が見られるのは、河原や崩壊地が、食草のミヤマハタザオやイワハタザオの生育地になっていたからである。クモマツマキチョウはこの草の蕾《つぼみ》や花茎に卵を産みつけ、幼虫もその実を食料にしていた。

私はそうしたこの蝶の生活史の実態調査に、予期以上の成果を挙げ、心も軽かった。しかし、その後も、雨は小止みなく降りつづいて、いつ晴れるとも見通しはつかなかった。私の予定していた、横尾から上方にかけての調査を残していたが、その方面は足場も悪く、雨中の調査は無理と思われた。そろそろ引き揚げの潮時かも知れない。いずれ明朝の空模様次第で、と心に決め、テントを打つ雨の音を聞きながら寝についた。

その夜のことであった。私は何かの気配でふと夢を破られた。テントの外で物音がしたようだった。外には食器類と飯盒《はんごう》が放置されていた。私はてっきり鼠の仕業《しわざ》に相違ないと思った。これまでにもそうしたことをたびたび経験していたからである。私は内からテントを二、三度軽く叩いた。物音はそれきりしなくなった。やはり鼠だった、そう思いこんで眠りにおちていった。

そして翌朝、テントを打つ雨の音で目を覚ました時、私は下山の決意をはっきり固めていた。それでも一応、空模様をと、テントの入口の垂れをはねあげた。途端に水量を増した梓川の瀬音が、激しく耳を打ってきた。

次の瞬間、私はそこに異様な光景を目にした。テントの入口近くに、ひとまとめにして置いたはずの飯盒が、二メートルほど離れたところに横倒しになっているし、食器も散乱し、コッヘルもひっくり返されているではないか。鼠のしわざにしては少々手口が荒く、大がかりである。とすると狐か熊の線

クモマツマキチョウの食草ミヤマハタザオと一令幼虫（横尾谷）

が考えられる。私は朝食をとりながら、その仕掛人のことを考えつづけていた。そして横尾小屋に引き揚げの挨拶に立ち寄り、その際、山荘の人々にそのことを話したところ、それは熊に違いない、とのことだった。というのは、その頃、横尾山荘をめぐってしきりに熊が出没し、一頭の雄は捕獲されたが、どうやらその片割れと思われる雌が残っている気配があるので、その可能性が充分考えられるとのことであった。

それを聞いて私は愕然とした。そういわれてみると、私にも思い当る節があった。夜半に目を覚ました時、何となく鼠とは違う何か大型の動物の気配が感じられたし、その朝の食器の散乱ぶりからも、その疑いが強く感じられた。

それにしても、知らぬが仏とはこのこと、事前に聞かされていたら、とてもテントを張る気にはなれなかった、と今さらのように背筋に戦慄の走るのを覚えた。

その日私は、雨の中でテントを撤収し、山峡の雨を存分に吸いこんで、ずっしりと重いテントを担いで上高地へ下ったが、不思議なほどに足は軽かった。

雨の梓の谷でめぐり逢い、写し、記録し、そして残してきたクモマツマキチョウの卵や幼虫の残像が、絶えず心の中に蘇《よみがえ》って、私の心をこの上なく豊かにしていたせいもあったし、また一方、姿こそ見られなかったものの、雨のテントをめぐる熊の幻影を心に描いて、緊張し、知らず識らず足の運びも速くなっていたためかもしれない。

北岳のイワヒバリ

三年前（昭和四十六年）、私は久し振りに南アルプスに足を向け、北岳山頂に立った。最初の登頂から三十余年が経っていた。そのせいで、その山域をめぐって見るものすべてが、初めて見るような思いであった。最初の時は、大樺池畔には十人がせいぜいと思われる小さな小屋が一軒あった。しかも玄関の柱がひどく傾いていたので、それなりにかなり体を斜めにしてやっと中に入り込まねばならなかった。一歩中に踏み込んでさらに驚いたのは、床板は一面に隙間なく糞球に覆われ、その上、座りようがないほど兎《うさぎ》に嚙《かじ》られていた。よくもこれほど嚙ったものと、ザックをおろすのも忘れて私はしばらく呆然と立ちつくしていた。その夜の兎の来襲が少々空恐ろしくなったくらいであった。

その代り、大樺池の水は清く澄んでいて、充分炊事に使用出来た。それが現在では、赤黒く濁って、金気さえ浮べて寄りつけたものではない。私は、変り果てた池をめぐってのおびただしいテントの群れ、少し離れたところに建てられた、新しい大樺池小屋をめぐっての、登山者のざわめきに感無量の思いであった。そうした今昔の感慨は、翌日北岳頂上を踏むに及んで、さらに一段と深いものがあった。

だがそれとは別に、そこで私は一つ目を見張る現実にぶつかり、山路の移り変りを今さらのように思い知らされた。三十余年前、初めて立った北岳の頂上には、三角点に寄り添うように小さなケルンが一つ積まれているだけで、辺りに人の気配は全くなかった。だが今度の場合は、夏山の最盛期ということもあって、必ずしも狭くない北岳の頂上が、立錐の余地もないほど人で埋まっていた。

私はケルンの間をすりぬけ、ざわめく人の間を縫うようにして、ようやく弁当を開く場所を見つけることが出来た。乾き切った山頂は、人の流れにつれて、薄い土埃さえ巻きあげて、およそ高峰の頂といえる雰囲気ではなかった。

その時、ふと私の気のついたのは、弁当を開いている人々の間に、しきりとうごめくものの気配を感じたことであった。瞳を凝らすと、それが何とイワヒバリなのである。しかも登山者を怖れる様子もなく、至近距離に近づいてしきりに餌をあさっているではないか。その姿は、私にとって大きな驚きであった。

というのは、イワヒバリは、雷鳥やホシガラスとともに高山に棲む鳥としてよく知られ、登山者に親しまれているものだが、なかなか近づけず撮影のチャンスは得難いものになっていたからである。それがどうであろう、目の前で臆することもなく弁当の残滓をあさっているので

北岳頂上（昭和21年５月）

ある。変れば変るものと、私もついパンの切れ端を投げ与えると、足許まで近づき啄《ついば》むのであった。そこで私は、また一つ奇異な思いにとりつかれねばならなかった。それは、私の先入観では、この鳥は虫類を常食とする種類になっていたからである。それが登山の隆盛による絶え間ない人との接触によって、期せずして餌づけされてしまい、食性を変えてしまったのであろうか。登山者の投げ与える食料に、群がりあさる姿に、私は索漠とした思いを禁じ得なかった。高山に棲む鳥は、やはり凛《りん》として近づき難く、己れを堅持して本来の生態を曲げないところに、尊さも、美しさもあるはずと思われる。

イワヒバリに限らず、このところあちこちでいろいろな野生の生き物の餌づけが、一種の流行のように行われ、それがあたかも自然愛護、動物への深い愛情のようにさえ置き代えられていく風潮に、私はどうも素直に同調しかねる。なんとなく人間本位に感じられるからである。確たる目的と見通しの伴わぬ飼育は、決して生き物のためにもなっていない。野生との付き合いは、自主性を大切に、厳に一線を画して、遠くからそっと見守るに越したことはないと思うのであるが。

（昭和四十九年十月「国立公園」二九九号掲載稿補筆）

ケルン禍

夏山の最盛期と重なった上に、連日好天がつづき、爺ヶ岳山頂は大変な賑わいだった。地元の大きな団体が二つも前後して合流したからである。

私はカメラを立てる場所のないのに困惑しながら、やっとのことで林立するケルンの一つのかたわらにザックをおろすことができた。そのうち団体も山頂を後にしはじめ、混雑もだいぶおさまってきた。

すると、それと入れ代るように五、六人の若い男女の一隊が登ってきた。そのうちの一人の女性が、いきなり「ああ疲れた」といいながら、私の目の前に立つ二メートルを越すほどのケルンに寄りかかった。途端に上方の積石が二つほど崩れ落ちた。幸い怪我はなかったが、私はひやりとした。

そのうち今度は、私のザックを寄せかけて置いた別のケルンに、一人の若者が、あっという間に飛び乗った。止めるひまもあらばこその出来事であった。そのケルンの根方に私はカメラをひろげていたので、万一崩れでもすれば被害は甚大である。私は、はらはらしながら見守るばかりであった。下手にアッピールして、かえってケルンを崩されでもしたら、それこそ藪蛇だからである。

その若者は、私の心痛に全く無関心の態《てい》で、石積みの上でカメラを構えていた。幸いそのケルンは安定性にすぐれていたので、ことなきを得たが、その間、私は冷汗三斗の思いであった。

たかが一メートルばかり視点が高くなったからとて、眺望にどれほどの変りがあるというのであろう、と、腹が立ったが、少しでも人より高いところに立ってみたくなるのは山での本能的人情のようである。山頂のケルンには、そのようなはた迷惑の登高欲をかき立てる一面がある。

この二つの出来事を根拠にいうわけではないが、このごろ山路に見るケルンには、目に余るものがある。そろそろ自然保護の建前からも、危険防止の点、またモラルの上からも、ケルンを積むことを原則的に禁止してはどうであろう。

昔は、ケルンは山の道標として、かけがえのない役目があったし、登頂の感激のシンボルとして、また山頂の景物としても親しまれていたが、このごろでは別に道標はほぼ整備されて、その必然性は失われ、それに代ってどこの山頂でも押し合いへし合いの過密ケルンは、山頂の感懐を誘うどころか、交通を妨げ、美観をも損ない、その上危険で、事故の発生源ともなりか

白馬乗鞍岳山頂のケルン群

ねなくなった。さらに気がかりなことは、そうした勝手放題のケルン構築が、結果的に山の自然性を破壊し、山の原形の改変につながっていくことで、その意味からも、ケルンはそろそろ規制される段階に来ているのではあるまいか。

一度こんなことがあった。まだ三時をまわったばかりの常念乗越の一角で、時ならぬ歌声が流れてくる。三十人ほどの女子高校生らしいパーティーが、円陣を作ってしきりにコーラスに興じているのだった。指揮振りも堂に入っていたし、ハーモニーも見事だった。

私は「早発ち、早着き」の実践の好例として、内心大いに感服しながら耳を傾けていた。たしかに、その辺までの山の行動は、間然する余地のない模範的経過を辿っていたが、残念ながらその後がぶちこわしだった。

曲目のレパートリーが底をついてきたのであろう。歌声が途切れて円陣が解かれ、先生らしい指揮者の音頭の下に、常念乗越の中央部に、今度は一列横隊が組まれた。私は何事が始まるのかと眺めていると、何とケルン構築共同作業の開始であった。これには驚いたが、何のことはない、戦時中のバケツリレーの要領で、材料の岩塊が手送りされ、みるみる見事なケルンが立ち上っていくのだった。

それと知った時、私は何とかして阻止せねばと思ったが、咄嗟《とっさ》にきっかけが摑めなかった。一つにはリーダーの先生の立場を考えていたからであった。やがて巨大なケルンが完成した頃には、辺りのめぼしい岩片は根こそぎ剝ぎ取られ、その跡に新しい地肌が痛々しく白日のもとに曝されていた。私は鼻白む思いでその場に立ちつくすよりほかなかった。それにつけても後の祭だったが、そのような場合、山小屋の経営者を通して、注意をうながすのが最も穏当で適切な処置と思われた。

改めて周囲を見まわすと、大小様々なケルンが立ち並んで、あたかもケルン展示会場の観があった。なかにはとても一人では運べそうもない岩を動員した労作もあり、一方にはどのようにして積み上げたかと思われるようなきわどい技巧を誇るものなど、このごろのケルンは大がかりでバラエティにも富んできた。それにしても、これだけのケルンが築造されるには材料としてどれほどの岩が動員され、どれほどの地盤がむき出しにされたことであろう。

それにつれて当然、草木の根元も致命的な損傷を受けるであろうし、また、岩屑の下には高山蝶タカネヒカゲの幼虫や蛹《さなぎ》が潜んでいる。その安住の穏れ家を破壊するばかりか、時に押しつぶすことにもなりかねない。

登山者にとって、何気ない暇つぶしのケルン作りが、予想外な広範囲にわたって山の自然に深刻な異変をもたらしているのである。

以上は国立公園協会の機関誌『国立公園』（昭和四十九年六月号）に掲載された小文である。もっとも、その原文は手元に見当らなかったので、記憶をもとにして再度執筆したものである。この一文は意外な反響を呼び、同年八月から十月にかけ、読売新聞その他の紙面に次のような見出しで採り上げられた。

「山男よ、ケルンを立てるな、乱立、自然を破壊、環境庁来年から規制」「ケルンは登山に危険、環境庁、突風で崩壊の恐れも、不安のもの撤去を指示、動、植物にも

踏みつぶされたタカネヒカゲの幼虫と蛹（常念乗越）

悪影響」

なおそれぞれの記事から要旨を抜粋して転記しておく。「秋風が立つ北アの登山ラッシュも峠を越したが、山頂や稜線には登山者の積んだ夥《おびただ》しいケルンが残された。ところが、このケルン、自然破壊につながるとして、環境庁は来年の夏山シーズンから規制に乗り出すことにした。稜線の石を動かして国立公園の現状を変更するだけでなく、高山蝶タカネヒカゲの生息地まで破壊する。（中略）ケルンはピラミッド型に石を積んだ石塔で、もともと迷いやすい稜線や沢筋などに立てられ、指導標代りを務めてきた。登山道や指導標の整備に伴い、その役割はほとんどゼロで、登山者やハイカーが軽い気持ちで積んでいる。（中略）

一方、長野県警外勤課では、ケルンは落石の原因となる他、遭難救助のヘリコプターが着陸しようとする際、ケルンのため妨げられる可能性がある、と指摘。（後略）」

また別に「環境庁からケルン撤去の指示の出たのは八月末。国立公園協会の機関誌『国立公園』六月号に寄稿した、山岳写真家で高山蝶の研究者田渕行男さんの随筆『ケルン禍』がきっかけとなった。田渕さんは、ひっそりと立っているケルンを見つける時、私はほのぼのと登頂の喜びに誘われ、これを積んだ人の心情に思いを馳せたのに、この頃の山行では私はむしろケルンに戸惑いと恐れを抱く始末である。とし、ケルンが乱立して危険になったことを指摘した。また、笠ケ岳などでは、山頂でジャングルのように高さ二メートルを越すケルンが並び、ゆっ

「ケルン禍」笠ヶ岳山頂

林立する巨大なケルンの隙間をすりぬけ、山頂の一角に私はやっとザックをおろすことが出来た。

目の下に蒲田川が光って流れていた。

社祠ともお堂とも見えるほこらの格子戸の中を覗くと、地蔵さまらしい石像の赤い前だれが印象的だった。

古くから神仏混淆の山と聞いていたことが思い出された。

そこにカメラを据えたものかと探しまわって、ケルンの間に半ば埋まりそうな三角点標を見つけ、やっと三脚を立て、あれこれ構図に気をとられ、うっかり身を屈めたとたん、いやというほどケルンにぶつかり、ひやりとしたが、さいわいここのケルンの安定性は抜群で、こと無きを得た。

みごとな板状の岩片は、ケルン用には最高で、私も記念に一つ積み上げてみたいような衝動に駆られた。

くり休息する場所もないほど、せっかくの展望が妨げられるし、不安定なものだから、登山者が触れて崩壊したことが何度かある。（中略）環境庁自然保護局企画調整課の桜井正昭保護係長は、登山者が思い出を作るのを邪魔するようだが、現在あるケルンの多くは面白半分に築いたもの、石を積む思い出より、自然をよく見ることこそ思い出としてもらいたい。（中略）

笠ケ岳山荘の経営者滋野清さんは、山にケルンはつきものみたいなものだが、危険だと思われるものが多いので、不必要なものは撤去し、新しく作らない方がよい、と環境庁の指示に賛成している。

日本山岳協会海外審議委員吉沢一郎さんは、環境庁の方針に賛成だ。最近のケルンはやたらに殖えてしまって、一種のいたずら書きのようなものになっている。（中略）ふつうのケルンだけでなく、ケルンめいた遭難碑がやたらに立っているのも困る。谷川岳のようにまとめることが出来ないだろうか。

日本山岳会理事の原真さんは、結構なことだ。山が人跡未踏の頃は、ケルンも道標としての意義はあったが、最近のように人がたくさん登る山では必要ない。（中略）しかし、山の自然破壊についてケルンを問題にするなら、道路建設やふえる山小屋、それに岩壁に無制限にハーケンを打っている現状を早くなんとかしてほしい。」

V

山の怪談・奇談

序

怖いもの見たさと、怖い話を聞きたい気持ちは、いわば好奇心というか猟奇本能とでもいうか、生れながら誰の心の中にも根づいているように思われる。そのせいか、古今東西を問わず人間の集まるところ、どこにでも怪談はついてまわる。してみれば、怪談は、いわば人間の生活にとって、栄養剤とまではいかないにしても、必要悪の清涼剤、ぐらいの役目を果しているといってよいかも知れない。

山にも無論、怪談は豊富にあった。ここであったという過去の形をことさら用いたのは、このごろの山ではあまり聞かれなくなったし、今時の人にこの類の話を持ち出しても、昔ほどには歓迎されなくなったからである。第一このごろのように山が便利になり、賑やかになってしまっては、怪談の舞台としても調和を欠き、怪談そのものも出番を失った形で、とんと気勢があがらないというべきであろう。

私どもの若い頃、山中で聞くともなしに耳に入ったその種の話には数限りがなく、なかでも釜トンの怪、雪の横尾谷の黒木道や岩小屋の話など、心の中に消し難いしみのようにこびりついていて、それが山の古典のように、何ともいえぬ一種の山への郷愁を誘う味わい深いものになっていた。そしてそれらの怪談はたいてい、その話の舞台が人影の途絶えがちな冬のシーズンになっていた。この点、平地俗界の怪談が多く夏の景物として登場してくるのと対蹠的で面白いと思う。これは山に関する限り冬の景観が一段と幻想的で、現実離れがしていて、怪談の背景としてより効果的だからかも知れない。だが、このごろのように山の賑わうシーズンがひろがり、けじめがつかなくなっては、怪談の主にしても八方塞がりで、登場のチャンスがなかなか見出せないというところであろう。

とにかく、その気になって口火を切れば、山の怪談はどこでも芋蔓《いもづる》式に次々と聞き出すことが出来る。それらを内容的に分類すると、岩小屋とか谷とか、地形的なものが舞台になっているもの、山に年古く生きつづけた動植物に由来するもの、遭難事故に直結した比較的新しいニュース的なもの、の三つに大別出来ようかと思う。

第一の地形とか気象現象に根ざしたものであるが、わが国には古くから俗間に「ものの怪《け》」という言葉がある。的確にその出所来歴は解明出来ぬが、とにかく不可思議なこと、奇怪なことが起って、人に忌み怖れられる現象を漠然と指したものである。いうなれば、解明出来ぬまま自然からうける正体不明の一種の怪奇性と考えられる。

私など一人で山を歩いていて、時折ふと何ともいえぬ嫌な気持ちに襲われることがある。それは陰気で底知れぬ恐怖を伴った、原因不明の一種の圧迫感というよりほかはない。そんな場合、本能的に一刻も早くその場から逃げ出したくなり足を急がせる。少なくともそんな所でテントを張ろうとか、休息しようとかする気には絶対になれない。その理由を分析的に検討してみれば、地形とか日照度、植生など一応いろいろな要素が考えられ、それらが結びついて何ともいえない一種不気味な雰囲気をかもし出しているように考えられる。

昔の人はそれを肌で感じとり、「ものの怪」というふうに表現したのであろうが、本能的な一種の適応性、広い意味の生活の知恵と考えられ、私には、素朴な中に、昔の人の緻密で鋭敏な感受性のひらめきが感じられるし、自然の拭いとることの出来ぬ濃い陰影と解明困難な秘密が隠されているように思われて、含み深い言葉に思われる。

それに近い内容を示す言葉に「逢魔《おうま》が刻《とき》」というのがある。これはむしろ平地にあてはまることで、山を歩いていて実感として感じとることはむしろ稀といってよい。薄暮の六時前後の時間帯をいったものだが、その時刻に得てして不可思議なことが起ると忌み怖れられたものである。今時は四六時中、街中はどこでも車が走り、そんなきめ細かな識別は生活感覚として無視されがちだが、私が幼い頃を過した山陰《さんいん》の山里では、確かにそうした黄昏《たそがれ》どきの一時、どうかすると妙にがらんとして人影が途絶え、地球が回転を止めたような無気味な静寂の支配する時間帯が、子供心にも感じられたような気がする。

終戦前、私がその当時勤めていた学校の夏休みに、十名ほどの中学生の一隊を連れて草津白根に登ったことがあった。今では完全に観光地と化してしまったが、その頃この山は活潑な火山活動を繰り返していたので、この地域を選ぶことには危険性があり危惧された。火口の一つからは盛大に噴煙をあげつづけていたし、その火口近くには硫黄採掘の小屋が作業中で、今のバス停近くには作業員のための一棟の飯場もあった。私どもはその飯場に泊めて貰うことになった。夕方になると、仕事から帰ってきた人たちで賑やかだった。といっても十人ほどで、大きな飯場はがらんとした感じで何か物淋しかった。白根の相次ぐ爆発で、硫黄採掘はしだいに困難になっていた。そのせいで、なんとなく活気に欠けているように見えた。私どもにあてがわれた室に落ちついて気がついてみると、天井はトタンのむきだし。それはこうした飯場ではしごく当然のことだが、驚いたのはそのトタンに大小無数の穴があいていることであった。そしてそれが、白根の火口からの火山弾によってうがたれたものと知らされて私は慄然とした。そして、よりによってこんな危険地帯に、ことさら宿泊を申し込んだ引率者としてのうかつさが悔いられたが、今さらどうすることも出来なかった。そんな私の気苦労などまるで無頓着に、生徒達は、山働きの人たちとすぐ打ちとけて、話の輪の中に加わっていった。そして当然話題は、お決まりのコースをとって怪談へと移行していった。噴火により遭難した人たちが、夜更《ふ》けに戸口に立つというのであった。荒涼とした火山という特殊な背景が効果を一段と盛りあげて、初めのうちは明るい笑い声をあげていた生徒たちは、そのうちランプの光を囲んでしだいに身を寄せ合い、黙りこくって聞き入っていた。その夜は一人として外に出るものはなかった。私にとっても、トタン屋根にあけられた、無数の噴火の弾痕から眺めたその夜の星の光と、その夜荒涼とした火口の廃屋で聞いた、火山弾に打たれて命を絶った工人の、血にまみれた姿で門口に立つという怪談が、他のことはあらかた忘れてしまった現在でも、妙に現実感を伴って思い出されるのである。

ところで前置がだいぶ長くなったが、私がここでとりあげようとするのは、そうした妖怪変化の登場してくるいわゆる怪談話ではないし、山の事故に端を発した因縁話でもない。いわばれっきとした現実的な事実であるが、私の経験ではどうしても解明出来ない科学的な怪談とでもいえそうな、自然界の奇談とも、あるいは秘話とでもいったほうがよさそうなものである。そうした、私がこれまで山路で出会ったその種の事象は、時に怪談以上の迫力で、底知れない自然の深淵をのぞかせ、抜け出しようのない迷路に私を誘い込んだり、また宇宙の広大無辺の彼方に、とめどない彷徨にかり立て、時に底知れぬ恐怖、時に収拾出来ない困惑に私をがんじがらめにしてしまう。

蝶ヶ岳のケルン

もう二十年以上も前になるが、或る年私は蝶ヶ岳頂上で丸い白い石を見つけた。元来その一帯は、板状節理の見事に発達した黒っぽい変質粘板岩の露出地域になっていて、薄い瓦の散乱したような特有な景観を示していた。その最中《さなか》にころがっていた白い丸い石は私の目に異様に映った。どう考えてもそれらの石が蝶ヶ岳山頂と結びつかないからである。不思議なこともあるものと辺りを見まわすと、あるはあるは、わけなく十個ほど見つかった。それも山頂の一角に限られていた。大きさはおよそ大人の頭大、目方にして十キロ前後というところであろうか、岩質は一見花崗閃緑岩らしい白っぽいものが大部分であった。私はあたりに散らばっていたそれらの岩塊を一つのケルンの下に集めてカメラに収めた。ところでこれらの石がどうして蝶ヶ岳頂上にあるのか、いくら頭をひねってみても納得いく解答が出てこなかった。少なくとも自然状態でそこに存在したものとはとうてい考えられぬ。第一、これらの石が以前からそこにあったとすれば、私はもっと早く気づいていたはずである。だとすると誰かによって最近運ばれたとするより考えようはない。私はその白い丸い石のケルンの前で考えこんでしまった。白い丸い石は一見して川の中流で見られる円礫の特徴を誇示して、白い石肌を夏の陽に光らせて、一面にひろがる灰黒色の岩屑に囲まれ、謎めいた異和感を発散させていた。

蝶ヶ岳の中村さんに聞いてみたが心当りがないとのこと、どこかのパーティーがトレーニングのためザックにつめて運び上げたものではないかとまで私の推理は飛躍していくのであったが、推測の域を出ず、納得いく決め手とはなってこない。以来今もって、この蝶ヶ岳山頂の円礫は、解き得ぬ謎として私の心に怪談的な余韻を曳きつづけている。

その後機会がなく、私が蝶ヶ岳山頂に立ったのはそれから五、六年後のことであったが、そこで私は再度狐につままれたような思いをした。何をさておき先年見つけた白い円礫のことが気にかかり、あたりを見まわしたが姿が見えぬ。ケルンも消えている。そんなはずはないと入念に探しま

蝶ヶ岳のケルン

わって、やっと数個を見つけた。山頂に散らばっているものが三つ、ケルンの中に半ば埋ったもの二個であった。それにしても、初めに見つけた数の三分の一にも足らぬ。他のものは一体どうなったのであろう。山頂の砂礫の中に埋ってしまったのか、それとも誰かがハイマツの斜面に投げ込んだのか。あるいはまた、あたりに新しく積まれたケルンの材料として、そのまま下積みになってしまったのか、私がゆくりなくも見つけ、そしてまた見失った蝶ヶ岳山頂の白い円礫は、山の怪談としての後日談を一つまた付け足して、私の心の中に消えることのない疑惑のケルンとして立ちつづけている。

さまよう砂

これもずいぶん古い話であるが、しかしその中味というか、内容はこれまたそれとは逆に、自然からかけられた不可解な謎として、私の心の中に新鮮な疑惑と問題意識を掻き立てつづけて止まぬ、山の不死鳥ともいえるとっておきの奇談である。

この現象を、私は仮にここで「さまよう砂」と呼ぶことにする。これに気がついたのは二十余年前の初冬の常念乗越であったが、その後あちこちで見ている。八方尾根の上部でも幾度か出会っているし、蝶ヶ岳、鹿島槍、針ノ木でも見ている。北ア以外では、浅間の小諸口登山道の千五百メートルあたりでも見かけたことがある。高地ばかりではなく、平地、例えば大町スキー場でも出会った覚えがある。そんなところから、その現象は、標高は決定的な条件ではなさそうで、要するに気象条件さえ整えばどこでも見られそうに思われる。その条件というのは、第一が気温で、少なくとも日射をうけても雪面が融解しない氷点下三、四度であること。第二が風のおだやかな、寒気の厳しい積雪の一日二日後ぐらいの、雪面が平滑で軽度にクラストしていること。初冬の山がそうした条件に最も適合するように考えられる。第三は、その際、積雪量はどちらかといえば少な目で、新雪の吹き溜りの雪面によく見られた。

十一月初旬、初冬の稜線の雪面は滑らかで緻密である。そのくせ決して堅くはない。雪質は乾燥して軽く、堅く凍ってはいない。軽微なクラスト状と考えられる。そのような日の雪面に、私は虫の這ったような痕跡を見つけてその場に釘付けになった。おかしなこともあるものと、辺りを物色すると、あちこちに見つかった。不規則で、かなり複雑な曲線を描く新雪面の紋様は、平均しておよそ深さ三ミリで刻みつけられ、その点では実に規則的で精巧である。長いもの短いもの、直線に近いもの、円を描いているもの、ミミズでも這ったような不規則な曲線を描くものなど変化に富み、長いものは六十ミリにも達していた。そして面白いことはそうした曲線の一方の端には必ず黒い点が見られた。手にとって見ると、そのほとんどが小さな石粒であった。大きなものは小豆大、普通米粒の半分ぐらいのものが多かった。そして小さいほうはゴマ粒ぐらいのものまで見られた。

一見して私には、この曲線はこれらの石粒が雪の上を這いまわった結果描いたものにちがいないと思われた。この雪面の石粒の這い跡を眺めていてもう一つ気のついたことは、その線の一方の端に小さな縦穴が開いていることであった。そして私には何となくそれらの小石がその

さまよう砂（大きさは実物の約70%、常念乗越、昭和36年11月5日）

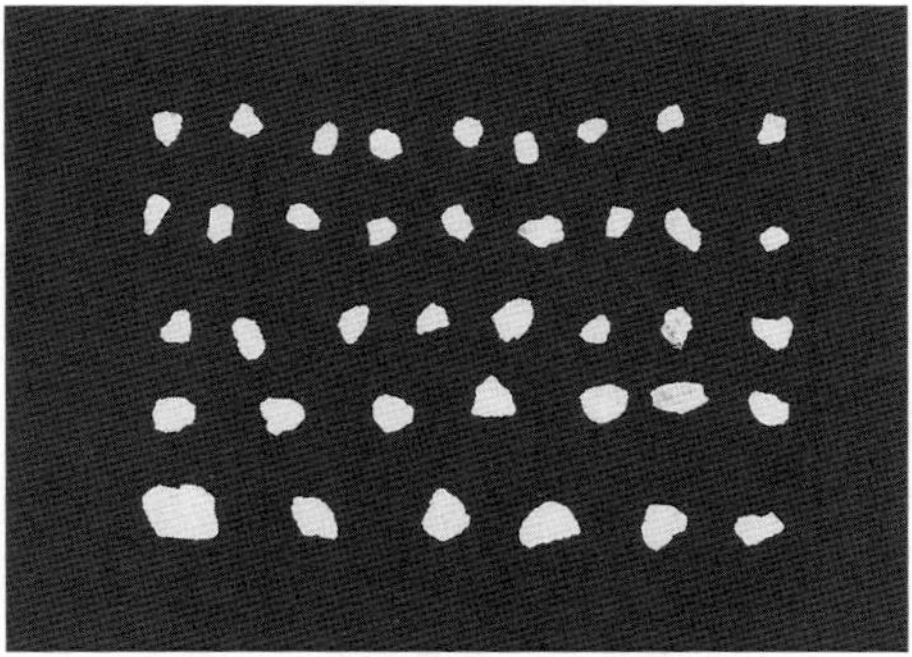
さまよう砂の本体（大きさは実物の約70%）

縦穴を通って雪の下の地表から雪面に送り出されたように思われた。

それはともかく、私はそうした小石が、どうして雪面に沈みもせず、同じ深さの這い跡を残しているのか、そのメカニズムを理論づけようと頭をひねった。だがさっぱり見当がつかぬ。砂粒の大きさはともかくとして、それらの砂が太陽熱を吸収し、雪を解かしながら、僅かの風に押され微妙に固有な運動をする結果のように考えられるが、それにしては、その曲線の方向や長さに一定の法則めいたことがなく、また共通した傾向の見られぬ点が全く不可解である。そこで砂粒の形状により受熱の量がそれぞれ異なり、それに風の作用が加わってまちまちの方向に勝手な曲線を描くのではないか、そんな推測から砂粒の形状に解明の鍵がありはしないかとくわしく眺めてみたが、そこでは一定の傾向を見つけることは出来なかった。強いていうなら、板状の形態がいくぶん多いように思われたが、中には小さな木片などもあったので砂粒の形態だけに原因するとは考えられなかった。この場合一番よいのは、さまよう砂の運動中の現場に立ち合うことであるが、私も幾度かそのかたわらに坐して、かなりの時間を費して眺め入ったが、期待通りには動いてくれなかった。

そんなわけで目下のところ、これらの米粒に足らぬほどの砂の営みに完全に翻弄された形である。同時に山路の小さな出来事を通し、自然現象から計り知れない示唆と、山の神秘を思い知らされる。そして先の「山頂の円礫」といい、この「さまよう砂」といい、私にとっては、結構いわゆる妖怪変化の類とは別の、山の怪談的な混迷と不可解をもたらし、そして恐怖とはいえないいまでも不気味な感銘をうけるのである。

(昭和四十八年九月「アルプ」一八七号掲載稿補筆)

山頂の蛙

鷲羽岳といえば、裏銀座と呼ばれる北アルプスでも主要な縦走コースの雄峰として知られている。標高の点では、隣接する黒岳に一歩を譲っているが、その名に背かず、巨大な鷲の翼をひろげたさまに雄渾端麗な山容を誇っている。

その鷲羽岳山頂近くで昭和三十年頃、私は世にも不思議な出来事にめぐり逢った。それは思いもかけず一匹の蛙を見つけたことである。

なんだ、そんなことか、と一笑に付されそうだが、私には自然界の謎を秘めた出会いとして、軽々に見過すわけにはいかなかった。もっとも、その蛙は死後かなり日数を経ていたように思われたので、正確には拾ったと言い直したほうがよいかもしれない。ともかく、私にはスリルとサスペンスに満ちた思いがけぬ出来事だった。

暑い登行がいたく身にこたえた覚えがあるので、八月末頃であったであろう。三俣蓮華小屋からの長い曲折の登路も、あとひと息で頂上というところで、私は踏み出す山靴の先に異様なものを目にして立ち止まった。その得体の知れない灰黒色の物体は、連日の旱《ひでり》つづきの乾き切った砂礫の路面に、ボロ布のように薄く砂埃にまみれて横たわっていた。

一瞬の後、私にはそれが間違いなく蛙の死骸だと判断された。かさかさに乾いて水気を完全に失い、生物らしい質感はどこにも残されていなかったし、その上、幾度となく山靴に踏みにじられたのであろう、薄っぺらに変形していた。しかし、一応頭と四肢をはっきり識別することが出来た。つまみあげると嘘のように軽かったが、何のことはない、蛙の日干し、天然のミイラである。

この思いもかけぬ出会いは、私には何となく自然からの含み深い謎かけのように思われてならなかった。気がつくと、私はその場にザックをおろして、その蛙の干物を入念に紙片に包み、タッシェの底に収めていた。というのは、この思いもかけぬ出会いの真相を、解明せねばならぬと勝手に思い込み、それには証拠物件として、この乾燥蛙はぜひとも確保しておく必要が感じられたからである。

そのようにして、鷲羽岳の頂上で拾った蛙のミイラは、書斎に運ばれ、謎解きの鍵としてしばらくの間机辺に置かれ、折にふれ私の推理と憶測の題材になっていた。

この場合、私にとっての第一の関心事は、その蛙の正体で、つまり種名の究明同定から始め

鷲羽岳（ワリモ岳附近より）

るのが順序のように思われた。私は完全に乾物化した蛙の標本を前に、持ち合わせの参考資料の類に目を通した。

その大きさからは、トノサマガエルが該当しているように思われた。ということは、山地性のヤマアカガエルにもそのまま当てはまるが、それにしてはいかにも黒過ぎるように思われた。とするとモリアオガエルか、あるいは高地性のヤマヒキガエルの小さなものということになるが、それだとするとこれまた皮膚の肌目が粗《そ》鬆《そう》なヒキガエルとはつながらないように思われた。

ほかにどのような蛙が考えられるであろうか、残るものにカジカの雌があるが、この種は渓流に住み、この場合該当しない。私は、私の知見を総動員して該当種を頭の中でまさぐってみたが、これといって思い当る決定的な証拠は浮かんでこないばかりか、そうした机上捜査の行き詰りの果てに、もしかしたら高地性の新種の蛙ではないか、という突飛な推理までが脳裡をかすめる始末であった。結局、鷲羽岳頂上の行倒れ蛙の身元調査は、堂々めぐりを繰り返すばかりでそれ以上の進展を見せず、所属も種名も不明のまま迷宮入りとなった。

第二の問題点は、その蛙が、どのような理由からどのような経路を辿って鷲羽山頂に骸《むくろ》を曝すにいたったか、ということであるが、このほうの究明はさらに難行し、これまた、完全に暗礁に乗りあげた形であった。

一体、蛙の生活環境として何より優先する基本的な条項は、水との関連性である。水を欠き、水辺を離れてはその生存はあり得ないはずである。それがこともあろうに、水気とおよそ縁遠い高山の頂近くの、極度の乾燥地帯で発見されたわけである。その一事からでも常識からはみ出し、現実とは余りにかけ離れた発見場所の条件には、何ひとつとして蛙の存在と結びつくファクターは見当らなかった。

一体、どのようなわけがあったのであろうか。この蛙をめぐって何が起ったのであろうか。仮にその蛙が自力でそこまで辿り着いたとすれば、どのような必要性に駆り立てられたのであろう。よほどのことがない以上、生死を分かつきわどい冒険に踏み切るわけはないし、鋭敏な野生の本能の営みとして到底考えられることではない。

思えばあの時、私はその奇妙不可解な小さな拾得物が投げかけてくる疑惑に、がんじがらめにされたまま、秋近い鷲羽岳の頂上に立ちつくしていた。眼下には鷲羽の火口湖が青緑の水を湛えて静まり返っていたが、おそらく濃厚な硫黄分を含み、蛙ばかりかあらゆる生きものを養うことは不可能と思われた。

頭をめぐらすと、三俣小屋周辺には火山性台地がひろがっていた。そこここに点在する窪地には、ところどころ水を湛えた湿地があったはずである。だがそれらの池塘も、果して蛙を棲みつかせるほどの規模と安定性を備えていたか甚《はなは》だ疑わしい。しかし、その地域が蛙の棲処《すみか》としてこの界隈では最も現実性に結びつく可能性を備えていることは確かである。

それにしても、何の目的で棲処を捨て、炎天の山路を山頂目指して登って行ったのであろうか。自殺行為というほかない暴挙である。両棲類にとって水は正に命の根源、水から離れることはただちに死につながっていくはずで、しかも、その場合低きにつく水の法則を無視して山頂に水を求めた点、何としても不可解である。

だとすると、自主的な選択によるものではないことになり、天敵に類するものが仕掛人として浮上してくる。だが仮にこの推理を採択するにしても、せっかくの獲物を遠隔の地に運んだ末、五体満足のまま置きざりにするであろうか。この点からもこの推理はこれまた越え難い壁に突き当ってしまう。

いずれにせよ、鷲羽岳の蛙に、私は抜け出すことの出来ない自然界の迷路に誘い込まれ、生物界の無気味なブラックホールに投げ込まれた思いであった。

この稿のペンを置くにあたり、私は本題の蛙の写真を、話の裏付けとしてぜひとも掲げる必要を痛感したので、あちこち探したが、どうしたことか見つからなかった。おそらく昨年（昭和五十七年）末、住居の増築工事の際どこかにまぎれ込んでしまったのであろう。そんなわけで、この怪談話も肝心なところで物証を欠き、今ひとつ迫力と凄味に盛り上りを欠いたのは残念でならぬ。

それにしても、あの鷲羽岳の怪物蛙奴、性懲りもなく、今度はわが家の書斎から忽然と行方をくらますとは、どこまで人をたぶらかせば気がすむというのだ。

鹿島槍のヤマカガシ

山を歩いていると、いろいろ不思議なことにぶつかる。こんなところでこんなものにと、思いもかけぬ出会いに驚いたり、気味悪がったり、時に恐怖に襲われたりする。いずれにせよ、通り一辺の常識の当てはまらぬ現象だからである。

そうした場合、身につけた経験や知識を洗いざらい動員してみても、どうにも納得いく結着がつかぬまま迷宮入りとなり、時折何かの拍子に思い出しては、自然の奥深さのせいだとか、山が身につけた濃い陰影のなせるわざとして、結局は未解決のままそれが山の魅力の根源になっていくように思われる。私がここで持ち出した怪談というのも、いってみればそうした種類の出来事なのである。

今日、迷信とか伝説とか、祟りやタブーの類が根強く山中に生きているのも、一つには、そうした人智で解明出来なかった自然現象をふんわりと生活の中にうけとめ、強引に追究せず、余韻を残そうとした昔の人の謙虚な自然への帰依とも、また思慮深い柔軟な対応の結果とも考えられる。

鹿島槍ヶ岳は後立山の名峰で、その美しい双耳峰に心を惹かれる岳人は少なくない。そしてどちらかというと、ベテランクラスの間に評価が高いように思われる。一つは豊かな岩登りのルートをめぐらしているからであろう。私も古くからこの山の熱心なファンの一人で、この山域に足を踏み入れたのは、冷池小屋、種池小屋の先代経営者柏原長寿さんの頃からで、昭和十三年頃からということになるであろう。

当時、私の登行はもっぱら冷池小屋が根拠地になっていた。その頃の山小屋のほとんどが今時想像もつかぬほど素朴で、小さな構えであった。とりわけ種池小屋は、毎年夏山シーズンが終ると解体される組立式で、収容できるのもせいぜい三十人ぐらいが限度であったように覚えている。

それだけに、これら二つの山小屋をめぐるその頃の後立山の尾根筋は真に静かで、今、回想の中に浮かんでくるどの場面からも、古きよき時代の山が懐しさとともに甦《よみがえ》ってくる。

そんなわけで、鹿島槍は、常念、蝶ヶ岳に次いで私が山行を重ねた山であった。そしてその登行の目標がもっぱら山の撮影に置かれていた点で、常念、蝶ヶ岳とは若干違うものがあった。とはいっても、鹿島槍をめぐる棒小屋沢は、明治の末葉、わが国で初めて高山蝶の貴種クモマツマキチョウの発見記録されたところとして名をとどめているし、私が初めてこの蝶を採集したのもそれに近い大冷沢であったのは、蝶につながる不思議なめぐり合せといわねばなるまい。

また、戦後間もない頃、冷池小屋に滞在中、近くで思いがけずミヤマモンキチョウの雌を確認したことがあった。それはこの蝶の分布上の特筆すべき発見であった。こう考えてくると、鹿島槍をめぐって結構私は高山蝶についても成果をあげていたようである。布引岳下方のお花畑は、エレビア（ベニヒカゲ、クモマベニヒカゲの属名）のフィールドとしてもまことに好適なところであった。この話も、その、お花畑での出来事であった。

高山の花が真盛りの八月初めのことであった。私はあたりのトリカブトの花にカメラを向けた後、足元にひろがる厚い叢《くさむら》をかき分けて、エレビアの幼虫探しの作業にとりかかった。というのは、その時点でクモマベニヒカゲの生態については一世代二年を要する生活史をほぼ解明していたが、私としてはその証拠固めに今少しのデータの裏付けが必要だったからである。

むせるばかりの草いきれに顔を埋めての探索は、何とも辛気《しんき》くさい仕事であった。冷池小屋テント場から上方の縦走路の両側には、この辺りで最も美しいお花畑がつづいていた。作業に入ってから一時間を経た頃であったろうか、私は草の根方をかき分ける指先に異様なものを見つけてドキリとした。クロサンショウウオである。黒光りする体をくねらせながら、ゆっくり移動していく。体長は十五センチはあったであろうか、この種類としては大物である。

思いもよらぬ場所での出会いに一瞬たじろいだが、考えてみればこの辺りとしてはそれほど珍しいものではなかった。というのは、冷池をはじめこの稜線沿いには、二重山稜に抱かれた小さな池塘が散在してサンショウウオの棲処《すみか》になっていたからである。晩春の頃には雪解け水の中に白い卵嚢《らんのう》が幾つも浮かんでいたり、夥《おびただ》しい幼生が泳いでいるのも見られた。この場合もおそらくそうした池塘の一つに育ったものが、水涸れのため移住のやむなきにいたったものと想像された。

私は以前にも一度、蝶ヶ岳のお花畑でもこの種と出会った覚えがあった。

その意味で、このクロサンショウウオとの出会いは、特別とりあげるほどの珍しいことではなかったが、その際、高山蝶の幼虫に目標を定め、小さな毛虫の姿だけを念頭において探していた時だけに、似ても似つかぬ異形の出現に意表をつかれただけのことであった。

ところがその出会いから十分と経たない頃、しかもそこから五メートルと離れない場所で、今度は正真正銘の大事件に直面した。相手はこともあろうにヤマカガシであった。正に特筆に価する自然界の異聞であり、充分山の奇談となり得る、私にとっても夢にも考えられぬハプニングであった。その高山のお花畑で見つけた蛇は、豊かな量感ときらびやかな紋様を草間に明滅させながら、蒼惶《そうこう》と姿を消した。ほんの束の間の出会いであったが、私には間違いなく一メートルに近い大物のように見えた。

世間にはよく蛇と聞いただけで顔色を変えたり、路傍で見かけたりすると慌てて逃げ出す人も少なくないが、私の場合、自分が巳年生れのせいか、世間並みの恐怖感や嫌悪感は少しも湧かないどころか、むしろ同類意識のような親近感を覚えるほどで、どこで出会っても幸運の前兆としての縁起をかつぎたくなるくらいであった。

この時も草むらをかき分ける指先に触れるほどの至近距離での出会いであったが、少しも驚かなかったし、いわんや恐怖感は全くうけなかった。驚いたのはそれとは全く別の遭遇の場所柄の意外性であった。元来、蛇類の属している爬虫類は、暖地を好むものである。それがこともあろうに標高二千メートルを越す北アルプスの稜線で出会ったのである。その点いかに蛇不感症の私にとっても正に驚天動地の大事件で、夢にも予期出来ぬことであった。

手前の草原がヤマカガシの生息地（背後は爺ヶ岳）

とにかく、高山のお花畑で遭遇したヤマカガシは、私の身につけていたこの種への知見を一挙にひろげたと同時に、自然の秘めた底知れぬ疑惑の深淵に私を巻き込んだことは確かだった。

一体、どこから来たのであろう、そしてどのようにして生きているのか、まさか夏ごとに低地から移住するものとも思われない。私にはその蛇の体長から少なくとも十年を経ているに違いないと思われた。とすれば、その間この地に棲みついていたものということになり、その道筋をたぐって行けば、いずれはどこからか移住してきたものと考えるよりほかはない。私は、そうした高地の蛇の来歴と移住のルート、そして生きざまについての憶測と疑惑に、がんじがらめにされていった。

私はあれこれと辺りの地形を心に描きながら、あらゆる可能性を懸命に探し求めた。布引岳に近いお花畑一帯は、とり立てて険悪といえるほどの地形ではなかったが、その下方につづく東面は様相を一変し、垂直に近い障壁を一挙に大冷沢源頭に向って削ぎ落としていた。一方、西に面してはすぐにシラベやトウヒの密生した分厚い針葉樹林帯につづき、その下方はこれまた険絶をもって鳴る黒部川源流の岩壁をめぐらしている。

いずれのルートを選ぶにしても、またいかに強靭な生命力をもってしても、四肢を欠いた体勢で突破出来るとは到底考えられない。東側の大冷沢源流北俣から這い上ってきたのか、あるいは二俣から赤岩尾根に取り付いたのか、それとも西側、黒部の谷からのルートをとったのか、いずれにせよ、私には現実性と結びつく可能性は極めて乏しかった。だが、私は現にこの目で事実を見たのである。鹿島槍の稜線で出会った蛇は確かな現実であることに間違いはなかった。

それから四十数年の歳月が流れたが、当時の出会いの場面は今もって鮮かな映像を私の眼底に甦らせ、私の推理と憶測を煽り立ててやまない。

回想の中の蛇体は、執念の化身のように凄絶極まる障壁に立ち向かい、鋭いバットレスにからみ、時に削ぎ立ったスラブに身をくねらせ、また時に深いガリーに身を沈めながら、稜線目指してじりじりと迫って行く。

昔、何かで読み、かすかな記憶に残っている蛇体にまつわる怪奇な伝説の鬼気迫る場面が、私の憶測の中でしだいに鹿島槍の蛇とすり代り、もつれ合い、重なり合っていくのであった。

山蛾失踪

私が初めて飛騨の谷に足を踏み入れたのは、西穂高岳へロープウェイが架けられるなど夢にも考えられぬ頃であったから、かれこれ三十年も昔のことになる。

十月末近い頃、安房峠を越え、平湯で乗り換えたバスが、飛騨路を蒲田《がまた》川沿いに動き出すと、私は半身を車窓から乗り出すようにしたまま、移り変る景色から一刻も目を離すことが出来なかった。それは見慣れた信濃の山里とは、余りにもかけ離れて異郷に足を踏み入れた思いが強かったからである。

どういったらよいであろうか、おしなべて山野のたたずまいが一段と素朴で、無傷で、ある時は粗野に、ある時は優しく息づいて、より高い原形をとどめていたからである。

バスの窓辺を撫でるようにススキの穂波が揺れてつづく。沿道の人家の造りも、道行く村人の風貌も、心なしか違っていた。到るところにとり残されている原野の奥に、雑木林が分厚く重なっているのが目を惹いた。それは自然開発の道程からは低い次元の姿といえるであろうが、そのようなこととは別に、私には喜ばしい驚きであり、心を豊かに潤される発見であった。

あらかじめ連絡しておいた、新穂高温泉の笠山荘《りゅうざんそう》という村営旅館に泊った。その山宿が、また、その頃としてもその界隈にただ一軒、昔のままの鄙《ひな》びた構えをとどめて、飛騨の山旅の宿としてまことにふさわしかった。私はまた嬉しくなった。素朴なおばさんとその娘さんに導かれて、黒光りする長い廊下をきしませ、狭い階段を登った突き当りの六畳ほどの一室に通された。私の飛騨路の第一印象は、これ以上望めないまでの旅情に満ち溢れていた。

その一室には、抽出しのついた小さな古びた机が一つ置かれていただけで、がらんとしていた。障子を開けると、目の下を流れる蒲田川の冷気が、爽やかな瀬音と一緒に飛び込んできた。そこでまた私は、飛騨路に足を踏み入れたという実感がこみあげてくるのを覚えた。

そういえば、この室に一歩踏み入れた時、私は障子の桟に無気味なシルエットを沈めて大きな蛾が一匹貼りついていたのに気づいた。一瞬どきりとして顔を近づけてみると、それがヒメヤママユガの羽化して間もない新鮮な雌であることを知った。この蛾はテンサンガ仲間の一種で、クスサンガに比べると体格ではひとまわり落ちるが、紋様はこのほうが数段美しく、遅い季節の山路で時折見かける種類であった。

かねてから私はその渋味のある翅面の紋様にいたく心を惹かれていたが、近々と眺める機会はなかった。もっとも、一度、徳沢辺りで台風の吹き荒れたあと、雨に濡れた路上の落葉に交って、白と緑を染め分けた美しい毛虫を拾い、その様相から間違いなくヒメヤママユガの幼虫と思われたが、入山早々で先も長かったのでそのままにしておいた。また一度、上高地附近で、今度はこの蛾の前翅を一枚拾い、持ち帰ってしばらく机辺で眺めていたことがあった。

そうした待望久しい山の蛾と、このようなところでめぐり逢おうとは、千載一遇とは少しおおげさだが、この機会を逃してはまたいつ出会えるかわからない。といって三角紙（パラフィン紙を三角の袋状に折った蝶や蛾の容器）の持ち合わせはなかった。だが何としても確保しておきたい。それも今のうちに処置を講じておかぬと、夜が近づくと蛾の習性として動き出すに決まっている。私は思案の末、手帖を破いて間に合わせの三角紙を作った。テンサンガは、意外におとなしく、即製の三角紙の中に翅を合わせて収まった。私はそれを手帖の間にはさみこむと、思いもかけぬ収穫に、心豊かに階下の浴室に

ヒメヤママユガ（新穂高温泉、笠山荘にて）

下りて行った。

その温泉がまたその頃めったに見られぬ素朴な造りで、大変気に入った。畳半分ほどの小さな浴槽だったが、浴室の一方の窓を開けると、下はすぐ池になぞらえた露天風呂がひろがっていた。このほうは、ひろびろとして向う側の山の斜面の根元までつづいていて、遠く飛驒の山並みの一部が望まれた。低い敷居をまたぐだけで室内浴槽からそちらへ移ることが出来た。暮れなずむ夕空を仰いでのこの露天風呂は、何とも快適であった。少々浅くて肩まで浸るにはやや窮屈なのが難といえば難であったが、広い浴槽を独占して知らず識らず長湯をしてしまった。

蒲田川のせせらぎが、しだいに夢うつつの枕辺に甦って、私は飛驒の山旅の二日目の朝を迎えた。そしてすぐに昨日の夕方、はからずも手に入れた待望久しいヒメヤママユガのことが思いに浮かんだ。急いで机上の手帖を開け、蛾を入れたはずの三角紙をつまみあげてみると、どうであろう、蛾の姿は消え失せて影も形もなく、三角紙はもぬけの殻になっていた。

そんなはずはない。私は狐につままれた思いで空の三角紙に見入るばかりであった。不思議なことがあればあるものである。私は室内はもとより、廊下の隅々まで入念に探してまわったが、なんの手がかりも見つからなかった。

そういえば、私は前日、あの蛾を手がけた時、雌であったことを知り、憐憫《れんびん》の情にほだされて、胸をつまむ指先の力が鈍ったかもしれないことが思い出された。この場合、あえて失踪の原因を追及するなら、それよりほかに思い当る節はなかった。

一夜のうちに生気を取り戻したその蛾は、三角紙から抜け出したに違いない。それにしてもそれからどのようにしてこの部屋から逃げ出したのであろう。どこを調べてみても、また、どう考えてみても、あの豊満な蛾の体軀が、すりぬけられるほどの隙間はどこにも見出せなかった。

私は掌中の珠を奪われた悲しさと、それでよかったのだ、という安堵感の入り交った思いで、しばらく空の三角紙を覗き込んでいた。この山深い、飛驒の山宿での出来事は、夜の世界に棲む美しい種族の、身につけた魔性ともいえる濃い陰影を、私の胸にひときわ深く刻みつけたことは確かで、いまだに怪奇じみた事件として尾を曳いている。

それ以来、私は毎年欠かさず秋を待ちかねて飛驒路を訪ね、穂高牧場や鍋平を歩きまわって笠山荘に泊った。それは確か三年目であったと思う。懐しい山荘の人々に迎えられ、いつものようにきしむ黒光りの廊下を通って、右手の階段を昇ったすぐのいつもの部屋に適された。

夕闇の忍び込んだ六畳の間に一歩踏み入れた途端、私は危うく声をあげるところであった。そこに無気味なシルエットの蛾の姿を見たからである。しかも三年前と同じように、逆光の障子に鮮かに浮かんだ黒いシルエットには鬼気迫るものがあった。時が三年前に逆戻りした思いに襲われて、一瞬、私は目を疑った。やはり間違いなくヒメヤママユガだ。この場合、奇跡は二度くり返されたのであった。

この時も三角紙の持ち合わせはなかったので、私はやはり手帖を破いて、あの時と同じように大急ぎで間に合わせの三角紙を作らねばならなかった。そして、前年の失敗を思い浮かべながら、今度は充分に力を指先にこめて蛾の胸部を圧迫すると、応急の容器に入念に収め、さらに用心のため手帖ごとゴムバンドをかけた。こうして二度目にめぐり逢ったヒメヤママユガを、私はようやく手に入れることが出来た。

このことがあった頃から、飛驒の谷はにわかに開発のテンポを速め、西穂高岳へのロープウェイの工事が始まり、鍋平一帯はすっかり様相を変えた。呼び名も新穂高と改められ、「飛驒路の観光地として近代化へと歩み始め、笠山荘も豪華な近代的ホテルに改築されたと聞かされた。素朴な山宿の人たちも変り、あの露天風呂も姿を変えたことであろう。

以来私の足もぷっつりと飛驒路からは遠去かってしまった。だが時折、ふと思い出してはもう一度あの露天風呂には浸りたいと思うし、素朴な山宿の人たちにも会いたいと思う。

それはとにかく、二度にわたる不思議な出会いのまつわるヒメヤママユガは、今でも大切に私の標本箱に収められている。

月と野兎

「野兎は飼うものではない。人には馴れないし、満月の夜に必ず逃げ出して山へ帰って行く」という、どこか『竹取物語』に似た言い伝えを、私は常念山麓の古老からよく聞かされていた。まさか、と気にもとめていなかったが、思いもかけぬことから、その伝説の信憑性を身をもって実証する羽目になった。

その日は六月には珍しく晴れあがって、新緑の野山は燃えるばかりに輝きわたっていた。常念山麓に張り出した巨大な扇状地の端の寓居から、田植えの終ったばかりの水田の間を通り抜けると、すぐに村の分校で、その裏手から山路が始まっていた。しきりにエゾゼミの鳴く松林を抜け、レンゲツツジの花に埋まった原野を横切って、満願寺の参道沿いに登って行く。

時折、若葉の中から目の醒めるようなコミスジチョウがすべり出してくる。燃えるような緋色の翅《はね》をひらめかせてヒョウモンチョウも飛び出してくる。木立の中で鶯《うぐいす》も鳴いていた。小さな流れに沿うた山葵《わさび》畑から、道は急な登りになる。おびただしいウスバシロチョウが初夏の風に揺れている。

立ち止まるたびに展望がひらけて、汗ばんだ額を心地よい涼風が撫でてゆく。緑の藪をくぐりぬけ、草地を押し分けて、わが家から真正面に見慣れていた黒岩と呼ばれる大きな露岩の真下に出た。この日の清澄な大気は、珍しいことに安曇野を越えて遥かに富士の姿さえ浮かべていた。

ワラビ、ウドなど運び切れぬほどの山幸に満ち足りての帰り道、突然妻の叫び声に足を止めた。見ると道辺の草陰から顔だけをのぞかせて仔兎が蹲《うずくま》っているではないか。私はまだ逃げることさえ知らぬあどけない幼獣を、力いっぱい若草の中に押えこんでいた。

その時であった、仔兎の口から奇声を聞いたのは。思いもかけぬ疳高《かんだか》い声に意表をつかれ、私はあやうく手を離すところであった。その仔兎にとっては、それだけが精いっぱいの危機への対応だったのであろう。

適当な容れ物の持ち合わせがなかったので、可愛想とは思ったが四肢を軽くハンカチで縛って持ち帰ることにした。思いもかけぬ土産に子供たちは大喜びだった。早速母屋から木箱を借り受け、金網を打ちつけたりして俄造《にわかづく》りの容れ物を作り、その中に入れた。小さな耳、黒水晶のような瞳、ひこひこ動く消しゴムのような鼻、額には馬によく見かける白い差毛のかすかな流星を飾りつけていた。幼い生きもののあどけなさを体いっぱいにあふれさせながら、その仔兎はわが家全員の視線を浴びて箱の中におとなしく蹲っていた。

気がつくと、両方の瞼《まぶた》に何か黒い異様な球体がついていた。驚いたことには小豆粒ほどもあるダニであった。早速取り除いてやった。子供たちによって色々な食料が次々にあてがわれた。クローバー、カンゾウ、タンポポなどの野生自然食、次いでニンジン、キャベツ、ホウレンソウなどの野菜、しかし仔兎はその日は食べようともしなかった。

そして次の日、そしてまた翌日も食べようとはせず、私どもを困惑させた。三日目、近所の懇意な青年が聞きつけて頑丈な木箱を持ち込んできたので、仔兎の住居はにわかに格好がついた。だが肝心な仔兎のほうは何をあてがっても見向きもしない。しかし、その割に元気で、箱から出してやると座敷中飛び歩いたり、子供たちに抱かれたりした。

絶食五日目の朝、私どもは根負けしてとうとう山へ帰してやることに決めた。このままでは餓死の恐れが感じられたからである。その前に、記念にと写真を写した後、もしやそ

野兎の仔

れでもと菜っぱをあてがったところ、何と思いもかけず飛びつくようにして食べ始めた。皆一斉に安堵の声をあげ、わけても子供たちの喜びは大きかった。そうなると当然また飼いつづけることになり、元通り箱に収容してひとしお入念に出入口を点検の上、上から重しの石までのせ、廊下の隅に置くことにした。というのは、その日が満月の夜に当っていたからである。伝説をそのまま信ずるわけではなかったが、用心に越したことはないと思ったからである。

そして初めて迎えた運命の夜が過ぎ、翌朝のことである。誰かが箱がもぬけの殻で、仔兎の影も形もなくなっているのに気がつき、一家中の大騒ぎになった。私も繰り返し容れ物の木箱を調べたが、金網にも、上蓋にも何の異状はなかったし、また側面の桟をこじ開けた形跡らしいものも残っていなかった。

「野兎は飼えない、満月の夜に必ず逃げ出す」という伝説がこの場合現実となったのである。私は掌中の珠を奪われた虚しさに駆られ、廊下の隅に放置されたままの木箱の中を幾度覗き込んだことであろう。その後しばらくの間は、一家の生活にぽっかり大きな穴があいたような具合いであった。

ここで私はもう少し、その野兎の失踪事件について当時の背景というか、前日の事情を詳《つまび》らかにしておく必要を感じる。当時私どもの住居は農家の離れで、母屋とは完全に独立した単純な長方形の二階建てで、二階の南北に並んだ十畳三間が居室になっていた。階下も三部屋に仕切られた板張りで物置として使われていて、二階の東側は長い廊下で、その南の端に階段があった。

以上が事件発生前後の事情である。なおここで仔兎の逃亡の足取りにつき私の憶測と推理を付け加えると、まず箱から抜け出した兎は当然廊下伝いに階段をくだったことは間違いない。しかし階下の出入口や窓は夜間のことでもあり、すべて鍵がかけられていた。階下の各室は、脱穀機など大小の農具が充満していて、私どもは入念に隅から隅まで見てまわったが、仔兎の抜け出せるほどの隙間はどこにも見出せなかった。

一体あの仔兎め、どのようにして姿をくらましたのであろう。箱を抜け出すことができたとしても、次に家からの脱出という難関が待ち構えていたはずで、あの細い体軀のどこにそんな力が隠されていたのであろう。伝説通り満月から超能力を授けられたのであろうか。

それにしても、わが家に大きな波紋を残して忽然と姿を消した仔兎、果して無事黒岩の古巣へ辿り着くことが出来たであろうか。

「満月の夜に必ず逃げだす」という古い伝承の確かさを身をもって実証した野生の幼獣、大きなダニを瞼にぶら下げていた仔兎。そして五日目にやっと餌についた仔兎。

わが家の古いアルバムの一頁に、小さな箱にちょこなんとおさまった映像を残したまま、私どもが今もって解き得ない野生からの謎をかけつづけ、自然からの怪奇に満ちたロマンを語りかけてくる。

天狗隠し

ひと頃、秋の涸沢行は、私の撮影山行の年間スケジュールに、欠いてはならぬメーンイベントとして組み込まれていた。

その頃の私のテント場は、もっぱら現在のヒュッテのかなり下方の流れに沿った一帯で、ナナカマドやミネカエデの灌木の間にところどころ巨岩が蹲《うずくま》り、その周りはびっしりとイワノカリヤスなどの下草を敷きつめ、まことに住み心地がよかった。周りには人影もなく、時折岩の上でのんびりとトカゲをきめこむのも大きな楽しみになっていた。ただ、涸沢の核心部からはかなり離れていたので、いざ撮影のチャンスという時、おいそれとは現場に駈けつけるわけにゆかぬのが玉に疵《きず》であった。

その頃ものにした写真で、私の大いに気に入ったのが一枚あった。紅葉は盛りを過ぎた十月半ば、カールの底は日ごとに索漠とした晩秋の気配を深めていく頃のもので、その日、私はテントを後に、たそがれ時の情景を狙って、上方のザイテンを目指して登って行った。午後の日

消えた岩（左方下）、涸沢にて

がカールの谷にさし込み、私が覗き込むピントグラスに美しい縞模様を描き出していた。その斜光線をうけとめるように巨岩が一つ、しろじろとカールの底にうずくまっていた。私はそのたたずまいが、カールの生い立ちを語りかけているような気がして、そのまま構図のポイントにとり入れてシャッターを切った。私としては、それほど期待はかけていなかったが、その作品は幸い思いもかけぬほどの好評を博して、「アサヒカメラ」に掲載され、またその頃の『写真年鑑』にも採択され、私も気に入ったカラー作品の一つとして小著『山の季節』にも収録したほどであった。

ところで、話はその一枚の印画から始まる。そして話の核心は画面下方、左寄りに写し込まれた一つの岩であった。いつの頃であったか、私はふとしたことからもう一度この作品を写した現場に立ち、じっくり狙って写し直してみたい気持ちに駆られた。

涸沢を訪れた私は、早速、おぼろげな記憶を辿って、十年余も昔に三脚を立てた地点を物色してまわった。といっても、おおよその見当はついていたし、涸沢カールの角度や方向の目安もすぐにつきそうだったので、問題の岩もわけなく見つかるものと高をくくっていた。

ところが案に相違して、どう探しても見つからないのであった。私は慌てた。同時に困惑した。あのような大きな岩が、忽然と姿を消すことがあるであろうか。どうにも合点がいかなかった。という次第で、前作に輪をかけた傑作をものにしようとした私のもくろみも画餅《がべい》に帰した。

それから数年後、機会を得て再度私は執念深くその岩を探して歩いたが、見つけることが出来ぬまま根負けの形で諦めるよりほかなかった。私は時折、その涸沢の旧作を目にすることがあるが、そのたびにカールの底に沈んだ巨岩のことが思いに浮かんでくる。

俗間「神隠し」「天狗隠し」といわれ、人に限らず不可解な失踪が伝承されているが、私の写真に写し込まれた岩も、あるいはその「神隠し」に遭って、地底深く呑み込まれたのであろうか。涸沢のカールにまつわる山の怪奇談として、私の心に今でも不気味な余韻をひきつづけている。

その後、また十余年の年月が流れているが、私はその後、涸沢へは一度も足を踏み入れてはいないし、今後も訪ねることはないであろう。しかしその間にもしかするとあの雲隠れした涸沢の岩が、何かの拍子で「神隠し」の返し業というわけで、ひょっこり姿を現わすかも知れない。そんな思いが折に触れて心に浮かんでくるのである。

ところで、この話には後日談として付録が一つ付くのである。それは上高地にビジターセンターが開設された時であったから、だいぶ前の話になる。そこに収める展示品や陳列方法について構想が練られ、私もその企画に参与する栄に浴したが、その際、附近の岩石標本を陳列しては、との案が出され、その一つとして館内にケルンを飾ったらということになり、早速ヘリで常念岳に飛び、乗越にあるケルンをそっくりそのまま運びおろして、苦心の末復元したのであった。

その時私は、天狗原カールの氷河が刻みつけた擦痕のある岩塊などどうであろう、と提案したところ、面白そうだと賛同を得た。そして、それにはヘリによる搬出の可能性を見極めることと同時に、今いちど現地に適当なサンプルの存否を確かめることが先決ということになった。

ところで、私がこの案を提出したのには、一応成算があってのことであった。天狗原にはかなり早くから足を踏み入れていて、同地のカール地形についてはいささか期するところもあり、無論新設のセンターに陳列するサンプルにも心当りがあった。しかしその氷河の痕跡を印した岩塊は、おいそれと持ち出せるほど小さなものではなかった。だが今回は国の事業にかかわるものである。上高地のセンターに運び込むことが出来れば、貴重な資料として異彩を放つことは間違いないと思われた。

そんな希望を胸に私は数年ぶりに現場に立った。と、何としたことであろう、見馴れた羊背岩をめぐる辺りの様相は一変していたではないか。かねて目をつけていた擦痕の岩塊も、姿を消していた。私は呆然と立ちつくすばかりであった。だが、気をとり直し、記憶を呼び起して、それと覚しい岩海の一角を掘り返してみたが、目指すものの行方は杳《よう》としてつかめなかった。

私は失望のどん底に突き落とされたばかりか面白も丸潰れの始末であった。私の発想が、まさか天狗原に屯《たむろ》する天狗の忌避に触れたわけではあるまいが、私の目論見《もくろみ》も日の目を見ることなく終った。

それにしても私は、二度に及んで不思議なめぐり合わせで山中の岩塊に背かれたことになる。一度は涸沢で、また一方は天狗原で。

以来天狗原は、ものの怪《け》の跳梁する所として、不気味な陰影を深め、その時の失意の思い出を重ねて私の心に甦ってくるのである。

山の残酷物語

登り優先

登り優先ということが、このごろでは一応山路の交通規定として定着してきたようである。山では登りが降りより、おおむね骨が折れるという見地から、登行側を優遇した点でしごく妥当なとり決めであり、適切な処置であると思われる。

だが現場での実情はなかなかそう簡単ではなく、この不文律の交通規定は、実践上多くの問題点を抱えているように思われる。一体どのようにして登り優先が提唱され、公認されたのか、あまりにもおおざっぱな発想に首をかしげながら、私は時折「登り優先」のとばっちりをもろにかぶせられている。

岳沢にテントを張ったある年の夏、前穂からの早朝の奥穂を狙って暗いうちにテントを出た。幸い好天に恵まれて目的は充分に達成することが出来たが、それだけに到るところで撮影に予期せぬ時間を費してしまい、前穂の頂上を後にしたのは八時をとうにまわった頃であった。

前穂から奥穂へかけての稜線はいわゆる吊尾根で、奥穂のほうが僅かに高い分だけ登り勾配といえる。そのやせ尾根にさしかかった時、私は予期せぬ登山者の行列と対面する羽目になった。登り降りの落差はさほどではないが、険阻をもって知られたナイフリッジのこと、すれ違いにいたく神経を使わねばならなかった。それもなまやさしい数ではなかった。考えてみれば、吊尾根の八時、九時といえば、穂高小屋を発った登山者の群と、涸沢を早発ちした集団とがちょうど鉢合わせする時間帯に当るはずである。そう思って前方を見据えると、行手の稜線は色とりどりのヤッケの列に埋めつくされ、その先は奥穂まで切れ目なしにつながり、奥穂高の頂上は、ぎっしり人影で盛り上っているではないか。これはえらいことになった、これだけの登山者と足場の悪いやせ尾根ですれ違わねばならぬとは大変なことである。私は一段と気をひきしめて、一歩一歩に気を配りながら登って行った。

するると、そんな私を待ち構えていたかのように、行く手の上のほうから声がかかる。足を止めて顔を上げると、降ってきた登山者の先頭が片側に身を寄せて道をあけているのである。私は足を速めて登って行かねばならなかった。そしてやれやれとやっと呼吸を整えたかと思うと、すぐにまた上のほうから「どうぞ」という声がかかる。誰にも見栄はある。そんな時、弱みは見せたくない。無理にも平静を装ってまた足を速めて登って行かねばならぬ。

そして、三度四度となると、そろそろこちらの馬力も限界に近づき、どこか適当な待避場を見つけてひと休みしたい。そう思っている矢先、きまってまた「どうぞ」である。息は切れる

登山者の行列のつづくその日の前穂高吊尾根、左方奥穂高頂上

し足は棒のように固く重いが、それなのにあわてて登って行き、礼のひと言も言わねばならぬ。登り優先などと、一体誰が言い出した悪法であろう。いたわりとか、思いやりどころか、これでは一種のしごきであり、ていのよい拷問と同じではないか。山路の実態を無視した机上の思いつきもいいところである。そんな愚痴もつい口をついて出てくるという始末。この場合、登りは私一人で、降りのほうは切れ目のない行列である。私はいくらも歩かぬうちにペースを完全に乱されてしまう。こうした場合、降りのほうは体力的にゆとりがあるが、登りのほうは消耗が激しく、歩くだけで精いっぱいでゆとりがない。早めに待避場を見つけて、道を譲りたい、と思うのだがどうしても先を越されてしまう。私はとうとうやり切れなくなって、コースを大きくはずして涸沢に面した岩陰に廻り込み対向登山者のラッシュ

をやり過すことにした。

山路である以上、平坦な道のつづくはずはないし、また、平坦なところではすれ違いに問題はなく、交通規制の必要もないはずであるが、登り降りのはげしい山路については、難易度の違いは大きく、複雑で、いちがいには片づけられない微妙なものがある。登りに骨が折れ、消耗が大きく、降りが楽で、負担が少ないといえるのは、ごく平易な緩斜面の場合に限られる。少し傾斜が加わり、足場が悪くなるにつれ、難易度は逆転し、降りのほうがかえって負担が大きく、バランスに神経を使うのが普通である。こう考えてくると、登り優先は、ごく一般的山路のルールと考えるべきで、これに束縛されると、かえって実情に反し、無理を招くことになる。

双六岳から槍に向うコースの西鎌尾根は、展望もすぐれ、変化にも富んだ興趣深いコースになっている。このコースの目標となり、また魅力の中心になっているのは何といっても槍の眺めで、登山者はひと足ごとに姿形を変えて近づく峻峰、ひと休みする度に迫力を増してくる岩峰のたたずまいに、疲れを忘れて足を運ぶ。

そして、そのコースの大詰めに、槍ヶ岳への大登りが待ち構えている。傾斜はさしたることはないし、とり立てて険路悪場というほどではないが、一日行程の終末近くのまとまった登りだけに、一応このコースきっての正念場になっている。そこでも私は「登り優先」の規定に悩まされた覚えがある。

その日、私は南岳まで足を延ばす日程を組んでいたので、この登りにさしかかったのは正午前であった。上からは灼《や》けつくような真昼の直射を浴び、下からは岩肌の暑い反射をうけての苦しい登行であった。その上、足場は滑りやすい不安定なガレ場である。私は、ゆっくり長いピッチで一歩一歩踏みしめながら登って行った。だが夏山の最盛期のことで、上のほうから降りてくる登山者と、絶えず対面しなければならなかった。そしてその都度ペースを乱され、せっかくの歩調が維持出来なかった。

心の中で、歩行時間と疲労度を見計らって、そろそろピッチの限界を知り、手ごろな足場でひと休み、と考えている矢先、上のほうから「どうぞ」の声を聞いてしまう。顔をあげると、なんと遥か上のほうからではないか。なんのことはない、「ここまでおいで」と意地悪をかまされたようなものだ。この場合、道を譲りたいのはこちらのほうではないか。というより、それを機会にひと息入れたいのが本音である。そこをすかさず先手を打たれたわけで、ここで押し問答をしてみたところで勝ち味はない。というのは、降りのほうがゆとりがあるわけで、先方がいち早く恰好な退避所に身を寄せているのだから。その上、そんな時に限って登り優先を固執して動こうとしない。結局しぶしぶ登って行かねばならぬ。こんな時は、登る身にとって、例え数歩でも千貫の足枷《あしかせ》をはめられた感じがする。その上、道を譲られたからには、たとえ体力が限界にきていても、無理にも平静を装い、足を速めて登って行き、そして苦しい息づかいを噛み殺して愛想笑いを浮かべ、感謝の会釈もしなければならぬ。腹の中では苦しさといまいましさで煮えくりかえっているのだが。このような場合の登り優先は、決して登行側をいたわる優遇法規どころか、明らかに苦役を強いる酷法に変る。

この辺りの実情を裏を返して考えると、山に関する限り、休息の機会を先方にもたらすことこそ実質的ないたわりでありサービスなのである。一体、山を行く者は、大なり小なり、いつでも何とか正当な理由を見つけてひと息つきたい、との思いが心のどこかで機会を狙っているもので、殊に険しい山路を行く際には、その思いに切なるものがある。だがその一面には、仲間と一緒の折など、理由なく休息することには、弱音をあげるようで気がひけるものである。

私は登り優先を盾にとって、遥か上方から道を譲られる場合など、むしろ相手に休息のチャンスを提供しているくらいに思うことにしている。私はかつての夏、不帰《かえらず》第二峰であったか、そのコース随一の悪場で、十数人の大学山岳部らしい一行と対面したことがあった。それぞれおんぼろの特大キスリングに、なかには大鍋が縛りつけられた大荷物で、岩に取り付いた亀といった形で足どりは遅い。幸い見通しのきく場所であったから、私は早くからその岩場の下の平らなところで一行の降りてくるのを待っていた。

すると、思いもかけずリーダーの「道をあけろ」という号令が響きわたったのである。これはえらいことになった、と私は急いでザックをとりあげ、登って行くよりほかはなかった。

パーティーの一人一人が不安定な足場に身を寄せて道をあけている。この場合、足は止めてはいるがザックは担いだままで、重荷から解放されてはいない。それを思うと、私は大急ぎで通過しなければならなかった。これなど双方ともに大損をする山路のすれ違いで、登り優先一辺倒の弊害を暴露した最低のケースといえるであろう。

山路でよく大パーティーと対面する時は、登り優先も何もあったものではない。小人数の側が道を譲るほうがおおむね手っとり早く、合理的のようである。だが、実際には、往々にしてその逆になることが多い。パーティーの後尾からリーダーの「道をあけろ」の一喝が響くからである。こうした場合、早く声をかけたほうが絶対優位に立つ。後手にまわると苦汁を喫しなければならぬ。従って、この呼吸を呑み込んで、先手をとることが山歩きの重要な骨になってくる。対向者が近づいたら、素早く地形を見定めた上で、早目に「どうぞ」と声をかけ片側に身を寄せてしまうことである。

こういったからといって、私は「登り優先」を誹謗したり、反対するものではない。山路交通のルールとして何らかの基準は必要だからである。ただ杓子定規にこだわると根本の精神が歪められ、折角の良法も生かされない。「登り優先」もケース・バイ・ケースというか、臨機応変の運用こそ肝要であろう。

いびきノイローゼ

だいぶ昔のことである。或るテレビ取材班に同行した際、双六小屋での出来事であった。当時双六小屋は、山小屋としては最大扱の規模を誇っていたが、夏山最盛期のこととて超満員の混みようであった。われわれの一行五人、懇意の小屋主のKさんのはからいで、二階の奥まった最上の部屋に通された。そこは十畳ほどの、一部に二段式のベッドをめぐらした、半ば個室とでもいえる造りになっていた。

北に向った窓からは、鷲羽岳が真正面に望まれた。奥の部屋なので、人の行き来はなく静かであった。案内された時、すでに十人ほどの先客があった。夕食後、見知らぬ客同士の和やかな雑談のひとときを過した後、私は早目に上段の一番隅、壁際の寝床にもぐり込んだ。八時を少し過ぎた頃であった。もぐり込んではみたものの、寝つきのよくない私は、すぐに眠れないことは百も承知であった。

九時、灯りが消されるとざわめきもおさまり、同室の皆が就寝の態勢に入ったばかりというのに、どこからともなく鼾《いびき》が響いてきた。そしてその鼾は、あたりの静寂が深まるにつれ、しだいに高まっていくのであった。と、そのうちまた別口の鼾が加わってきた。先口のほうは長く尾をひく抑揚のない低音で、後口は断続的な高音である。その異質の鼾のデュエットは、時に重なり、時に前後して、夜の山小屋の隅々まで響き渡った。

その時、私の耳にはもう一つの響きが伝わってきた。鼾は二重奏でなく三重奏にふくれ上ったのであった。私の隣りは、二人置いてOLらしい四人のパーティーで占められていたが、鼾が始まると間もなく、そのあたりから声を殺したしのび笑いが洩れてくるのが感じとられた。そしてそのうち我慢しきれなくなったのか、堰《せき》を切ったように笑い声が一時に爆発した。と同時にあちこちで、囁《ささや》きとも溜息とも聞きとれるざわめきが湧きあがった。それは、鼾に対する同宿者の、一種の抗議のブーイングに相当するもののようにも思われた。

先刻から鼾に悩まされていたのは私だけではなく、他にも同類のあったことを知り、心強さを覚えたが、次の瞬間、呑気なことをいっている場合ではない。寝不足は翌日の仕事に大きく響くのは必定である。しだいに鼾声の主に対する憤懣がつのって、神経もたかぶり、眠るどころの騒ぎではない。思いは同じとみえ、OL嬢の間から洩れる溜息にも、しだいに重苦しい響きが感じられる。

私は腹立たしさに好奇心も加わって、鼾の主は一体どのような人物だろうと、闇の中でうかがった末、それが中央の通路を隔てた向い側の下段の、中年の夫妻だとつきとめた。それにしても、至近距離の耳元であのような騒音を立てられ、お互いよく寝ていられるものと、感心するよりほかなかった。

時間が経つにつれ、私の神経はしだいに冴えてゆき、それが焦りを深め、やり場のない鬱憤となって体中を駈けめぐる。このような場合、あせってはますます睡眠から遠去かるだけである。努めて平静を保ち、無視し無関心になろうと努力するのだが、その一方では鼾の強弱や調子に聞き耳を立てているもう一人の自分をどうすることも出来ない。OL嬢のほうからも、しきりに溜息や寝返りをうつ気配が感じられる。こちらも事態はかなり深刻のようだ。

私は、これまでにこうした事態は何度か経験ずみである。とにかく落着くことである。心の中でそう繰り返してみるが一向に効き目がない。懐中電燈で時計を照らすと零時をまわっている。鼾だけが山小屋の静寂を破って一段と響き渡る。一体ほかの人は寝ついているのであろうか。寝つかれぬままに私は、自分だけがとり残されたような劣等感にさいなまれる。何とかせねばならぬ。窮余の策として、ズボンのポケットからちり紙をとり出して耳に栓をしてみた。音響は確かに遠のいたが、一方違和感のためにどうにもしっくりしない。どうやら今夜は徹夜を覚悟せねばならぬようだ。その時、ふと私は、先ほど布団に入る時、掛布団の一ヶ所の鍵裂きから綿がのぞいていたのを思い出し、紙に替えて入念に栓を作った。今度は格段に違和感は少なかったが、意外に音の遮閉効果は少なかった。その夜はほとんど一睡もせず朝を迎えてしまった。

山小屋の朝は活気に溢れ、希望に満ちている。一人一人がそれぞれの日程を胸に、われがちにと出発の支度に忙しい。鼾夫妻は、と目線を走らすと、寝床の上に身を起してまだ睡り足らぬげに見えた。

こうした場合、被害者の立場からは、何か一言あってしかるべきであるが、山小屋の気ぜわしいひととき、そんなことにかまけているゆとりはない。せいぜい非友好的な一瞥を相手に投げつけるくらいが精いっぱいの鬱憤ばらしで、夜中の深刻な苦悩は朝の光で雲散霧消していく。山とはよいものである。

その日、われわれは西鎌尾根から南岳に向ったが、ひと休みするたびに「昨夜の鼾はすごかった」と誰からともなく噂話が持ち出されたことであった。

話はそれから一年余を距てた九月半ば、所も同じ双六小屋、九月中旬といえば夏山シーズンもとうに過ぎた山の端境期で、小屋は閑散としていた。話の舞台としてはその点だけが前と大きく違っていた。例によって通された二階の鷲羽寄りの部屋には、高校生らしい五、六人のパーティーと、この頃珍しいガイドを連れた五人連れの家族らしいパーティーの先客が、敷かれたままの布団の上に思い思いに座を占めていた。意外に少ない相部屋の顔ぶれに、やれやれと安堵するのがそうした場合当然のはずであるが、その時私の脳裡に、手放しでは喜べない、いやな予感が通り過ぎた。昨年の苦渋を喫した一夜の思い出が心の中に甦《よみがえ》ったせいかもしれないし、私の鼾ノイローゼがいちはやく予感を押しつけてきたのかもしれない。案の定、この場合、予感が的中し、悲劇は二度つづいて起きたのであった。

予感というものは、得てしてこうした芳しからざることに限って当ることが多い。そして、こと鼾に関する限り、本能的といえるくらい私の勘が冴えるようである。ということは、これまでいやというほど苦い経験を積んできたからかもしれない。山小屋に落着いたら、私にとって次の関心事は、いかにして無事に睡眠をとるかの一事のほかないはずである。それにはまず、対鼾作戦として、どこに座を占めたら都合がよいかということになる。この時は比較的ゆとりがあったので、私はいつもの上段の窓際を確保することにした。

こうした場合、忘れてならない重要なファクターがもう一つ考えられる。それは隣接する人物への気配りというか観察である。この場合は大学生らしい若者であった。私の体験からは、どちらかというと若い人のほうが鼾をかく率は概して低くなっていたからである。

夜になって外は濃いガスに閉ざされた。私は何度も窓ガラスに顔を押しつけて外の気配をうかがった。何とかして星影の一つでも見つけ、それに明日の希望を託して睡りにつきたかったからである。しかし、その都度私の視線は暗澹とした暗闇の中に吸いこまれてしまった。どうやら明日も停滞ということになりそうだ。

と、その時であった。突如辺りのひそひそ話を制圧して、異様な音が室内に響きわたった。それは私の記憶にもなかったような最大級の鼾であった。これは大変なことになった。一瞬私の全身に戦慄が走った。音の発生源は、物色するまでもなく斜め向い側下段の中央に座を占めた中年のガイドと判明した。先ほど私は、相部屋の人々をひとわたり眺めまわした時、鼾をかくとすればこの人を措いてほかにはない、と目星をつけたのだったが、その予感がこんなに早く的中しようとは。しかも事態は一年前の一夜とぴたり符合するではないか。何だか時間が逆戻りしたような錯覚に襲われる。

だが、一つだけ去年と違う点のあるのに気づいて、私は落着いていた。それというのが、シーズンをはずれていたので小屋が空いていたことである。無理に我慢する必要はない。私はしばらく鼾の持続性や音響を検討した結果、エスケープを決意し、頃合いを見計らって、トイレにでも行くように装い、部屋を抜け出した。外はがらんとした空き部屋がつづいていた。私は出来るだけ遠い片隅の布団にもぐり込んだ。

しかし翌朝、同室の人々の怪訝そうな面持ちにぶつかり、少々気が咎めた。二度あることは三度ある。今度双六小屋に泊る時は充分対策を練って行かねばならぬ、と思うのである。

或る年の夏、岳沢にテントを張って、一週間ほどを撮影に過ごした或る日、日帰りで奥穂高をまわって帰る日程を立てた。しかし稀な好天に恵まれ、到るところで手間どり、とうとう穂高小屋泊りを余儀なくさせられた。せめて涸沢まで足を延ばしておきたかったが、撮り残したところもあり、ザイテングラートをまた登る労力がはぶけることを考えてのことであった。八月十日頃であった。考えてみれば夏山最盛期中のピークに当っていた。混むことは充分覚悟の上であったが、見通しが甘かった。小屋に着いたのは三時過ぎ、部屋に通された時は数人の先客しかなかったが、すでにぎっしりと布団が敷きつめられていて、部屋の壁板に番号の数字が書き込まれてあった。一見して私にはそれが就寝時の場所割りを示すものだと頷《うなず》かれた。それにしても随分混んでいる。一瞬不吉な予感が頭をかすめた。やはり涸沢まで降りておくべきだったかと、悔まれたが後の祭である。だが、この様子ではそれほどのことはないかもしれない。同室の人々は、それぞれその番号割りに従って場を取っている。私も工員らしい青年の隣りに座をとった。そのうち混んでくるに違いない。今のうちに少しでも体を休めておこうと横になった。

うとうととしたかと思うと、夕食時間を告げられて目が覚めた。いつのまにか部屋は登山者で充満している。そればかりか、外周りからただならぬ騒音が響いてくる。扉を開けると、驚いたことに廊下はぎっしりと登山者とザックで埋まって、足の踏み場もない。それを掻き分け、やっとのことで食堂に辿り着くといった具合い、食堂からうかがうと、外にはまだ受付のすまぬ登山者が、押し合いへし合いの雑踏である。部屋までの廊下も身動き出来ぬくらいのぎゅうぎゅう詰めである。それどころか、トイレ近くのスノコの上まで同様の混雑ぶりである。部屋に帰り着いてみると、私の場所はなくなっていた。やっとの思いで割り込んだものの、睡るどころの騒ぎではない。そのうちアルバイトの整理員が来て、八時を過ぎたら大整理をするからそれまで起きて待つように、との知らせがあった。大整理とは、廊下に立ったまま中に入り切れぬ遅着きの登山者たちを、各部屋に割り振ることを意味するものとわかった。これ以上、どのようにして人員を詰めともうとするのであろうか、やけ気味の私には、今後の成行きにむしろ興味がもたれた。

果して八時を過ぎた頃、詰め込み作業が始まった。みな一斉に起され、その間に何人かの新入者が割り当てられた。あちこちで小競合いがはじまったのは当然である。それまでにぎりぎりまで詰め込まれて、限界に達していたからである。これ以上どう考えても詰めようはなさそうに思われた。だがそんなことにおかまいなく数人が割り当てられた。私の隣りに学生らしい若者が楔《くさび》を打ち込むように割り込んできた。いよいよ今夜は睡るどころではない。体を横にして少しでも圧力をゆるめようと試みるが、無理な姿勢がつづくわけはない。七転八倒の苦しみといいたいところだが、それさえも許されぬ金縛りの責苦である。大整理と称する最終的な詰め込み作業がどうにか収まり、やれやれと思った途端、耳元で鼾が聞えてきた。

こともあろうに、それが新入りの学生ではないか。遅くまで歩き疲れていたのであろう、横になるかならぬかのうちの鼾である。これはえらいことになった。私の耳に触れんばかりの至近距離である。一晩中聞かされるのかと思うと、暗澹とした思いに打ちひしがれる。いよいよ今夜は徹夜を覚悟しなければならぬ。ところがその最悪の事態に、さらに追い打ちをかけるように隣りの工員らしい青年の歯ぎしりが始まった。鋭い金属的な騒音は、私の耳に突きささってきた。こちらも鼾同様私の耳元から送り込まれてくる。私はたまりかねて両方の耳を指でふさいだ。音は幾分遠のいたが、そんな姿勢は長くつづくわけはない。何とか対策はないものかと考えた末、また例によりズボンのポケットからちり紙をとり出し、耳に栓をしてみた。思ったほどの効果がないことは試験ずみであったが、他に妙案は浮かんでこなかった。

一人おいた中年夫妻のほうからもしきりに溜息が聞えてくる。同じ騒音に悩まされて寝つかれないのであろう。このような場合、親しい仲間なら、鼻をつまむとか横腹を軽くこづくことが出来るのだが、この場合、殊更おおげさに寝返りを打って刺戟するより手段はない。それも一時的な効果があるだけで、長くはつづかない。それどころか、下手をすると、次の瞬間、せき止められた流れが放たれるように前より一段勢いを増すことがある。さらに始末の悪いことは、止めば止んだでいつまた始まるかという不安で神経が尖るばかり。至近距離からの鼾と歯ぎしりの挟み撃ちを受け、その夜、私はとうとう一睡も出来なかった。翌日は寝不足が祟《たた》って奥穂高に登る意欲もあったものではない。ザイテンを腑ぬけのようにふらりふらりと降って行った。

その頃私は、ふと目にしたある雑誌で山小屋での鼾をめぐってのトラブルの記事を読み、同病相あわれむというのか、いやというほど苦い経験を重ねていた私は、真底から共鳴を覚えるとともに、身につまされる思いであった。事の起りは同宿者の鼾に妨げられ、睡眠出来ない周囲の人が騒音の主を起してつるしあげを加えたというのであった。起された当人の言い分としては、自分もそのことはよく承知しているので、気をつかってなるべく遅く就眠したつもりである。お前さんたちがぐずぐずしているのがいけないのだ、と、なかなか強硬なので、事態は感情問題に発展し、売り言葉買い言葉が飛び交い、収拾出来ないまでにエスカレートしていった、というのである。

この場合、相手のほうにも言い分のある難しい問題である。そして、この種の事件は表面に出ないだけの話で、潜在的には、山小屋の夜の同宿者をめぐって始終起っているはずのことだけに、看過出来ない深刻な問題とも考えられる。何ぶん鼾の当事者としては、睡眠中の、いわば無意識の生理現象との理由から、責任はないと開き直られては被害者のほうも引き下がるわけにはいかなくなる。山中安眠を妨げられることは、おおげさにいえば山行の安全に影響する重大事であるから、無意識だからといって見過せない。その原因を排除しようとするのは正当防衛だと主張するわけである。要約するに、双方の言い分の骨子は、このように平行線を辿ることになるであろう。

ところで、こうした事件が往々にして紛糾するのは、感情問題が絡んでくるからで、いわば原告に当る人は、おおむね神経の太い、どちらかというと楽天家タイプが多く、一般に寝つきのよいバタンキュー的人種が多い。それに比べ被害者のほうは、神経質で寝つきが極めて悪いときているので始末が悪い。鼾人種に先を越されて一晩中七転八倒する羽目に陥る。相手を起してみたところで、あっけらかんとしてまたすぐ睡られてしまうのが落ちで、ますますやり場のない腹立たしさがふくれあがっていくことになる。

たかが鼾、目角《めくじら》を立てることではあるまいと、第三者の立場からは言われそうだが、被害者にとっては深刻な問題なのである。この場合、避けようのないことが致命的である。その意味で無意識の行為だからとて放置されたままでよいものであろうか。とにかく山小屋の利用者にとって、鼾問題は大きな課題であるし難問でもある。山旅の楽しさを奪い、一転して苦悩、憎悪にまで人の心を追い込んでゆくからである。

ところで、このごろ嫌煙権をはじめ、各種の拒否権が日常生活の中に定着し出したように見受けられる。その伝《でん》でいくと、嫌鼾《けんかん》権もそろそろ真剣に考えられてもよいのではあるまいか。それについて私は思うのであるが、このごろの山小屋の中には、設備の上で、平地のホテル並みの豪華な個室をそなえたところも少なくない。

それはそれとして、別に鼾常習者専用の特別室が考えられてもよいのではあるまいか。冗談もほどほどにと叱られそうだが、長年、山小屋で鼾禍に悩まされた、鼾ノイローゼ患者の一人として切実な体験にもとづいた真面目な提案なのである。

Ⅵ

雪形「駒」勢揃い

わが国には、駒と名のつく山は多い。すぐ心に浮かんでくるものだけでも、軽く十座を越える。そして、その駒ヶ岳グループの所在地を、地図の上で拾っていくと、明らかに北に片寄っていることに気づく。北海道の駒ヶ岳から始まって、南は箱根山群の駒ヶ岳で一応終止符を打ち、中部以南には生駒山（大阪府）以外には見当たらないようである。主なものを北から並べていくと、次のようになる。

駒ヶ岳（北海道）一一三三メートル
大駒ヶ岳（大岳・駒ヶ岳／青森）一一四四メートル
駒ヶ峯（青森）一四一六メートル
駒ヶ岳（秋田駒／秋田）一六三七メートル
駒ヶ岳（藤駒／秋田）一一五八メートル
駒ヶ岳（山形）一〇六一メートル

駒頭山（岩手）九四〇メートル
駒ヶ岳（岩手）一一三〇メートル
駒形山（岩手）四三〇メートル
駒ヶ岳（栗駒山／岩手・山形）一六二八メートル
駒ヶ峯（宮城）三二四メートル
駒ヶ岳（会津駒／福島）二一三二メートル
駒ヶ鼻（福島）八五四メートル
駒ヶ岳（越後駒／新潟）二〇〇三メートル
駒ヶ岳（新潟）一四八七メートル
駒ヶ岳（新潟）七七六メートル
駒形山（駒ヶ岳／新潟）一〇七二メートル
駒ヶ岳（群馬）一六八五メートル
駒ヶ岳（富山）二〇〇二メートル
木曽駒ヶ岳（西駒／長野）二九五六メートル
甲斐駒ヶ岳（東駒／長野・山梨）二九六六メートル
駒ヶ岳（駒形山／神奈川）一三五〇メートル

生駒山（大阪）六四二メートル

いまさらのように、駒に名を借りた山の多いのに驚くのであるが、このことは、昔から馬がいろいろな面で山村の生活に深いかかわり合いのあったことを示すもので、とりわけ東北地方に駒ヶ岳が偏在していることは、それだけ牧馬の盛んであったことが頷《うなず》かれる。ここで、もう少しくわしく駒ヶ岳グループの名称の根源について考えてみると、おおよそ次の四つの集団に大別出来そうに思われる。

第一のグループが山容に馬を連想させるもの、第二が伝説や神話にもとづくもの、第三が山麓の馬の名産地に由来したもの、つまり産業につながるもの、そして第四が雪形につながるもの。

ところが、この四つとのみ思っていたところ、それ以外に私の興味を惹く一説のあったのを最近になって知った。それはコマ、つまり玩具の独楽《こま》からの発想である。（『日本山名辞典』三省堂。）これは意外であった。ただし山が全体として独楽に似た形なのか、山の一部に雪形の独楽を浮かべるのか、その点さだかでないが、とにかく私は意表をつかれた形で、未だに合点がいかない。コマといってもいろいろな形のものがあるが、形態的には、上面は一般に平坦か、僅かに突出するか、または窪み気味、なのに対し、下半部、つまり裏側は、いろいろな角度で円錐形に尖っているのが普通である。

それにしても、一体独楽に山名の由来をもつ山とは、どんな形をしているのであろうか、私にはどうしても納得いく形が浮かんでこない。その場合、心棒の存在が邪魔になり、現実の山が独楽と重なってこないのである。そして回転中の独楽は、シンメトリーの形を保って、心棒が中央を突き抜けているはずで、なおのこと実際の山と馴染まない。先にあげた駒ヶ岳山群の、どの山がそうした独楽に由来した呼び名の山に該当するであろうか。そしてまた、独楽の雪形についても、私は何も聞いていないし、記録文献の上でも見ていない。

それはとにかく、私にとってさらに大きな関心事は、駒の山名と、その発生源と目される雪形との関わり合いであった。東北地方の取材旅行で、私はかなりな数の馬の雪形にめぐり逢えたし、そのどれもが素朴で地方色豊かな風格を身につけているのに、私はいたく魅了された。

それと同時に、おそらく二十体に及ぶ全国駒ヶ岳グループの雪形を揃えることは、並大抵なわざではないということも、身をもって痛感したわけであった。結局、各方面からのご支援と協力を得て、どうにか収録出来たのは、別図（三六七ページ）のようにほんの一部に過ぎなかった。

それについて面白いと思ったのは、駒ヶ岳一族の総帥格の甲斐駒（東駒）に、雪形の見つからぬことであった。この山は、私の住居からはそれほど遠くないので、幾度となく足を運び、そのたびにカメラを向け、また山麓の人々を通じ、雪形に関する聞き込みにもつとめてきたが、今のところその可能性は全く感じられない。結局、この山の呼び名の発生源は、雪形ではなく、あるいは山全体の形からきているのではなかろうかと、その線からも機会あるごとに眺めているが、こちらからもこれという手掛りがつかめない。

となると、最後の頼みの綱は、故事伝説か、昔の牧馬に由来するものと考えざるを得なくなる。そこで、古い地図をひろげて甲斐駒の周辺をあさると、馬にかかわりの深い牧の字がしきりに目につく。つまり、甲州側から駒城、駒井、駒場などの地名が見えるし、郡名の巨摩も駒の音読が一致する。ただし、それらの地名が果して山名より古いかどうか、その点さだかでないが、ただいつの頃からか、山麓が馬の名産地として知られていたことだけは頷かれる。

ところで、駒ヶ岳グループの大将格の甲斐駒に、肝心の雪形が見当らぬばかりか、山名の由来までさだかでないのは何とも物足らぬ思いがする。その代りというわけではないが、副将格の木曽駒（西駒）には、二頭の雪形駒が轡《くつわ》を並べて登場し、充分にその穴を埋めている。しかもその中の一つは、均整にすぐれ、豊かな量感を備えた逸品中の逸品である。

なおまた、安曇野の北隅から眺める白馬岳には、「代掻馬《しろかきうま》」の雪形がある。このほうは形には難があるものの、ボリュウムの点では断然他を圧して立派である。だが、山名は厳密には駒ヶ岳とは異なるので、番付の上では張出横綱どころが適当であろう。

雪形駒揃えと銘打って、私の収録したものをひと通りここに登場させたが、実は、これ以外

雪形「駒」勢揃い　　○印は白い雪形（ポジ型）

1 双　馬 （長野, 中ア, 将棊頭）
2 代掻馬 （長野, 北ア, 白馬岳）
3 子　馬 （長野, 北ア, 乗鞍岳）
4 駒 （長野, 中ア, 中岳）
5 上り駒 （長野, 中ア, 駒ヶ岳）
○ 6 駒　形 （青森, 八甲田, 大岳）
7 駒 （岩手, 駒ヶ岳）
8 駒 （新潟, 飯豊, 駒形山）
9 代掻馬 （新潟, 飯豊山）
10 駒 （秋田, 駒ヶ岳）
11 駒 （富山, 北駒ヶ岳）
○? 12 駒 （福島, 会津駒）
13 黒　馬 （長野, 乗鞍岳）
○ 14 駒 （岐阜, 北ア, 笠ヶ岳）
○ 15 駒 （宮城, 栗駒山）
○ 16 駒 （新潟, 駒ヶ岳）
○ 17 駒と鋤 （新潟, 八海山）
○ 18 駒 （群馬, 至仏山）
19 跳ね馬 （新潟, 妙高, 神奈山）

に、かなりの数の馬が駒ヶ岳系列以外の山にも出現する。例えば白馬岳と稜線つづきの乗鞍岳には「仔馬」、また同名の乗鞍岳の「黒馬」、同じアルプスの笠ヶ岳の「馬」、中央アルプスには将棊頭山の「双馬」、田切岳の「馬」などである。それにしても雪形の馬や駒は、全国には、どんなに控え目に見ても五十近くは数えられそうに思われる。そして、駒ヶ岳グループの山と、それと名前の上で近縁の亜流駒ヶ岳を併せて考える時、私がこれまでに探り当てた雪形の駒や馬は、あまりにも少な過ぎるように思われる。だとすると、他の多くの雪形は、一体どうなったのであろうか。人の世の移り変りにつれ、かつての栄光の伝承とともに消え失せたのであろうか。

山は永劫不滅の象徴にたとえられるが、その山の浮かべる雪形は、麓の人々が郷土の山に見出した季節の景物であるとともに、それぞれの地域に即した自然暦として信頼性が高く、農耕の目安としてすぐれたものであり、また、生活の知慧が生んだ雪国特有の文化財ともいえるものであった。

幻の駒　伝承のみにて形態未確認のもの

馬　形	(山形，月山)	駒ノ首	(新潟，菱ヶ岳)
馬	(〃，神室山)	馬	(新潟，駒形山)
させとり馬	(〃，朝日岳)	駒　形	(新潟，弥彦山)
駒	(福島，飯豊山)	馬　形	(新潟，妙高神奈山)
駒　形	(〃，安達太良山)	馬	(青森，増川岳)
馬　形	(新潟，二王子岳)	馬	(青森，尾太岳)
コマガタ	(新潟，菅名岳)		

そして星移り月変って、雪形は今、その存在性に大きな転機を迎えている。農業形態の進歩発達と気象情報整備等の陰に、雪形は、本来の機能を失い、長い栄光の歴史を閉じようとしている。この時に当って、せめてその伝承とともに実像を掘り起し、記録に止めて後世に残すのは、忘れてはならない責務ではあるまいか。

それにしても雪形の再発掘の仕事は、時期すでに遅きに失した感が強く、一刻の遅延も許されぬ限界に来ているように思われる。というのは、雪形の全盛時代を、身をもって体験した貴重な生証人は、明治生れの世代を最後として永久に跡を断ち、直接証言による探索の手がかりが完全に消滅してしまうからである。どうやら私のこの雪形探しも、残念ながらひと足遅かったように思われる。だが、それについて一つだけ頼みの綱が残されている。それは、今後も雪形そのものは変ることなく、年ごとの春、雪国の山に姿を浮かべつづけることである。

「雪形」その後

今年（昭和五十九年）一月十三日の地元紙信濃毎日新聞の夕刊に、新春の宮中の行事「歌会始」が十二日皇居正殿松ノ間で催され、今年の御題が「緑」で、天皇、皇后両陛下、皇族方の御歌をはじめ、一般から応募のあった約三万首の中から選ばれた入選歌十首が、古式にのっとって披露され、その中に、県内から松本市在住の丸山婦起子さんが入選の栄を得られ、列席された旨報じられていた。

私はそれらの記事を目にした瞬間、強い感動をうけた。というのは、丸山さんの入選歌に「雪形」が詠み込まれていたからである。何とも嬉しい驚きであった。私は早速、伊那市の雪形同志、向山雅重氏（山村民俗の会会員、アララギ同人）に電話したところ、思いは同じで、自分もそのことについて詳しい事情をお聞きしたく、連絡をとりたいとのことであった。作者の丸山さんが、平素どのように雪形を見ておられたか、そしてこのたびの詠進歌に、「雪形」がどのような経緯で詠み込まれたかについて、返事のありしだいすぐに連絡するとのことであった。

それにしても「雪形」がこのように晴れの席で脚光を浴びたことは、思いもかけぬ出来事で、その意義は極めて大きく、これを機に「雪形」は言葉として公認されたわけであり、こんな嬉しいことはないと興奮気味の喜びようであった。

アルプスに雪形いでて安曇野は
　わさび田のうねに緑つらなる　　婦起子

この詠進歌を一読して、私にはすぐに、隣町穂高町の大王わさび園が思い浮かんだ。最近安曇野の行楽地として観光客で賑わっているそこからは、常念岳から蝶ヶ岳へかけての北アルプスの山なみが望まれる。従ってその中に詠み込まれている雪形は、常念岳か蝶ヶ岳のものと思われた。

折も折、そのニュースを追いかけるように別の「雪形」の吉報が舞い込んできた。それは『広辞苑』の最新改訂版に「雪形」が収録されたことで、その記載を転記すると、

ゆき－がた〔雪形〕山腹の雪の消え具合によってできる形。→雪占（ゆきうら）

簡単ではあるが、私にはそのようなことは問うところではなく、採録されたという一事にこそ千金の重味が感じられる。それにしても、今年は新年早々「雪形」にとって何という嬉しい年であろう。当り年というか、つき年というか、この二つの出来事で、「雪形」は一般用語として晴れて市民権を得たわけである。

そうした相次ぐ嬉しい出来事の興奮が、まだ余韻をひいている最中、松本在住の若い山友の林君から電話で、入選された丸山さんが私に会いたいとの内意を伝えてきた。これはまた願ってもないことと、早速承諾の返事とともに、同君にその事情を確かめると、だいぶ以前のことであったが、丸山さんが松本の清水中学校にお勤めの頃、私が招かれて一度同校で、多分高山蝶の話ではなかったかと思われるが講演した際、お目にかかっていたことが判明した。雪形と高山蝶、同じアルプスの山を飾る景物のとり合わせには、何だか因縁めいたものが感じられてならなかった。

すぐにもお目にかかりたかったが、私が体調をくずしていたので延びのびになり、今年の異常な寒さもようやくおさまり、春のきざしを見せはじめた四月に入ってお会いすることが出来た。話題は当然雪形に集中し、私はお祝いの言葉もそこそこに「雪形」の詠進歌の生れた経緯をお尋ねした。

それによると、丸山さんは隣町の穂高町等々力のお生れで、幼少の頃から父上より雪形についてはよく聞かされておられたとのこと、その点、いわば生えぬきの安曇っ子で雪形育ちともいえる明け暮れが、今回の入選歌の伏線になっていたように推測される。ちょうどその頃、私どもも同じ町内の牧村に疎開して、そのまま定住していたわけで、以前にお目にかかれたのも、そうした機縁によるものであった。

安曇野のわさび田（穂高町大王）

なお、入選歌の銓衡《せんこう》は、詳細かつ厳正な審議調査がなされた由、それは「雪形」なる言葉が、このような公けの格式高い国家的行事で扱われるのは、初めてのことで、その点について慎重を期されたのも当然であろう。

雪形にとっても公認されるか否かの重大な転機だったのである。その点、宮内庁からの問い合わせについては、丸山さんは雪形の地元安曇野に生れ、雪形の、いわば現役時代の最後の生き証人ともいえるお父上から、実地にいろいろと教えをうけて育ったこと、そしてそれとともに、私の小著『山の紋章　雪形』を見て確かめられた旨を答え、諒承を得られたとのことであった。

丸山さんは、そのためにわざわざ小宅までご挨拶にお越し下さったわけで、真に恐縮したことであった。

話は変るが、先の小著『雪形』は、当初の案ではその範囲を長野県内のものに限っていたのを、急拠全国規模へと変更をみたので、調査に充分手がまわらず、疎漏も多々あり、その点悔いを残した。以後は機会を得ては各方面に口をかけ、協力を仰ぎ、資料収集につとめてきた。発刊以来僅か三年に過ぎぬが、その甲斐あって僅かながら新しい情報が寄せられている。その中の主なものをこの機会に収録し、協力を頂いた方々に感謝の意を表したい。

思うに小著に収録した「雪形」リストは、その総数は三百四十体に過ぎないが、私のその後の感触としては、四百には間違いなく到達するように思われる。そうしたリストアップの可能性の高いものの中から二、三拾いあげると、第一は八ヶ岳で、あれほどの名山に雪形が伝承されていないのは何とも不可解で、納得いかなかったが、そのわだかまりを一度に解消出来たのであった。それは富士見方面から眺めた立場川源流に、「種蒔き爺」の雪形が現われるとのことであった。

八ヶ岳とともに浅間山についても雪形が見つからなかった。これも私には不自然でならなかった。もっとも、浅間山は八ヶ岳と違い活動中の新しい火山で、山体は凹凸を欠き、形態的に雪形を定着させるには不向きで、その点私も大筋で納得出来たが、その浅間に雪形があるのを探り出したのは家内で、群馬県側の鎌原地区から馬形が伝承されているとの情報を小耳にはさんできた。

なお、それとは別に浅間山については、私が以前、御代田附近で撮影している際たまたま傍らを通り過ぎた土地の人の「今日は○○がよく見えている」との会話を耳にしたことがある。その時、私は噴煙の変化に気をとられていたのでそのまま聞き流したが、何となく雪形と結びつく会話のように思われてならなかった。

次に上田市の、箱山貴太郎氏による蓼科山の「スキ形」がある。同市豊殿地区より望見されるとのこと、また別に、烏帽子岳の「兎モッコ」の雪形が、同市大屋辺りから眺められるとのこと、なお「スキ形」のスキは鋤で、「兎モッコ」というのは、兎の足をひとからげにして棒を通した時の形で、兎をモッコに見立てたものである。「兎モッコ」といえば蓼科山にも別の一つが武石村で知られているとのことである。

次に私のまとめた全国雪形リストに目を走らせていると、いろいろと不自然な点に気づく。つまり、当然なければならぬ山に雪形が見つからぬ点で、加賀の白山がその一つであった。あれだけの名山に雪形不在とは、何とも承服出来なかったが、果して読者からの教示で複数の雪形の存在を知ることが出来た。

話は別になるが、小著『雪形』の中に収録した岩木山、八甲田山をはじめ、数体の雪形は、青森市在住の室谷洋司氏をわずらわしたものであったが、その後もそれらの雪形の、さらに形の整った適期に写された見事な写真を多数お送り頂いた。

なおまた、山形県遊佐町の帯谷弘介氏から、カラー印画とともに、かつて私が現地で写し撮った鳥海山の雪形について、その出現場所にずれのあることを指摘され、懇切な教示にあずかった。

ところで、そうした一方、最も身近な雪形について、私もその後、機会あるごとに手蔓《てづる》をたぐって探求につとめているが、一向に成果があがらない。目下のところ、伝承だけで、現物の確認できないものに、八方尾根の「手斧《ちような》」と、後立山不動岳の「扇面」の二つがある。

そのほかに、伊那谷の「権現鹿の子」も同類といえる。伊那市附近から望見されると記録には残されているが、この雪形の正体もさっぱり摑めないままである。地元の向山雅重氏をわずらわし、その後も再三聞き込みに手をつくしているが、皆目手掛りが摑めず、何の進展もなかった。

これについてはその後、今年（昭和五十九年）の五月連休過ぎ、ＮＨＫテレビ番組で、安曇野雪形取材に同行した際、思いもかけず「権現鹿の子」に関わりのありそうな残雪模様を大町北郊から前山の一角に見つけ、大いに心が動いたことがあった。それは爺ヶ岳の雪形を撮影中、前山の山肌の一部に点々と同形の黒点がきれいに並んでいるのに目を惹かれたからであった。いわゆる豆絞りの紋様である。その理由について考察した結果、どうやら植林のため伐採した雑木の堆積が描き出した紋様のように思われた。

ふつう粗朶《そだ》は斜面に平行に積まれるが、そこでは点々と山盛りにされたためであろう。その部分だけの早い雪消えが、白地に黒点を浮かべたわけで、「権現鹿の子」もそうした理由によるのではないかと思われるのである。とすると、その現場は容易に人工の介入出来る植林地帯ということになり、年とともに状態が変わるわけで、雪形の存続期間もせいぜい十数年が限界で、しだいに変形し、消失するはずのものと考えられる。

つまり「権現鹿の子」の雪形は、その発生現場の地形の変貌で、すでに現存せず、過去の一時期、それも比較的短い、いわば短命の雪形ではなかったかと推測される。現在、権現岳（一七九四メートル）一帯は、伐採の手がかなり大規模に加えられ、かつて私が三月の後半、伊那市沢渡対岸から望んだ大半の山肌は、一面雪に覆われていたが、仔細に眺めると、その雪の山肌にも、伐採の時期のずれによる微妙な違いが指摘された。しかし、残念ながらその時点では、めりはりのない雪の斜面からは、どうやって見ても鹿の子絞りのパターンは浮かび上ってこなかった。

私は先に、伐採された粗朶の堆積が鹿の子模様の発生元ではないかと指摘したが、もう一つ別に、伐り倒された老木の切株が雪の中に顔を出すことも理由として想定されないことはない。殊に積雪期の伐採には、根元からかなり上のほうで伐り倒されるのが普通であるから、そうした切株が春先のある時期、雪面に点々と鹿の子模様を描き出すことも充分考えられる。

いずれにせよ、「権現鹿の子」は、白地に黒点を散らしたタイプのものに違いはなさそうである。

小著『雪形』発刊以後、前述のように三年余に過ぎないが、その間、雪形については、私のかなり一方的な見方かもしれぬが、一般の関心が高まってきたような感触をうける。このところ雑誌や新聞の活字の上でも目にするし、テレビの放映にも何度か立ち合っている。また私自身もたびたび「雪形」に関する原稿執筆の依頼を受けたからである。

そしてその間、前記『広辞苑』に新たに収録されたこと、詠進歌の中に詠み込まれたことは、「雪形」の地位を決定づける画期的な出来事であった。「雪形」は、それを契機に大手を振って一人歩きが出来る実績を確保したわけである。

それにしても、長い年月にわたり、わが国の農事の目付役としての重い責務を果して、引退ともいえる時点に合わせたように輝かしい脚光を浴びたことは、有終の美ともいうにふさわしい引き際の花道を飾る出来事であった。

今後「雪形」は、わが国、民族のすぐれた古い文化財として、また観光資源として、山国の雪解けの季節に甦《よみがえ》り、語り継がれていくことであろう。

長年にわたり雪形を追いつづけ、撮りつづけ、雪形に憑かれた者の一人としての私の夢は、各地に埋もれたまま消え去ろうとしている雪形を、手分けして早急に掘り起し、収録し、全国各地の篤学の士の成果を併せて、完璧な「雪形図譜」を作ることへの待望である。せっかく「雪形」への関心の高まりを見るこの機を逸してはならないとの思いには切なるものがある。

あとがき

私にとって二十九番目の単行本である本書について、特筆すべきことが二つある。その一つは、内容に関するもので、従来、写真や絵が主で、文が従になっていたが、今回はそれが入れ代って、活字上位の、私にとって初めての随筆集ということになっている。

もう一つの違いというのは、この本の出来上るまでに、途方もなく長い年月のかかったことである。この企画が採りあげられたのは、いつ頃であったか、それさえはっきりしないくらいで、昭和三十五年頃、私の本の序列からすると六番目に当る『高山蝶』の次くらいに当りはしないかと思われる。出版社のほうの予定にもはっきり組み込まれ、予告されたのを覚えている。それが延滞に事欠き、二十五年目にしてやっと上梓の運びになったのだから、特筆どころか異常な出来事と言えるであろう。直接本の内容とは関係なくても、どうしてこんなことになったのか、私にはここでぜひとも、その間の事情を記して釈明する責任が感じられる。

公表以来、二十数年、その間、私としては決して疎かにしていたわけではなかった。少なくとも題材集めの時間稼ぎに生かしたいと、手前勝手であるが絶えず心がけていた。しかし、結果的には出版社の方々に大変なご迷惑をおかけしたことを、何はさておきお詫びしなければならない。

そもそも私がこの企画を考えた当初、内容となる主な資料源については自分なりに一応期するところ充分なものがあった。というのがそれまでに書き溜めた雑文原稿の類は、相当な量に達し、そうした旧稿を適宜に取捨選択の上整理すれば、随筆集の一冊、二冊ぐらいは軽くまとまると思われたからである。だがこれが大きな誤算で、その見通しの甘さが遷延の一番大きな原因となったように反省される。

というのは、いざそのつもりで旧稿に目を通しはじめると、意外なことに、そのまま使用出来るものはほんの僅かで、大部分は少々の補筆推敲ぐらいでは追いつかなかった。結局、新たに書き直すより術がなかった。この一点で目算がさらに大きく崩れ、予定が大幅に遅れることになった。それに加えてもう一つ、私の最初のスケジュールに、重大な齟齬《そご》をもたらす思いもよらぬ事態に直面した。

それは掲載を当てこんでいた旧稿の古いものは戦前、大部分は戦時中から終戦直後にかけてのものであったので、それらをいざ活字に、との前提で読み返してみると、(前記のように)文章的な面もさることながら、題材と内容の扱い方に時代的なずれが随所に感じられ、そのままではどうかと思われる節があった。

今時このようなものをまとめてみたところで、果してどれだけの意義があろうか、という懐疑の念も湧いてきた。このことがもう一つ遅延の潜在的な要因になっていたかも知れない。

殊に昭和四十年頃から、山をめぐっての情勢は大きな転機を迎えた。澎湃《ほうはい》と巻き起った登山ブームの波に乗って、登山人口は年々記録を更新しつづけ、それに伴って各山小屋も改築増築のラッシュがつづき、山の様相は一変した。道路の整備、交通機関の発達、山小屋の設備の充実で、山と平地との隔壁は急速にとり除かれ、山小屋も山荘と呼び名を変え、ホテル並みの設備を誇るものも見られるようになった。

それに伴い、当然山をめぐって新たに規制が敷かれ、法令も強化された。その第一が山の自然保護と開発利用を指向するものであった。そうした情勢の変化は、激増する登山者への対策として当然のことであったが、その一面で、結果的に山の自然は年々遠去かり、登山者の行動も規制をうけねばならなかった。

私のように、山の自然に自由に没入出来ることを山行の最高の歓びとしていた者には、いたく窮屈な時代の幕明けとなった。もっとも、高山植物については、その頃すでに一応保護の下におかれ、一般の採取は禁じられていた。しかし、その取締りはかなりゆるやかで、中等学校の博物担当教員には、簡単な届出だけで許可されたし、高山蝶や昆虫類の採集については、規制はなかったように覚えている。

そんな次第で、私の本書にのせた旧稿は、そうしたいわばのんびりした頃にものしたものなので、大きな時代的なずれがあり、現状に当てはまらぬばかりか、今、目を通して、私自身でさえ時折強い時代錯誤を覚えた。

古い昔のことであるから、とうに時効にかかっていることと、弁解してみても、なんとなく穏当を欠き、気が咎められてならなかった。例えば「山頂の石」にしても、また、山中のテント生活の記事にしても、当時としては違法とはいえなかったし、どこにテントを張ろうと自由で、少なくとも黙認されていた。といって、それらの行為について、文中にいちいち弁解がましい注釈をつけたのでは、記述の情趣が失われて、様にならない。それぞれの項目の末尾に、できるだけ執筆の日付を併記したのも、その辺の事情への配慮からである。

その頃私は、懇意の山のガイドから贈られたカモシカの腰皮を、得意になって着用してのし歩いたものであった。当時カモシカの毛皮は、都市の運動具店や地方の登山基地で一般に販売され、いとも安直に入手出来、その腰皮は、山男を象徴する装備のいわば表道具の一つとして昭和四十年頃までは、半ば公然と使用されていた。

しかし、その頃から高山の自然保護の気運が急速に高まり、夏山シーズンが近づくと、各新聞に競って高山植物や高山蝶保護のキャンペーンがとりあげられるようになった。

話は前後するが、ここでその間の経過についてもう一つ書き落としたことを付け加えておきたい。それはこの本がとめどなく渋滞をつづけている最中、突然降って湧いたような事態が私のスケジュールを根底から狂わせることになった顚末である。それは昭和四十六年から、七年間におよぶ北海道大雪山通いであった。

もっとも初めの予定では、三年見ておけば充分片が付けられるはずであったが、実際はその倍を越す年月と労力をつぎこんでもなお足らぬ、私にとっては思わぬ大仕事になってしまった。

その頃、北海道特産の五種類の高山蝶の生態については、一部分を除いて知られていなかったので、その解明は、わが国蝶界の懸案になっていた。私にとっては、無論、山と蝶両面につながる最も心を惹かれる題材であったが、何ぶんにも大雪の山は遥かに遠く、ただ思いを馳せるだけであった。それが思いもかけぬ成行きで、俄に実現性を帯びてきたのである。

私にとっては、またとないチャンスで、何としても優先的に取り組みたい意欲に駆り立てられた。そして事が事だけに急がねばならなかった。そんな次第で、七年間と、その後の二年というものは、そのほうへ全力をふり向けることとなり、その間『黄色いテント』は不本意ながら中断の形になった。

もっとも、その大雪山通いの七年間は、『黄色いテント』にとって必ずしも単なる空白とは考えられなかった。というのは、その間、身につける知見の一部や体験は、『黄色いテント』の中で異色の題材として生かされることが充分予想されたからである。そのことを出版社の方へよくお願いし、諒承を得ることが出来た。

しかし、この北海道行は、前記のように三年の予定が七年に伸びただけでは済まされなかった。『大雪の蝶』が一本にまとまると、すぐにその後につづいて姉妹編『日本アルプスの蝶』のまとめに丸一年を要したからである。

「好事魔多し」ということがいわれるが、この言葉は、この書をめぐって、私には痛烈な実感を伴って身にこたえるものがある。それは、大雪山通いの後始末も一段落つき、さていよいよ本書ひと筋に取り組もうという矢先、私はパーキンソン病という思いもかけぬ難病にとりつかれていることを知ったからである。幸いというのもおかしいが、私の場合、経過は極めて緩慢で、寝込むほどのことはなく、どうにか仕事をつづけられたが、今にして思えば、北海道通いの終り頃からその徴候があった。そして極めてゆっくりであるが病勢は亢進をつづけ、この本のいよいよ正念場ともいうべき段階にさしかかって大きなブレーキとして行手に立ちはだかり、後、残り僅かというところで渋滞を重ね、私は困惑の極に追い込まれた。この病気の特徴である集中力、根気の弱体化と、随意運動の緩慢化のせいであった。

今回の後記は、言い訳に終始した感があるが、予期せぬ病魔の伏兵にすっかり人生末尾のスケジュールを狂わせられたものの、ひそかに期するところのあった三十にあと一つというところまで辿りつき、私の本づくりの最終目標だけは達成できそうに思われる。さらに余力を結集し、ゆっくりでもその先の目標へ向って歩きつづけたいと思う。

終りに本書の記載事項に関する資料を直接間接ご供与いただいた方々の芳名を列記し深く感謝の意を表したい。（敬称略、順不同、括弧内は該当小項目。）室谷洋司、古木誠、丸山祥司、向山雅重、丸山婦起子、上杉益男、箱山貴太郎、水越武、林宰男、北川貢（以上『雪形』その後」。）長賀部みはる、逸見泰明、古旗朋子、川口直司、神子島正雄（以上「アルビノ遍歴」。）

なお、異例な渋滞により多大のご迷惑をおかけした実業之日本社のご寛容に対し、とりわけその衝に当られた横山元昭氏、大森久雄氏に重ねてお詫びと御礼を申し上げたい。

（庭のカタクリ、十の花を揃えて咲く。一九八五・四・八）

田淵行男

徳本峠小屋にて（昭和45年頃　水越 武撮影）

〈著者略歴〉

明治三十八年六月四日、鳥取県黒坂村（現日野町）に生れる。昭和三年、東京高等師範学校（現筑波大学）博物科卒業。同年から昭和十六年まで教員歴任、同十六年から二十年まで日本映画社教育映画部勤務、現在フリー。日本鱗翅学会会員。

昭和三十六年　日本写真批評家協会特別賞受賞
昭和四十二年　日本写真批評家協会作家賞受賞
昭和五十一年　自然保護思想普及功労賞（環境庁）
昭和五十八年　日本写真協会功労賞

（以上、初版より）

昭和五十九年　豊科町（現安曇野市）名誉町民
平成元年五月三十日　逝去

田淵行男著作目録

『田淵行男山岳写真傑作集』（アサヒカメラ臨時増刊）朝日新聞社　昭和26年
『わが山旅』　誠文堂新光社　昭和27年
『ヒメギフチョウ』　誠文堂新光社　昭和32年
『山』（世界写真作家シリーズ）平凡社　昭和33年
『尾根路』（朋文堂山岳文庫10）朋文堂　昭和33年
『高山蝶』　朋文堂　昭和34年
『槍・穂高・常念岳』（ブルー・ガイドブックス15）実業之日本社　昭和36年
『アシナガバチの生態—小さなラガーたち』　講談社　昭和37年
『ちょう』（共著・講談社カラー百科）講談社　昭和39年
『私の山岳写真』　東京中日新聞出版局　昭和39年
『北ア展望』　朝日新聞社　昭和41年
『山の時刻』　朝日新聞社　昭和42年
『山の季節』　朝日新聞社　昭和44年
『山の意匠』　朝日新聞社　昭和46年
『ぎふちょう』（エーブルしぜんシリーズ14）千趣会　昭和47年
『生態写真ギフチョウ・ヒメギフチョウ』講談社　昭和49年
『浅間・八ヶ岳—麓からの山』　朝日新聞社　昭和49年
『日本アルプス』（美しい日本シリーズ）国際情報社　昭和50年
『安曇野』　朝日新聞社　昭和51年
『大雪の蝶』　朝日新聞社　昭和53年
『ぎふちょう』（えほん・しぜんしりーず6）ポプラ社　昭和54年
『日本アルプスの蝶』　学習研究社　昭和54年
『尾根路Ⅱ』　愛真出版　昭和55年
『北アルプス』（講談社カラー科学大図鑑）講談社　昭和56年

『山の紋章　雪形』学習研究社　昭和56年
『山と高山蝶』豊科町郷土博物館　昭和56年
『尾根路Ⅱ』（普及改訂版）同時代社　昭和56年
『安曇野挽歌』朝日新聞社　昭和57年
『山の絵本　安曇野の蝶』講談社　昭和58年
『山の絵本　安曇野の蝶』（特装本）講談社　昭和58年
『山のアルバム』講談社　昭和60年
『黄色いテント』実業之日本社　昭和60年
『黄色いテント』（特装本）実業之日本社　昭和60年
『山のアルバム』（特装本）講談社　昭和60年
『山の手帖』朝日新聞社　昭和62年
『アシナガバチ　日本産全種生態』講談社　昭和63年
『アシナガバチ　日本産全種生態』（特装本）講談社　昭和63年

《没後刊行》

『山は魔術師―私の山岳写真』ブルーガイドセンター／実業之日本社　平成7年
『田淵行男』（日本の写真家11）岩波書店　平成10年
『［新編］山の季節』小学館　平成15年
『ナチュラリスト　田淵行男の世界』（東京都写真美術館・田淵行男記念館企画編集）東京都写真美術館／山と溪谷社　平成17年

《図録》

『田淵行男　山と高山蝶』（豊科町郷土博物館編集）豊科町郷土博物館　昭和56年
『田淵行男作品集Vol.1』田淵行男記念館　平成5年
『田淵行男が愛した安曇野　田淵行男作品集』（水越武監修・編集・構成／田淵行男記念館編）安曇野文化財団・田淵行男記念館　平成5年
『田淵行男写真展　北の山』（JCII PHOTO SALON LIBRARY 312）ＪＣＩＩフォトサロン　平成29年
＊ほか展覧会図録あり

［解説］大きく豊かな田淵山脈

大森久雄

本書の親版『黄色いテント』の刊行は一九八五（昭和六十）年十一月。当時私はその本の担当編集者だった。評判が良くて、六刷まで増刷したことは確かである。その後間もなく私はその会社を離れてしまったから、それ以降のことはわからない。その本が今回ヤマケイ文庫で再生することになった。いくつかの思い出をたどってみたい。

はじめにお断りしなければならないが、この解説では、著者・田淵行男を豊科の方々が呼ぶように田淵さんと書かせていただく。また、地名は安曇野市ではなく豊科とする。

この本は田淵さんの数多い著作のなかでは例外的な性格を持っている。田淵さんの著作は、写真集・写真文集・図鑑類など、写真が主体か、写真と文章とが組み合っているつくりだが、これはエッセイ集であるということ。そして自身「あとがき」でふれているが、構想から実現まで二十五年という長時間を要しているということ。その辺をまず説明しておく。

田淵さんの写真作家としての出発は一九五一（昭和二十六）年・四十六歳での『田淵行男山岳写真傑作集』（朝日新聞社。本書二五三・二五五ページ参照）だが、本格的に大きくスタートするのは『尾根路』（一九五八年）と『高山蝶』（一九五九年・いずれも朋文堂）によってである。

『黄色いテント』の企画の発端はそこにある。そのときの担当編集者は、編集畑での私の先輩・横山元昭だが、前記二冊の著作の編集作業や刊行後の雑談の折に、「写真から離れて好き勝手に文章を書いて本にしたら楽しいだろうな」と語っていたと書きとめている。書名は「黄色いテント」と決めているとも。

朋文堂は、私が大学を出た後、偶然入り込んだ会社だったが、当時の編集担当は新人の私を含めて三人、総勢十人足らずの零細出版社だった。しかし、形《なり》は小さくてもやることは大きくて、田淵さんの前記二冊と前後して足立源一郎『山は屋上より』、加藤泰三『霧の山稜』、坂本直行『原野から見た山』、畦地梅太郎『山の眼玉』、上田哲農『日翳の山　ひなたの山』、風見武秀『山を行く』などという名作を、かなりカネのかかる凝ったつくりで発行していた。いずれも社主・新島章男《にいじまふみお》の理想を追う執念の企画で、田淵さんもそこに肌が合ったのであろう、『高山蝶』という、いま見てもその豪奢で精緻なつくりに肝をつぶすような本ができあがった。大卒初任給が一万円前後という時代の定価三八〇〇円ということからも、そのすごさがうかがわれる。それは本というよりは工芸品の領域のもので、凝り性の固まりともいうべき田淵さんと、気に入った本が出来た時にはそれを抱いて寝た、という実話《エピソード》が残っている社主とのコンビであればこそ、であろう。印刷所も零細出版社が組み合える相手ではない一流の技術を持つところに依頼していた。そういう独自性のある出版社だったから、雰囲気は明るく自由で、給料は安くても仕事は面白かった。六十余年もむかしなのに、いまでもノスタルジーを感じる。

さて、その『黄色いテント』企画は、その後舞台（版元）を変えて継続するのだが、新しい版元で横山が出版本部長という大きな役について実務をこなすのが困難になり、私に担当の役目が回ってきた。一九七〇年代初めだったと思う。ご挨拶と打ち合わせのために豊科見岳町のご自宅を訪れ、それから何十回という豊科詣でが始まった。原稿の催促なのだが、いつ行っても原稿は影も形もなかった。あるとき、雑誌「アルプ」に田淵さんの原稿が載っているのを見つけ、こちらの原稿を袖にしてほかにとは、と私もいささか気分を壊して豊科詣での折に、こんどの「アルプ」のは『テント』に収録するものですか、とお伺いをたてると、ええ、そうです、こういう形を取らないと原稿が進まないので、ということで納得した、という記憶がある。そういうことの繰り返しが続くうちに、田淵さんの頭の中には仕事のスケジュールがきちんと組み立てられていて、その順番がこなければ『テント』の原稿は仕上がらないのがわかってきた。そのうちに北海道大雪山行きの話が持ち上がり、それが終わらない限り『テント』の順番はこないのだと、なかば絶望の気持ちになったこともあった。

ある年の秋、鹿島槍を登りに行った。帰りに大町に出て、連絡を絶やしてはならない田淵さんに挨拶の電話をすると、そこにいるのならいらっしゃい、ということで豊科に寄ったことがある。久しぶりで、駅からの一本道を歩いているうちに山登りの疲れと原稿催促の気苦労とが重なってか、見岳町はこんなに遠かったかな、と路に自信がなくなり、豊科警察署の前を通りかかったので、居合わせた警官に、田淵さんのお宅は、と訊いてみた。彼は一瞬迷ったふうだったが、すぐに、ああ、チョウチョの先生だね、と教えてくれた。そのときまで私は田淵さんを山と博物のエッセイスト・写真家と受け止めていたが、警官の応答に、なるほど、地元ではチョウチョの先生なのか、と思いを新たにしたこともあった。そんなことがあって後、曲がりなりにも動き出したのは一九八二（昭和五十七）年五月十五日。そして最初の原稿「山頂の石」を受け取ったのは一年後の五月九日。最終原稿の受取りは八四年十一月二十日だった。

＊

ところで、原稿はそろったのだが、その後の指示がまったくない。作業が進まないので豊科を訪ねると、どうしたらいいのかわからない、と言われる。田淵さんは、どの著作も内容の組み立て、写真と文章の配分、つまりレイアウトはすべてご自分で行なっていて、他者（編集者）の入り込む余地がない、といわれていた。しかし、こんどの本はエッセイ集、写真は本文の補助的意味のもので、そういう本づくりは初めて、ということで手を出しあぐねていたのであった。そこで、こちらで考えてみる許可をもらい、何日かの後、判型を含めて全体構成の案を持ってまた豊科を訪ねた。その案は、しばらく考える、と言われて置いて

田淵行男旧居跡の石碑（見岳町）。碑文は「この地史の落し子たちに安らかな旅をつづけさせねばならぬ」（『高山蝶』より）

帰ったが、ほどなく、あの案で結構、という返事が届いて、編集作業がやっとスタートした。田淵さんは気難しいという評判だったが、いつも明るく穏やか、考えの筋道がはっきりしていて、編集者としてのお付き合いで仕事のやりにくいひとではなかった。

編集作業の過程でわかったことの一つに、二四七ページ収録の写真「五龍残月」がある。これは『尾根路』で見たとき魅惑された私の大好きな写真だが、ガラス乾板で、しにせのTV局に貸したとき割られてしまった、ということで、紙焼きしか残っていなかった。今回もそこから製版したのだが、編集担当の米山さんの腕前と技術の進歩とですばらしい仕上がりとなった。

*

黄色いテント、とは田淵さんがいつも山で使っていた、この文庫のジャケット（カバー）に写っているもの。現物はいまも豊科の田淵行男記念館に展示されている。話の序《つい》でだが、装丁にはどうしても黄色いテントをつかいたくて、田淵さんの写真集を全部調べた結果、これだ、と思ったのが『山の意匠』四五の「天狗原の夜」（モノクローム）であった。しかし、テントが左下隅にあるそのままでは、本のケースは本体とは左右が逆になるから、テントが裏にきてしまう。そこで逆版（裏焼き）にしてコンピューターで色をつけることにした。作品の裏焼き・色付けという案を持ち出すのには勇気が必要だった。とんでもない、と拒否されたら代案を用意していないのだから行き詰まってしまう。左右逆でも影響のない草木の写真を田淵さんの作品から選びだして、これを逆版にしたら問題ありますか、ときいて反応を探るのが予備行動だった。後で気がついたのだが、『尾根路』の表紙がまさにそれで、田淵さんは経験済みのことなのであった。余計な気疲れだったわけである。そして別に抵抗もなしに逆版・色付け案は諒解を得ることができた。田淵さん自身その写真を基にデザインの草案をつくっていたが、「黄色い」の「黄」は刷色を黄（イエロー）にしてほしい、と言われて、黄色はすぐに色褪せして色が飛んでしまう、問題ありです、とお願いしたけれど、それは譲ってもらえなかった。今回は版元がその意見を採用してくれて、題字はスミ（黒）のままになった。ご諒解を願いたい。

先日、田淵行男記念館に寄贈して保管されている親版編集時の資料を探していて著者校正紙が見つかった。それの一部には、赤ペンでびっしりと修整が入っていて、文章は原型をとどめていなかった。しかも著者校正は一回が普通なのに二回分あって、そこでもまた大きく修整が入っていて、田淵さんの完璧主義と執念が読みとれた。

＊

この本には特装限定版八十五部がある。特装本という話は当初からあって、テントの生地を表紙にするという案が出ていた。田淵さんを囲む熱心な田淵ファンのあいだでもそれは既定のことのようであった。この特装限定版についてもさま

田淵行男記念館

ざまな話があるけれど、そのひとつを。

限定版だから一冊一冊に通し番号が入る。この世界にはファナティックなファンがいて、そこでは四《し》、九《く》、四二《しに》などの番号を忌み嫌って欠番にする場合があり、ある日、その当否を尋ねたことがある。答えは黙殺、というよりも笑殺であった。傍らで聞いていた日出子夫人まで、四はよろこぶといっておめでたいんですよ、と笑っていた。

本書三五ページの写真に見られるように、田淵さんのテント、ザックなどには独特のマークが入っている。それは、田淵行男の「行」の字の小篆《しょうてん》（隷書・楷書の祖）だと自身説明している。本書扉ページのザックのイラストは自筆である。

*

田淵さんの作品は本書著作目録にあるとおり大きく豊かな一大山脈を形作っている。どの著作（写真）にも、山の多様性と重量感が独特の詩情をたたえて息づいていて、日本の山の多面的な魅力がわきたってくる。それらの書物はいまどれも古書の世界では高価で、たやすく手に入れることはできないのが残念だが、大山脈理解の最大の目玉・信州豊科の田淵行男記念館では、それらの著作の閲覧もできるし、田淵山脈の全体理解を助けてくれる図録『田淵行男が愛した安曇野』（二〇一五年）も販売されている。そのほかの参考資料を紹介しておく。

近藤信行『安曇野のナチュラリスト　田淵行男』（山と溪谷社・二〇一五年）。「教育者と芸術家と職人が同居している」その生涯の軌跡を追うには最適の評伝。

写真の世界での評価は、杉本誠『山の写真と写真家たち　もうひとつの日本登山史』（講談社・一九八五年）が必読。「彗星のごとく現れ、消えることなく恒星となった」と評されている。また『生誕100年　ナチュラリスト田淵行男の世界』（東京都写真美術館での記念展図録、二〇〇五年。後同じ内容のものが山と溪谷社刊）がある。これは展覧会図録に留まらない傑出した内容で、田淵山脈の全体を俯瞰するには必須の資料である。品切れというのは一大損失。

＊

『黄色いテント』親版の編集作業と雁行するように、当時私は、蜂谷緑『常念の見える町―安曇野抄』、朝比奈菊雄『アルプス青春記』、山村正光『車窓の山旅・中央線から見える山』、澤頭修自『御嶽の見える村―木曽開田高原日記』などの編集作業もおこなっていて、その関係で甲府・安曇野・木曽などへ国鉄（現JR）中央本線を数知れず利用していた。今回、ヤマケイ文庫編集部から『黄色いテント』を同文庫に参加させたい、という提案があって、田淵さんの本が復活することになったのは大きな喜びである。その周辺を含めて当時の思い出に立ち帰ることができたのも幸せであった。ただ文庫版のページ数という制約から、編集部と相談して、親版の一部の項目（「滑落の心理」「山とカメラ」「樹木動く」「山靴奇譚」「テント場悲話」「五の字雪」）を割愛した。また一部の写真を入れ替えてある。併せてご諒解を得たい。編集作業には今回もヤマケイ文庫編集部の米山芳樹さんの大きな協力を得た。感謝の意を表したい。

（編集者）

『黄色いテント』は一九八五年十一月に実業之日本社から発行されました。
本書は実業之日本社版を底本として再編集したものです。

協力　田淵穂高
公益財団法人安曇野文化財団、田淵行男記念館
安曇野市、安曇野市教育委員会

黄色いテント

二〇一八年八月二十日　初版第一刷発行
二〇二三年六月十日　初版第三刷発行

著　者　田淵行男
発行人　川崎深雪
発行所　株式会社　山と溪谷社
郵便番号　一〇一―〇〇五一
東京都千代田区神田神保町一丁目一〇五番地
https://www.yamakei.co.jp/

■乱丁・落丁、及び内容に関するお問合せ先
山と溪谷社自動応答サービス　電話〇三―六七四四―一九〇〇
受付時間／十一時～十六時（土日、祝日を除く）
メールもご利用ください。
【乱丁・落丁】service@yamakei.co.jp　【内容】info@yamakei.co.jp
■書店・取次様からのご注文先
山と溪谷社受注センター　電話〇四八―四五八―三四五五
ファクス〇四八―四二一―〇五一三
■書店・取次様からのご注文以外のお問合せ先　eigyo@yamakei.co.jp

本文フォーマット・デザイン　岡本一宣デザイン事務所
印刷・製本　大日本印刷株式会社

定価はカバーに表示してあります

Printed in Japan ISBN978-4-635-04854-5